Réaliser ses peintures sur bois

Édité par

www.hachette-collections.com

Cet ouvrage est une édition partielle de l'encyclopédie *Peinture Décorative,*
publiée par Hachette Collections.

Conception graphique : Graph'M
Directrice de collection : Élisabeth Paulin
Auteurs : Mireille Delabarre, Laurent Garrigues, Nelly Millioud, Anne Morth, Françoise Robin,
Pascale Vernet
Réalisation : Graph'M
Photos : © Graph'M/S.Leduc, © Graph'M/A.Cinquanta

Imprimé par Mateu Cromo (Espagne)
Dépôt légal : octobre 2003
Achevé d'imprimer : août 2003
ISBN : 2-84634-282-2

DU CÔTÉ DES LOISIRS

Réaliser ses peintures sur bois

HACHETTE
Collections

Sommaire

Introduction

Grâce à « Réaliser ses peintures sur bois », vous allez devenir un as pour personnaliser tous vos objets et vos meubles en bois. Cet ouvrage vous offre une source d'idées décoratives pour aménager à votre goût votre intérieur et réussir à coup sûr la rénovation de la commode défraîchie que vous laissiez au grenier ! Des pas à pas en images réalisés par des professionnels, stylistes et décorateurs, vous guideront simplement dans la réalisation de toutes vos peintures sur bois.

Le matériel

Les brosses, pinceaux et outils de pro...

Un matériel adapté au travail de décoration que l'on entreprend est essentiel si l'on veut obtenir de bons résultats et mettre son talent à profit. Alors, à vos brosses et pinceaux... La différence est subtile et les deux mots s'emploient le plus souvent indifféremment.

Certains de ces outils sont assez coûteux, mais on apprend vite que le secret d'un travail bien fait est d'avoir du matériel approprié et de bonne qualité. Entretenu avec soin, il dure longtemps et justifie l'investissement.

Brosses à tableau et brosses à soies de porc naturelles ou synthétiques

Elles peuvent être plates, rondes, bombées, épaisses ou fines. Chacune possède des propriétés et des qualités différentes. Les grosses brosses rondes dites «de pouce» s'emploient pour le réchampissage (technique qui consiste à peindre les angles et les rebords de façon à éviter les raccords voyants, ou à mettre en valeur un élément du décor) et les mélanges. On utilise les petites brosses pour la peinture à main levée et le marbrage. Tailles variées.

Brosses à vernis

De formes plates et larges, à soies souples naturelles ou synthétiques, elles donnent au travail une finition lisse. Tailles variées.

Brosses à décorer ou brosses ordinaires

On utilise ces brosses essentiellement pour appliquer les sous-couches, les couches de fond et les vernis. Tailles variées.

Brosses à pochoir

De formes courtes et épaisses, elles ont des poils durs et servent à tamponner les pochoirs pour obtenir un effet moucheté. Tailles variées.

Un outil indispensable pour la réalisation de vos pochoirs.

Brosses à émulsion

Très souples, elles sont idéales pour les peintures et les glacis à l'eau. Tailles variées.

Brosses à patine

Elles s'emploient pour peindre les surfaces inégales, par exemple les crépis. Tailles variées.

Brosses à épousseter

Utiles pour nettoyer les surfaces poncées, elles servent aussi à estomper et à adoucir.

Brosses à pocher

Elles s'emploient pour tamponner une surface chargée en peinture afin d'obtenir un effet texturé. Tailles variées.

© Gilbert Falissard

Avec la veinette, obtenez un fini en douceur.

Veinette éventail

En pure soie ou en synthétique, elle est très utile pour exécuter un délicat fini de faux bois ainsi que certains dégradés et fondus. Elle sert aussi à adoucir les coups de pinceau.

Pinceau à filets

On l'utilise pour tracer des lignes très fines à main levée, en le chargeant généreusement de peinture.

© Gilbert Falissard

Avec lui, l'effet de faux bois est garanti.

Berceau à faux bois

Ce caoutchouc bombé est gravé d'un motif. Cela permet de créer un effet de faux bois quand il est traîné le long d'une surface fraîchement peinte.

Spalter

Cette brosse plate et très large à poils synthétiques est utilisée pour réaliser des patines et des glacis sur de grandes surfaces. Tailles variées.

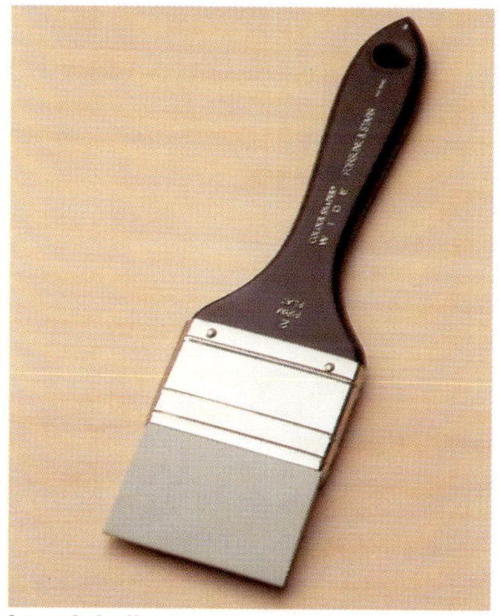

© Gilbert Falissard

Le roi du lissage...

Pinceau à sculpter

Les poils sont remplacés par un embout en caoutchouc qui permet une application parfaitement lisse de la peinture, sans faire ni traces ni reliefs. Tailles variées.

Peignes

En caoutchouc et en métal, ils proposent plusieurs tailles de dents et sont utilisés pour simuler les veines du bois ou pour d'autres effets de style.

© Gilbert Falissard

Des peignes aux dents serrées pour des effets assurés.

Conseil FACILE *Tous ces articles sont vendus dans les magasins de bricolage et chez les spécialistes de fournitures d'art et de loisirs créatifs.*

Le bricolage de base : les outils indispensables

Sans pour autant rivaliser avec le matériel des professionnels, les loisirs créatifs font appel à un outillage de base qui devient indispensable lorsque l'on veut mener à bien une activité décorative. Cette panoplie d'outils, que l'on trouve dans tous les magasins de bricolage, ne demande pas de gros investissements.

A (Graph'm)

Choisissez toujours des outils de qualité : l'investissement de départ est un peu plus onéreux mais le matériel dure plus longtemps.

B (Graph'm)

LE PAPIER DE VERRE

Le ponçage est une étape importante pour réussir peintures et vernis. Il s'effectue avec du papier de verre en feuilles de différents grains : gros, moyen et fin.

Pour les grandes surfaces à poncer, l'utilisation d'une cale est très pratique. Compléments indispensables du ponçage, les chiffons de récupération non pelucheux. Ils éliminent toute trace de poussière après le ponçage.

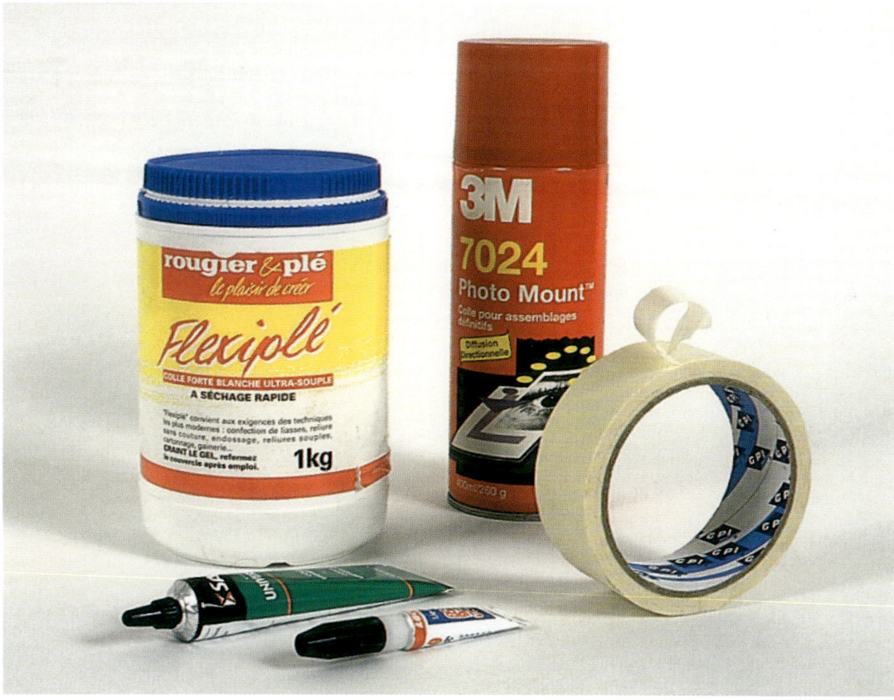

C (Graph'm)

LES COLLES

Toutes sortes de colles sont utilisées pour les loisirs créatifs. Les plus courantes sont :

- **la colle vinylique :** pure ou diluée, elle a l'avantage d'être utilisable sur beaucoup de matériaux. Au séchage, elle est invisible ;
- **le ruban adhésif** ou **la colle en bombe repositionnables :** ils permettent de faire des essais de positionnement sans laisser de traces. Très utiles pour les pochoirs ou les collages d'illustrations, de photos, etc. ;
- **le ruban de masquage :** il sert à éviter les débordements de peinture et à masquer certaines zones lorque l'on veut faire des effets décoratifs de peinture. Il n'endommage pas le support lorsqu'on le décolle ;
- **la colle forte :** pour les supports particuliers tels que le métal, la porcelaine, le verre, etc. La prise se fait très rapidement. C'est un produit dangereux à ne pas mettre en contact avec la peau.

CRAYONS ET FEUTRES

Toute une panoplie de crayons et de feutres est nécessaire pour relever les mesures exactes et exécuter des tracés précis. Les crayons à papier, gras et sec, permettent de marquer toutes sortes de supports, papier, carton, bois, métal, etc. Les feutres, indélébiles ou fugaces, servent quant à eux à marquer les surfaces lisses et brillantes comme le Rhodoïd, la céramique ou le verre.

LA BÂCHE

En tissu ou en plastique, la bâche est idéale pour protéger les petites et grandes surfaces des salissures toujours difficiles à enlever après les travaux. Pour les sols, les bâches en plastique sont à éviter car l'on peut glisser dessus.

LES RÈGLES

Pour des tracés et mesures précis, elles existent en deux matériaux, en plastique et en métal. Le premier est fragile et ne doit servir que pour les tracés, le second sert à la coupe de papier, carton, plastique, Rhodoïd, etc. La règle en métal doit être de préférence antidérapante pour éviter tout accident lors de la coupe. La longueur idéale est de 50 cm.

LA PLAQUE DE COUPE

Elle est indispensable pour ne pas dire incontournable. La plaque de coupe protège la table lorsqu'il y a utilisation du scalpel. Elle permet des coupes précises et nettes, protège le tranchant des lames du matériel de coupe et est sécurisante car le matériau, du PVC, est antiglisse. Il est préférable de choisir un grand modèle.

LA SCIE À DÉCOUPER

Très utile lorsqu'il s'agit de découper de petites épaisseurs de bois et même de métal, puisque cet outil permet de changer de lame selon le matériau.

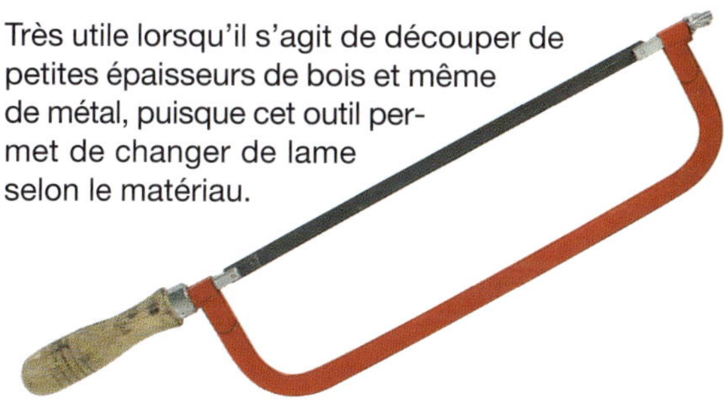

D (Graph'm)

LA PERCEUSE

Comme son nom l'indique, c'est un outil irremplaçable pour percer des trous dans n'importe quel support (il suffit de changer les mèches) mais aussi pour effectuer de petits bricolages grâce à ses accessoires : ponçage, polissage, vissage et dévissage et même plus si vous choisissez une perceuse sophistiquée.

E (Graph'm)

LA MACHINE À COUDRE

Elle permet de gagner un temps considérable dans les travaux qui utilisent comme matériau le tissu. Le choix des machines à coudre est vaste, tout comme les perceuses, mais optez pour un modèle simple, adapté à la confection de rideaux, nappes ou coussins. Le choix des points de couture est réduit mais l'utilisation de la machine est facile.

Les différents types de peinture

Avant de commencer tout travail de peinture, quelle que soit la surface à décorer, vous allez apprendre à choisir le type d'émulsion qui vous donnera les résultats les plus satisfaisants.

A (G. Falissard)

▲ *Du matériel que vous allez acquérir au fur et à mesure de vos réalisations.*

I - Les peintures à l'eau

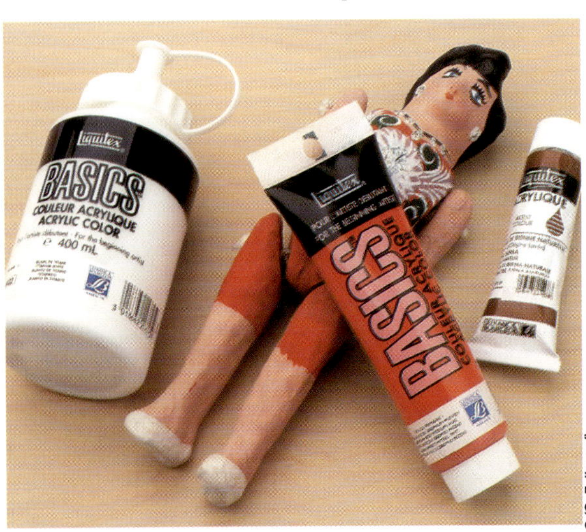

C (G. Falissard)

▲ *Les peintures acryliques s'utilisent sur différents matériaux.*

Elles n'ont pas d'odeur, sèchent rapidement, se diluent et se nettoient à l'eau, et se présentent sous différentes formes.

LES ACRYLIQUES

Elles offrent une large gamme de nuances à des prix assez bas.
Pour ne pas avoir à acheter trop de coloris, apprenez à créer les nuances dont vous avez besoin en mélangeant les couleurs primaires (rouge, jaune, bleu) entre elles ou avec du blanc et du noir.
On utilise ces peintures sur les murs, le tissu, le papier ou pour peindre au pochoir. Très concentrées en pigments, elles ont un fort pouvoir colorant.

L'aquarelle se prête aux travaux très minutieux. ▶

B (G. Falissard)

L'AQUARELLE

Elle s'achète en godets, en tubes ou en flacons et se dilue dans l'eau. Très onéreuse, elle doit être réservée aux travaux délicats et aux beaux-arts.

D (G. Falissard)

▲ *La gouache, pour les enfants et les plus grands.*

LA GOUACHE

Cette peinture est surtout utilisée à l'école ou pour colorer des glacis. Peu coûteuse et de qualité modeste, elle est parfaite pour des travaux non destinés à durer, comme les panneaux, les banderoles ou les dessins d'enfants. Elle ne résiste pas à l'humidité.

LES ENCRES DE COULEUR

Leur fort pouvoir colorant crée des effets de transparence intéressants. La gamme de coloris est très vaste.

E (G. Falissard)

▲ *Les encres sont à utiliser avec précaution.*

F (G. Falissard)

▲ *Trouvez la bonne nuance de peinture grâce aux colorants.*

LES COLORANTS UNIVERSELS

Ils se présentent en tubes ou en flacons, et servent à teinter les émulsions acryliques et peintures à l'huile. La gamme de coloris est importante.

2 - Les peintures aérosols

Utilisées surtout sur les surfaces irrégulières, elles donnent un résultat impossible à obtonir à la brosse. Il existe une grande variété de coloris, mais l'emploi de ce type de produit exige de la préparation et du savoir-faire. N'oubliez pas de procéder par brèves pressions plutôt que par pulvérisations prolongées, sinon vous risquez les coulures.

▼ *Pour un fini très lisse, utilisez de la peinture aérosol.*

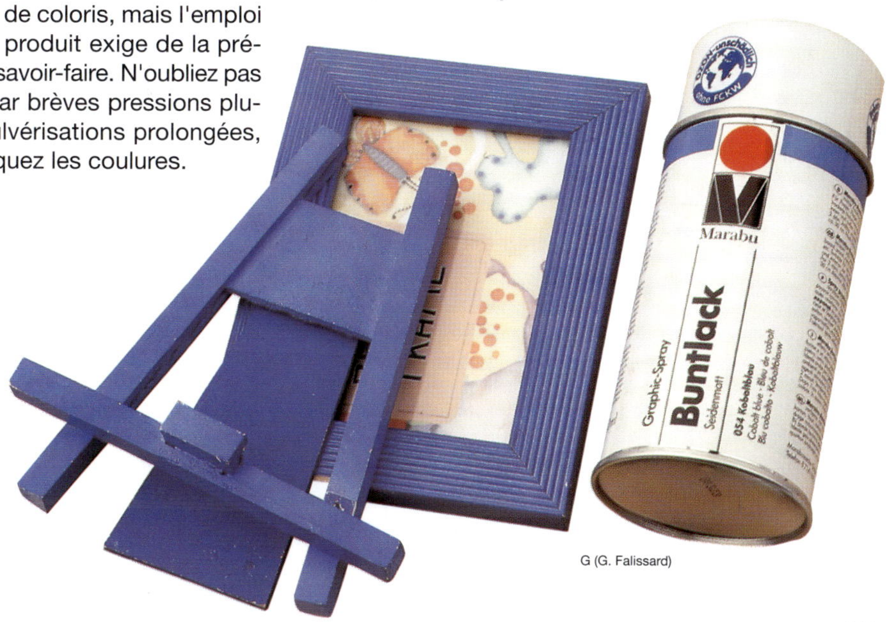

G (G. Falissard)

Les différents types...

H (G. Falissard)

▲ ***Des gammes de peintures très variées : chaque support a sa peinture.***

3 - Les peintures à l'huile

Leur odeur est parfois incommodante, et elles exigent d'être diluées et nettoyées avec des produits plus ou moins toxiques. Par contre, elles permettent un temps de travail plus long et un effet de transparence plus profond. La peinture à l'huile se tend en séchant, ce qui assure une meilleure finition ; le temps de séchage varie selon la qualité du produit. La plus courante est à base de pigments et d'huile de lin. En décoration, elle est utilisée pour teinter les glacis à l'huile.

Dans la même catégorie, on trouve aussi :

LES CRAIES À POCHOIR

Ces bâtons de peinture à l'huile existent dans d'innombrables couleurs. Il faut d'abord écraser le bâton sur la palette et ensuite y tamponner la brosse à pochoir. Le temps de séchage est plutôt long.

L'HUILE DILUABLE À L'EAU

Les couleurs «artisan» permettent le travail à l'huile sans recours aux solvants ou aux diluants toxiques auxquels certaines personnes sont allergiques. On les nettoie à l'eau et au savon, et leur temps de séchage est identique à celui des peintures à l'huile traditionnelles.

L'éventail de produits commercialisés aujourd'hui est énorme, mais, pour réaliser la majorité des projets proposés dans nos fiches, vous n'aurez probablement besoin que des peintures les plus courantes.

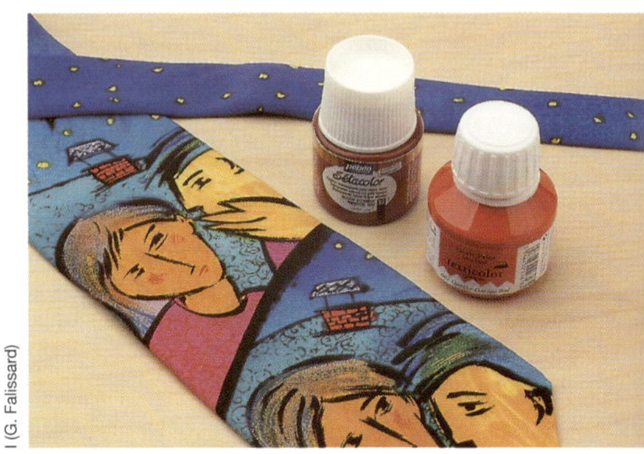

I (G. Falissard)

▲ ***Peindre sur tissu est possible avec la peinture adéquate.***

4 - La peinture pour tissu

Ce produit spécial est lavable et ne se diffuse pas dans les fibres du tissu. Pour fixer la couleur, il suffit de repasser la pièce peinte au fer chaud sur l'envers, ou au travers d'un linge ou d'un papier. On l'achète prête à l'emploi, en godets, en tubes ou en stylos.

5 - La peinture pour métal

Il existe des gammes métallisées or, argent, bronze, étain et cuivre. Selon la qualité, on utilise l'eau ou le white-spirit comme solvant et produit nettoyant. Elle est parfaite pour peindre des détails ou des pochoirs.

J (G. Falissard)

▲ ***La dorure sur mesure.***

6 - Les pigments en poudre

On les mélange à des liants, à des peintures, à des teintures à l'eau ou à l'huile pour les employer sur différentes surfaces.

K (G. Falissard)

▲ ***Créez des couleurs personnalisées en utilisant les pigments.***

7 - La peinture pour céramique

Elle permet de réaliser des motifs et des pochoirs sur céramique, sur porcelaine, sur verre et sur carrelage, à froid et sans cuisson. Comme elle ne résiste pas à l'eau, il faut la vernir pour la protéger. Il existe aussi de la peinture pour céramique à cuire au four domestique ou professionnel. Elle se nettoie à l'essence de pétrole.

M (G. Falissard)

N (G. Falissard)

▲ ***Idéal pour décorer le verre et la porcelaine.***

8 - La peinture pour vitrail

C'est un vernis gras qui s'applique sur tous les suports transparents pour créer un effet de vitrail. Les outils se nettoient à l'essence de pétrole.

9 - Le vernis à l'eau

De type acrylique, il est robuste et ne jaunit pas avec le temps. Il assure une protection et une finition parfaites aux pochoirs, par exemple.

L (G. Falissard)

▲ ***Le vernis, pour une finition parfaite.***

10 - Le vernis à l'huile

Très résistant, il convient aux peintures sur sol et aux travaux exposés à l'humidité.

▼ ***Le vernis des plus gros travaux.***

O (G. Falissard)

Les techniques de peinture

Un effet de patine vieil or

Précieuse et raffinée, la peinture vieil or soulignera certaines pièces de votre intérieur d'un effet de patine comme apporté par le temps. Sur un cadre ou sur tout autre objet, une technique très simple à appliquer.

VOTRE MATERIEL

- 1 cadre en bois avec moulures
- De la peinture acrylique Basics Lefranc & Bourgeois* rouge de cadmium foncé, terre d'ombre brûlée
- De la dorure Syntilor* or pâle
- Du vernis glycéro satiné*
- 1 petite brosse plate *
- 1 grosse brosse plate*
- Du papier de verre à grain moyen
- 2 chiffons

* Magasins spécialisés bricolage, beaux-arts et loisirs créatifs.

- 2 h environ (hors séchage)
- 15 € environ (hors cadre)
- Facile

A (Graph'm)

La patine vieil or posée sur le cadre de ce miroir est mise en relief grâce aux moulures.

Réalisation

B (Graph'm)

1 **A**vec la petite brosse plate, appliquez rapidement la dorure or pâle sur le cadre, car le produit sèche rapidement.

C (Graph'm)

2 **E**ssuyez immédiatement les moulures avec le chiffon afin d'accentuer le relief et d'apporter un aspect vieilli à l'ensemble.
Laissez sécher 10 heures.

D (Graph'm)

3 **M**élangez 1 part de rouge de cadmium foncé, 1 part de terre d'ombre brûlée et 6 parts d'eau.
Passez ce glacis sur le cadre avec la grosse brosse plate.
Cela enrichit la dorure et apporte une patine vieillie.
Laissez sécher 5 heures.

E (Graph'm)

4 **A**vec le papier de verre, poncez légèrement les moulures afin de faire apparaître par endroits la teinte or pâle du fond.
Dépoussiérez avec le deuxième chiffon.
Avec la grosse brosse plate, passez une couche de vernis glycéro satiné.
Laissez sécher 12 heures.

UNE IDÉE EN PLUS

Tous les bibelots se prêtent admirablement à ce genre de patine. Profitez des fêtes comme Pâques ou Noël pour décorer figurines, œufs, animaux en plâtre, bois ou polystyrène. Les magasins spécialisés dans les loisirs créatifs offrent toute une gamme de ce type d'objets.

Conseil FACILE

Votre cadre doit être parfaitement propre. Si ce n'est pas le cas, nettoyez-le avec une brosse à la lessive Saint-Marc, en insistant sur les moulures. Puis laissez-le sécher parfaitement et si nécessaire, poncez-le légèrement pour enlever toute aspérité. Vous pouvez poser une sous-couche de peinture acrylique satinée blanche avant de commencer la patine.

La lasure a belle allure

Pour protégez vos meubles en bois tout en assurant une finition parfaite et leur mise en valeur, pensez à la lasure. Il en existe une grande variété de couleurs et la pose est simplissime.

VOTRE MATERIEL

- 1 banc ou autre meuble
- De la sous-couche spécial bois exotiques V33*
- De la lasure satinée blanc Leroy Merlin*
- 1 spalter*
- 1 brosse plate*
- Du papier de verre à grain fin pour ponçage à l'eau
- Du papier de verre à grain moyen
- De la lessive Saint Marc
- 1 grosse éponge
- Du white-spirit
- 1 balayette (ou 1 aspirateur)

* Magasins spécialisés bricolage.

A (Graph'm)

- *4 h environ (hors séchage)*
- *15 € environ*
- *15 €15 €15 €15 €• Facile*

Ce banc est destiné à rester à l'extérieur. La lasure va lui permettre d'affronter les intempéries.

Réalisation

PRÉPARER LE SUPPORT

Poncez le banc (ou un autre meuble de votre choix), avec le papier de verre à grain moyen, dans le sens des fibres du bois.
Dépoussiérez-le avec la balayette (ou l'aspirateur).
Avec la grosse éponge, lessivez le banc à l'eau chaude additionnée de lessive Saint Marc.
Rincez soigneusement à l'eau chaude et laissez sécher 24 heures.

B (Graph'm)

1 Appliquez dans le sens du bois la sous-couche pour bois exotiques.
Utilisez la brosse plate pour les surfaces étroites comme les pieds ou le dossier, et le spalter pour les surfaces larges comme l'assise.
Nettoyez les pinceaux au white-spirit.
Laissez sécher 8 heures.
Appliquez la lasure dans le sens du bois.
Laissez sécher 24 heures.

C (Graph'm)

2 Afin de laisser apparaître les veines du bois, poncez le banc dans le sens des fibres avec le papier de verre à grain moyen.
Terminez par un ponçage à l'eau avec le papier de verre à grain fin.
Rincez à l'éponge et laissez sécher 24 heures.

Conseil FACILE

Pour poser la lasure, travaillez par petites surfaces. Si vous voulez la vieillir, laissez apparaître davantage les veines du bois. Utilisez pour cela une brosse métallique plutôt que du papier de verre, et travaillez toujours dans le sens du bois.

UNE IDÉE EN PLUS
Une boîte à clefs

D (Graph'm)

VOTRE MATÉRIEL

- **1 boîte à clefs en bois**
- **De la sous-couche bois exotique ambrée**
- **De la lasure brun clair, chêne rustique**
- **1 brosse plate, 1 petit pinceau plat, 1 pinceau n°3**
- **Du ruban de masquage**
- **1 règle, 1 crayon à papier**
- **1 feutre brun**
- **Du white-spirit**
- **Du vernis acrylique**

Avec la règle et le crayon, tracez un losange sur toute la hauteur de la porte.
Tracez des carrés sur l'encadrement de la boîte à clefs.
Protégez le losange avec le ruban de masquage.
Utilisez le petit pinceau plat pour les aplats et le pinceau n°3 pour les bords, pour peindre le losange avec la sous-couche ambrée ainsi que le corps de la boîte.
Nettoyez les pinceaux au white-spirit.
Laissez sécher 30 minutes.
Peignez les carrés entourant la porte avec la sous-couche ambrée et les lasures chêne rustique et brun clair.
Enlevez le ruban de masquage et peignez les surfaces entourant le losange en brun clair et chêne rustique.
Laissez sécher 2 heures.
Avec la règle, soulignez au feutre brun les séparations entre les différentes teintes.
Laissez sécher 10 heures.
Avec la brosse plate, vernissez la boîte à clefs.

La céruse, en blanc et en couleur

À l'origine, la céruse était utilisée pour créer un effet blanchi sur les meubles. Extrêmement toxique, elle a été remplacée par des produits sans danger et d'utilisation simple pour un même résultat blanc, mais aussi en couleur.

VOTRE MATERIEL

- 1 étagère en pin
- De la lasure bleue Leroy Merlin*
- De la cire à céruser teintée Luberon* blanc colombe
- De la cire incolore*
- Du papier de verre à grain moyen
- 1 brosse ronde*
- 1 brosse en fer*
- 1 éponge
- 1 éponge végétale
- De la mèche de coton*
- De la laine d'acier extra-fine*
- De la lessive Saint-Marc
- 1 chiffon de coton

* Magasins spécialisés bricolage, beaux-arts et loisirs créatifs.

- 3 h environ (hors séchage)
- 22 € environ (hors étagères)
- Facile

A (Graph'm)

L'effet de céruse fait ressortir les veines du bois dans une couleur contrastée.

Réalisation

PRÉPARER LE SUPPORT

Lavez le meuble avec la lessive Saint-Marc et l'éponge.
Rincez abondamment et laissez sécher complètement.
Poncez le bois avec le papier de verre à grain moyen.
Dépoussiérez soigneusement.

B (Graph'm)

1 Passez la brosse en fer sur le bois dans le sens des fibres.
Cela sert à ouvrir les veines du bois de façon à ce que la céruse se dépose.
Poncez légèrement avec le papier de verre à grain moyen et dépoussiérez avec le chiffon.

C (Graph'm)

2 Appliquez la lasure bleue avec l'éponge végétale légèrement humidifiée.
Frottez le bois avec le chiffon dans le sens des fibres afin d'éliminer tout excédent.
Laissez sécher 6 heures.
Passez de nouveau la brosse en fer, poncez légèrement et dépoussiérez.

D (Graph'm)

3 Appliquez la cire à céruser avec la laine d'acier extra-fine.
Faites des mouvements circulaires et appuyés afin de la faire pénétrer dans les interstices laissés par la brosse en fer.
Utilisez la brosse ronde pour les coins.

E (Graph'm)

4 Avec le chiffon, passez la cire incolore sur le meuble.
Cela permet d'éliminer l'excédent de céruse et de protéger le bois.
Laissez sécher 2 heures.
Lustrez avec la mèche de coton.

UNE IDÉE EN PLUS

Tous les bois peuvent être cérusés, frêne, châtaignier, chêne, sapin, pin… donc vous pouvez appliquer cette technique sur pratiquement tous les meubles. De même, une grande variété de couleurs existent dans les magasins spécialisés.

Conseil FACILE

Ne posez pas la céruse sur un bois vernis, décapez-le avant. De même, si votre meuble en bois naturel est taché ou sali, nettoyez-le parfaitement avant tout travail. D'autre part, la céruse peut être appliquée sur du bois naturel mais l'effet est plus marqué sur un bois teinté.

Un décor passé au peigne

Le peigné est la technique qui consiste à racler un peigne, acheté dans le commerce ou fabriqué par vos soins, sur de la peinture fraîchement posée. L'espacement et la forme des dents du peigne permettent une variété infinie d'effets.

VOTRE MATERIEL

- 1 table en bois
- De la peinture acrylique Liquitex Lefranc & Bourgeois* jaune de cadmium moyen, terre de Sienne naturelle, rouge de Mars, vert de phtalocyanine
- De la peinture acrylique satinée blanche*
- Du médium acrylique retardateur*
- Du vernis acrylique satiné
- Du carton fort
- 1 cutter, 1 règle
- 1 crayon à papier
- 1 petit rouleau
- 1 brosse plate*
- 1 pinceau à filet*
- 1 chiffon
- 1 récipient en verre

* Magasins spécialisés beaux-arts et loisirs créatifs.

- *4 h environ (hors séchage)*
- *30 € environ*
- *Assez facile*

A (Graph'm)

Malgré sa simplicité, cette technique permet une grande créativité dans les motifs et les couleurs.

Réalisation

PRÉPARER LE SUPPORT

Mélangez la peinture acrylique satinée blanche avec 2 parts de vert de phtalocyanine et 1 part de terre de Sienne naturelle.
Avec le petit rouleau, passez deux couches sur le plateau de la table en laissant sécher 2 heures entre chaque couche.
Réservez la teinte dans le récipient en verre.

B (Graph'm)

1 Avec la règle et le crayon à papier, tracez deux rectangles de 9 x 11 cm dans le carton fort.
Découpez-les avec le cutter.
Tracez sur une largeur de chaque rectangle des repères au crayon à papier en vous référant aux modèles photographiés.

C (Graph'm)

2 Avec le cutter, découpez les repères afin d'obtenir un peigne à dents plates et un peigne à dents pointues.
Préparez un glacis en mélangeant 2 parts de vert de phtalocyanine, 1 part de terre de Sienne naturelle, 2 parts de médium acrylique retardateur et 6 parts d'eau.

D (Graph'm)

3 Avec la brosse plate, passez ce glacis en bandes horizontales.
Passez plusieurs fois la brosse plate sur ces bandes en essuyant la brosse après chaque passage sur le chiffon, cela permet de fixer plus rapidement le glacis.
Passez ensuite le peigne à dents plates, en l'essuyant après chaque passage.
Laissez sécher 3 heures.

E (Graph'm)

4 Mélangez 2 parts de rouge de Mars, 1 part de terre de Sienne naturelle, 2 parts de médium acrylique retardateur et 6 parts d'eau.
Procédez de la même façon qu'à l'étape précédente en peignant des bandes verticales croisant les horizontales.
Laissez sécher 3 heures.

E (Graph'm)

5 Mélangez 1 part de jaune de cadmium, 1 part de terre de Sienne naturelle, 1 part de médium acrylique retardateur et 6 parts d'eau.
Avec la brosse plate, posez ce glacis entre les bandes vertes horizontales.
Passez le peigne à dents pointues.
Laissez sécher 1 heure.
Rajoutez 2 parts de peinture satinée blanche et 2 parts d'eau au mélange précédent.
Avec la règle et le pinceau à filet, tracez un quadrillage régulier en vous référant au modèle photographié.
Laissez sécher 5 heures.
Avec le petit rouleau, passez deux couches de vernis acrylique satiné en laissant sécher 6 heures entre chaque couche.

Une boîte façon lapis-lazuli

Le lapis-lazuli est un minéral dont la couleur bleu outremer est parcourue de veines de nuances diverses. Son aspect précieux est idéal pour valoriser de banals objets en bois ou en plâtre.

VOTRE MATERIEL

- 1 boîte en bois
- De la peinture acrylique satinée bleu Ouessant Leroy Merlin*
- De la peinture acrylique Liquitex Lefranc & Bourgeois blanc de titane, bleu outremer, noir de Mars, rouge de cadmium foncé, terre d'ombre brûlée*
- Du vernis glycero brillant Leroy Merlin*
- 1 feuille d'or*
- Du papier de verre à grain fin
- 1 grosse brosse carrée*
- 1 brosse plate*
- 1 brosse à adoucir*
- 1 brosse à vernir*
- 2 pinceaux à retoucher n°1 et n°3*
- 1 pinceau plat*
- 1 petit rouleau*
- 1 éponge naturelle*
- 1 pince à épiler

* Magasins spécialisés bricolage, beaux-arts et loisirs créatifs.

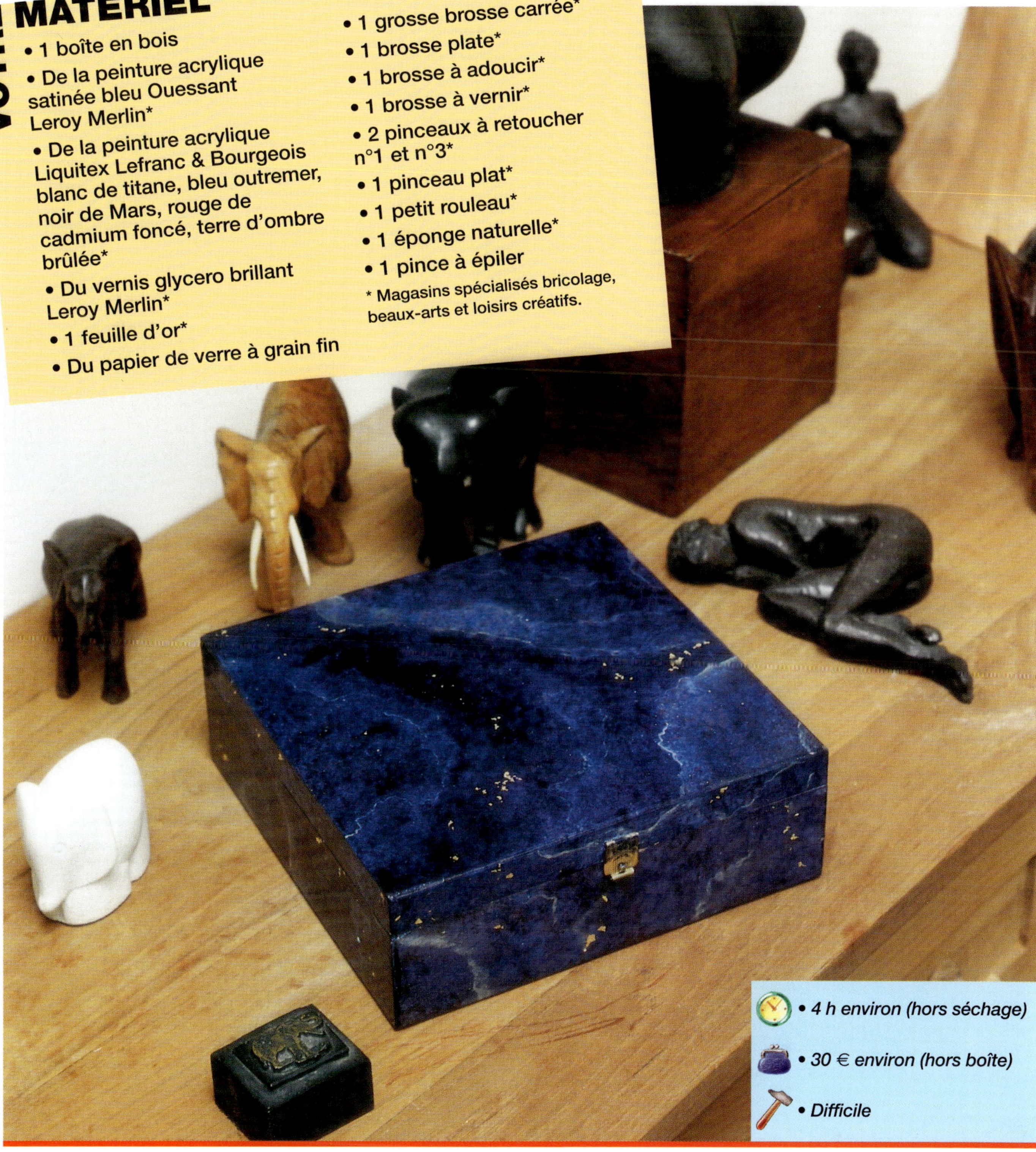

- *4 h environ (hors séchage)*
- *30 € environ (hors boîte)*
- *Difficile*

A (Graph'm)

Cette technique du trompe-l'œil est d'un effet saisissant mais elle demande beaucoup d'habileté.

Réalisation

PRÉPARER LE SUPPORT

Avec la brosse plate, peignez la boîte en bleu Ouessant dilué à 10 % avec de l'eau. Laissez sécher 3 heures. Poncez au papier de verre à grain fin. Passez une deuxième couche de peinture au petit rouleau. Laissez sécher 5 heures.

B (Graph'm)

1 Préparez un glacis avec un mélange allongé d'eau de rouge de cadmium foncé et de terre d'ombre brûlée à parts égales.
Chiquetez ce glacis à l'éponge.
Laissez sécher 1 heure.

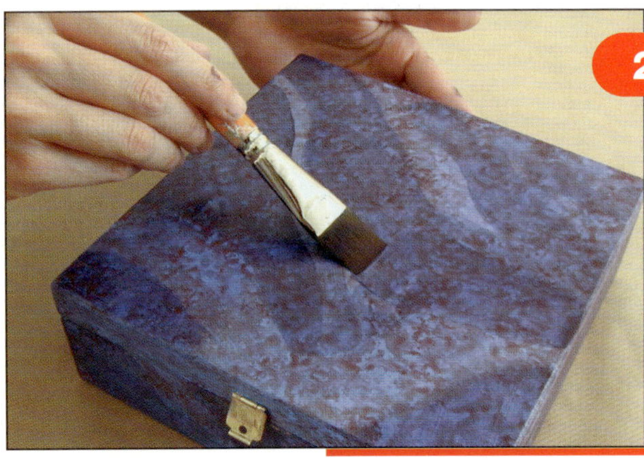

C (Graph'm)

2 Préparez un glacis avec un mélange d'1 part de rouge de cadmium foncé, d'1 part de terre d'ombre brûlée et de 2 parts de bleu outremer.
Avec le pinceau plat, peignez des zones sombres en laissant apparaître le premier glacis par endroits.
Laissez sécher 2 heures.

D (Graph'm)

3 Avec l'éponge, chiquetez un glacis à base de bleu outremer et d'une pointe de terre d'ombre brûlée.
Pochez légèrement ce glacis avec le bout d'une grosse brosse carrée pour l'adoucir.
Laissez sécher 3 heures.

E (Graph'm)

4 Humidifiez légèrement la boîte avec l'éponge.
Cernez avec le pinceau à retoucher n°1 les zones les plus claires de veines blanches avec du blanc de titane très dilué mélangé avec une pointe de terre d'ombre brûlée.
Estompez au fur et à mesure avec la brosse à adoucir.
Utilisez la même teinte pour faire un « mouchetis » : frottez le pinceau à retoucher du bout du doigt au-dessus de la boîte.

F (Graph'm)

5 Passez avec la brosse à vernir une couche de vernis brillant sur toute la boîte.
Déposez de petits fragments de feuille d'or dans le vernis frais avec la pince à épiler.
Laissez sécher 8 heures.
Passez une deuxième couche de vernis.

Glossaire

Adoucir : estomper ou atténuer une teinte pour qu'elle se fonde aux autres teintes
Chiqueter : tapoter une teinte avec une éponge naturelle pour imiter un fin cailloutage ou pour fondre les couleurs entre elles
Glacis : couleur très diluée, presque transparente
Pocher : tapoter perpendiculairement au support avec la brosse à pocher pour obtenir un effet nuagé et fondre les couleurs entre elles

Un cadre écaille de tortue

La technique pour peindre un objet imitant l'écaille de tortue se réalise en appliquant une série de coups de pinceau en diagonales, pour ensuite fondre le tout et donner cette impression de profondeur.

VOTRE MATERIEL

- 1 cadre
- De la sous-couche bois Leroy Merlin* blanc mat
- Du vernis acrylique mat
- De la peinture acrylique Liquitex Lefranc & Bourgeois or iridescent, terre de Sienne naturelle, terre de Sienne brûlée
- 1 pinceau de martre moyen*
- 1 pinceau plat moyen
- 1 petite brosse à adoucir Rougier & Plé*
- Du papier de verre à grain moyen
- Du ruban de masquage

* Magasins spécialisés beaux-arts et loisirs créatifs.

- 2 h environ (hors séchage)
- 38 € environ (hors cadre)
- Assez difficile

A (Graph'm)

Alliance de la peinture dorée et de l'effet écaille pour un cadre sophistiqué.

Réalisation

PRÉPARER LE SUPPORT

Poncez le cadre à l'aide du papier de verre.
Appliquez une sous-couche de peinture blanc mat avec le pinceau plat moyen. Laissez sécher.
Recouvrez de deux couches de peinture or iridescent avec le pinceau plat moyen. Laissez sécher.
Vernissez et laissez de nouveau sécher 2 heures. Protégez les bords extérieur et intérieur du cadre avec le ruban de masquage.

B (Graph'm)

1 Déposez de petites touches de terre de Sienne naturelle avec le pinceau de martre en respectant un sens diagonal général sur tout le cadre.

C (Graph'm)

2 Avant que la peinture ne soit sèche, fondez la couleur avec la brosse à adoucir.
Maniez la brosse en exerçant une pression égale et légère sur le support.
Travaillez en accompagnant votre geste avec le bras et non avec le poignet.

D (Graph'm)

3 Déposez ensuite avec le pinceau de martre quelques taches de terre de Sienne brûlée en respectant toujours le sens diagonal général.
Adoucissez pour que la couleur se fonde à la terre de Sienne naturelle.
Maniez la brosse à adoucir dans le sens diagonal de l'effet écaille mais également dans le sens perpendiculaire pour que les couleurs se fondent naturellement.

E (Graph'm)

4 Renforcez les taches de terre de Sienne brûlée en déposant de petites touches au pinceau de martre sans les adoucir.
Laissez sécher.

F (Graph'm)

5 Ajoutez successivement des taches de terre de Sienne naturelle et de terre de Sienne brûlée avec le pinceau de martre.
Disposez-les à votre convenance et adoucissez-les afin d'augmenter l'effet de profondeur.
Laissez sécher.
Décollez le ruban de masquage.
Vernissez avec le pinceau plat moyen pour donner au cadre un beau poli.
Laissez sécher.

Conseil FACILE

Entraînez-vous sur un panneau d'Isorel avant d'entreprendre le cadre. Cela vous aidera notamment à bien sentir le geste pour la tenue de la brosse à adoucir. Utilisez de préférence une brosse en blaireau car ses poils sont plus doux et plus maniables.

Le porphyre trouve son cadre

Très facile à reproduire en trompe-l'œil, le porphyre (qui vient du grec « porphyrites » : pourpre) est souvent associé au marbre car, comme lui, il en a le toucher et le poli.

VOTRE MATERIEL

- 1 cadre en bois à bords larges
- De la peinture acrylique Liquitex Lefranc & Bourgeois* rouge de cadmium foncé, noir de Mars, blanc de titane, terre d'ombre brûlée
- De la peinture acrylique satinée blanche*
- 1 petite brosse à tableau*
- 1 brosse à pocher*
- 1 brosse plate*
- 1 éponge naturelle
- Du médium retardateur acrylique*
- Du vernis acrylique satiné
- Du papier de verre à grain moyen
- 1 chiffon

* Magasins spécialisés beaux-arts et loisirs créatifs.

- 2 h environ (hors séchage)
- 30 € environ (hors cadre)
- Assez facile

A (Graph'm)

Vous pouvez traiter le « faux porphyre » dans n'importe quelle couleur.

Réalisation

PRÉPARER LE SUPPORT

Poncez le cadre avec le papier de verre.
Dépoussiérez-le soigneusement avec le chiffon.
Avec la brosse plate, passez une couche de peinture satinée blanche diluée à 10 % avec de l'eau.
Laissez sécher 6 heures.
Poncez de nouveau légèrement et dépoussiérez.
Mélangez 2 parts de rouge de cadmium foncé et 1 part de terre d'ombre brûlée.
Passez une couche sur le cadre et laissez sécher 6 heures.
Réservez la teinte.

B (Graph'm)

1 Mélangez 3 parts de terre d'ombre brûlée et 1 part de rouge de cadmium foncé.
Réservez.
Avec le pinceau plat, posez cette teinte et celle réservée précédemment sur le cadre en aplats bien distincts.

C (Graph'm)

2 Avec la brosse à pocher, fondez immédiatement les deux teintes sans toutefois les mélanger.
Laissez sécher 4 heures.

D (Graph'm)

3 Mélangez 2 parts de noir de Mars, 1 part de terre d'ombre brûlée, 1 part de médium retardateur et 1 part d'eau.
Imbibez l'éponge de ce mélange et chiquetez le cadre.
Laissez sécher 1 heure.

E (Graph'm)

4 Mélangez 2 parts de blanc de titane, 1/2 part de rouge de cadmium foncé, 1/2 part de terre d'ombre brûlée et 1 part d'eau.
Avec la petite brosse à tableau, mouchetez ce mélange sur le cadre en frottant la brosse avec le doigt.
Ajoutez plus ou moins de blanc à cette teinte pour varier les effets.
Laissez sécher 6 heures.
Avec la brosse plate, passez deux couches de vernis satiné en laissant sécher 6 heures entre chaque couche.

Conseil FACILE

Le porphyre en trompe-l'œil ne s'utilise généralement pas sur des objets de grande taille. Il est très décoratif sur des pieds de lampe, des bougeoirs, des boîtes ou des coupelles.

Faux marbre sur vrai plateau

Apprenez les bases du trompe-l'œil en vous initiant à la technique du faux marbre. Pour commencer dans cet art qui a acquis ses règles depuis l'Antiquité, réalisez sur ce plateau en bois un décor dans des tons naturels.

VOTRE MATERIEL

- 1 plateau rond en bois (Ikéa)
- De la peinture acrylique Liquitex Lefranc & Bourgeois* blanc de titane, terre d'ombre brûlée, terre d'ombre naturelle, ocre jaune, noir de Mars
- 1 brosse à pocher*
- 1 blaireau à adoucir*
- 1 pinceau fin à retoucher, Karelle n°1
- 1 pinceau plat
- 1 petit rouleau* (patte de lapin)
- 1 éponge naturelle
- Du papier de verre à grain fin n° 400
- Des chiffons
- Du vernis marin incolore satiné

* Magasins spécialisés beaux-arts et loisirs créatifs.

- 3 h environ (hors séchage)
- 15 € environ (hors pinceaux et plateau)
- Difficile

A (Graph'm)

Appliqué traditionnellement aux éléments architecturaux, le faux marbre se prête avec succès à des petits objets décoratifs.

Réalisation

PRÉPARER LE SUPPORT

Poncez soigneusement à l'aide du papier de verre le plateau pour en enlever le vernis.
Dépoussiérez avec le chiffon.
Mélangez la peinture blanche avec une pointe de pinceau de peinture ocre jaune. Passez deux couches de peinture avec le petit rouleau en laissant sécher entre les couches.

B (Graph'm)

1

Étalez au pinceau plat plusieurs zones distinctes de couleurs légèrement diluées, dans des tons plutôt clairs et naturels :
du blanc mélangé avec de la terre d'ombre brûlée en différentes proportions pour avoir des nuances claires et foncées ;
du blanc mélangé avec du noir et de la terre d'ombre naturelle en différentes proportions pour avoir plusieurs tons de gris ;
du blanc mélangé à de l'ocre jaune en différentes proportions pour avoir des jaunes nuancés.
Créez des zones plus foncées avec le gris le plus foncé que vous aurez obtenu en faisant le second mélange.

C (Graph'm)

2

Pochez les couleurs déposées sur le plateau avec la brosse à pocher.
Essuyez régulièrement la brosse sur un chiffon propre pour éviter de mélanger les différentes zones de couleur entre elles.
Laissez sécher 4 heures.
Chiquetez très légèrement quelques endroits du plateau avec l'éponge naturelle pour laisser apparaître la couleur de fond.
Le mouvement doit être perpendiculaire au plateau.

Glossaire

Adoucir : estomper ou atténuer une teinte pour qu'elle se fonde aux autres teintes
Blaireauter : adoucir la peinture pour la fondre, avec un pinceau spécial appelé blaireau à adoucir
Chiqueter : tapotez une teinte avec une éponge naturelle pour imiter un fin cailloutage ou pour fondre les couleurs entre elles
Glacis : couleur très diluée à l'eau, presque transparente
Pocher : tapoter perpendiculairement au support avec la brosse à pocher pour obtenir un effet nuagé et fondre les couleurs entre elles

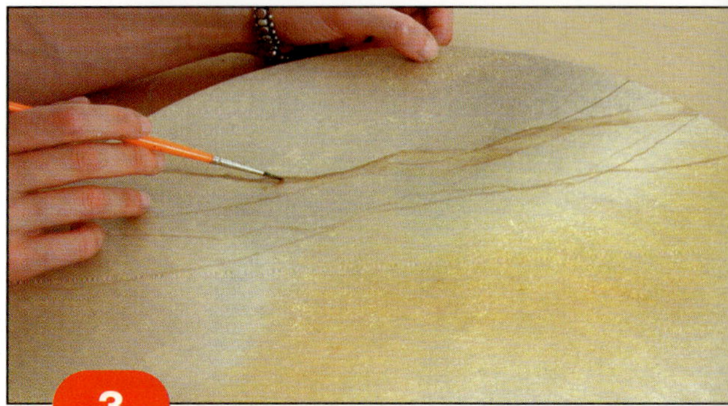

D (Graph'm)

3

Avec le pinceau fin, peignez les veines avec la couleur obtenue au second mélange très diluée dans un ton assez foncé. Le pinceau doit glisser sur le support.
Tracez les veines de façon irrégulière sur tout le plateau et notamment sur les zones les plus foncées en effectuant une pression légère sur le pinceau afin d'obtenir un effet naturel.
Entrecroisez les veines entre elles en gardant toujours l'esprit général de parallèles et en simulant quelques cassures.

E (Graph'm)

4

Tracez des veines plus ou moins grosses et plus ou moins foncées en diluant plus ou moins la peinture pour avoir un effet de profondeur. Blaireautez chaque veine, en effleurant doucement la surface, au fur et à mesure car l'acrylique sèche vite.

F (Graph'm)

5

Passez par endroit avec le pinceau plat un glacis très léger de la couleur des veines.
Blaireautez et cernez de veines, en les fondant avec le glacis. Laissez sécher toute une nuit.
Passez deux couches, avec le petit rouleau, de vernis en laissant sécher entre les couches et en ponçant au papier de verre fin entre la première et la deuxième couche.

Faux marbre : un duo en couleurs

Effets de marbre pour un pied de lampe en bois qui, par la magie du trompe-l'œil, prend des allures d'objet précieux. Deux qualités de marbre, la brocatelle violette et la fleur de pêcher, unissent leurs splendides couleurs et leurs matières originales. Un exercice difficile mais au résultat étonnant.

VOTRE MATERIEL

- 1 pied de lampe en bois tourné Rougier & Plé*
- De la peinture acrylique Liquitex Lefranc & Bourgeois* violet prismatique, outremer foncé, ocre jaune, jaune de cadmium moyen, blanc de titane, noir d'ivoire, gris neutre, terre de Sienne naturelle, rouge de cadmium foncé, rouge de Mars, bleu de Prusse
- De la peinture acrylique Leroy Merlin* satinée blanche
- De la dorure Syntilor* or pâle
- Du médium acrylique retardateur*
- Du vernis glycéro satiné*
- 1 éponge naturelle
- Des pinceaux fins n°1, n°2*
- 1 petite brosse plate carrée*
- 1 brosse plate*
- Du papier de verre à grain moyen
- Du ruban do masquage
- 1 chiffon

* Magasins spécialisés bricolage, beaux-arts et loisirs créatifs.

- 10 h environ (hors séchage)
- 53 € environ (hors pied de lampe)
- Difficile

A (Graph'm)

Ces deux marbres entrent dans la catégorie des marbres appelés brèches, c'est-à-dire formés de cailloux aux coloris contrastés.

Réalisation

PRÉPARER LE SUPPORT

Poncez le pied de lampe avec le papier de verre à grain moyen. Dépoussiérez-le soigneusement avec le chiffon. Avec la brosse plate, passez une couche de peinture acrylique satinée blanche diluée à 10 % avec de l'eau. Laissez sécher 4 heures. Passez une deuxième couche de peinture blanche réhaussée d'une pointe d'ocre jaune. Laissez sécher 6 heures.

LA BROCATELLE VIOLETTE

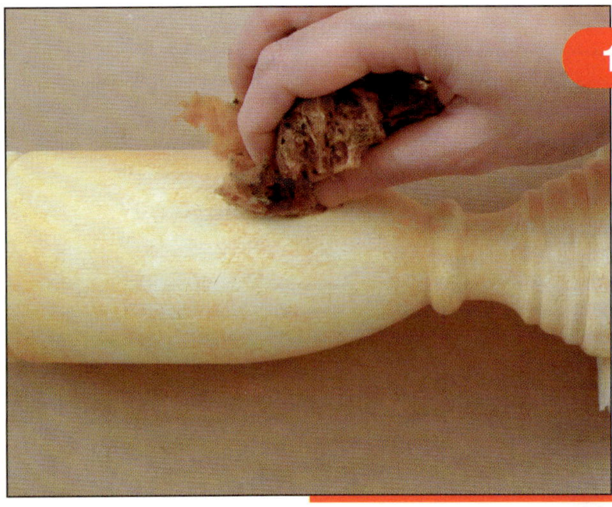
B (Graph'm)

1 En vous référant au code des couleurs ci-dessous, chiquetez, avec l'éponge préalablement humidifiée, le premier glacis jaune sur le corps du pied de lampe.
Laissez sécher 1 heure.
Chiquetez le second glacis jaune.
Laissez sécher 5 heures.

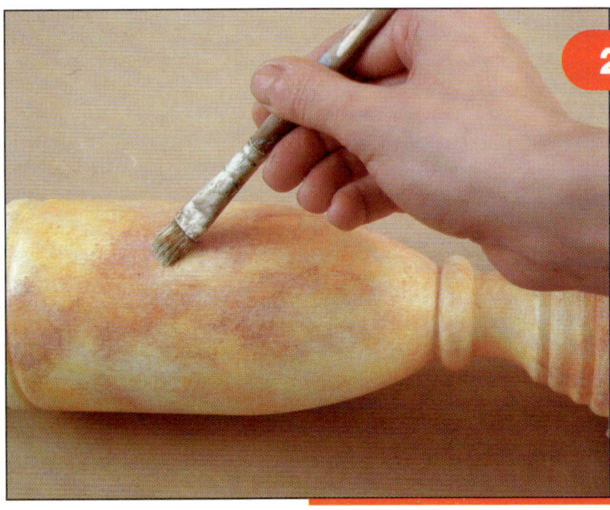
C (Graph'm)

2 Avec la petite brosse plate carrée, posez par endroits le glacis violet en vous référant au code des couleurs.
Laissez sécher 3 heures.

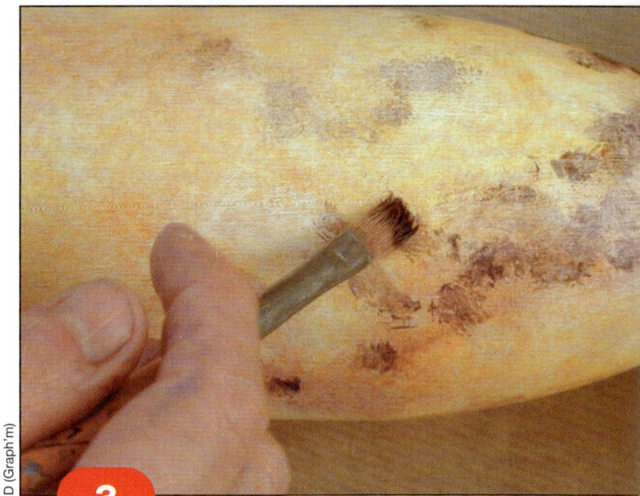
D (Graph'm)

3 Renforcez le glacis en tapotant quelques touches de glacis violet foncé, toujours en vous référant au code des couleurs.
Laissez sécher 1 heure.

E (Graph'm)

4 Avec le pinceau n°1, peignez le veinage en vous reportant au code des couleurs et au modèle photographié.
Le veinage doit former un réseau appelé cailloutage.
Les veines doivent être plus foncées dans les zones violettes et plus claires dans les zones jaunes.
Laissez sécher 30 minutes.

Code des couleurs

Brocatelle violette
Photo 1
Premier glacis : 3 parts d'eau, 2 parts d'ocre jaune, 2 parts de médium retardateur
Second glacis : 3 parts d'eau, 2 parts de jaune de cadmium moyen, 2 parts de médium retardateur
Photo 2
Glacis violet : 2 parts d'eau, 1 part de violet prismatique, 2 parts de médium retardateur
Photo 3
Glacis violet foncé : 2 parts d'eau, 1/2 part de noir d'ivoire, 1 part de violet prismatique, 2 parts de médium retardateur
Photo 4
Veinage sur fond violet : 2 parts de violet prismatique, 1 part de gris neutre, 1 part de noir d'ivoire, 2 parts de médium retardateur
Veinage sur fond jaune : 2 parts de violet prismatique, 1 part de gris neutre, 1 part de noir d'ivoire, 1 part de blanc de titane, 2 parts de médium retardateur
Photo 6
Glacis : 4 parts d'eau, 1/2 part de rouge de cadmium foncé, 1 part de blanc de titane, 3 parts de médium retardateur

Faux marbre...

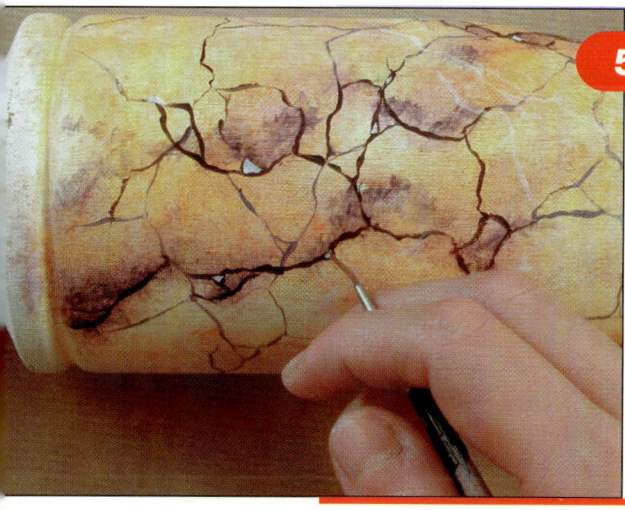

F (Graph'm)

5 **A**vec le pinceau n°1, peignez quelques parties du cailloutage en blanc de titane dilué.
Peignez quelques très fines cassures en blanc de titane sur les zones jaunes.
Laissez sécher 4 heures.

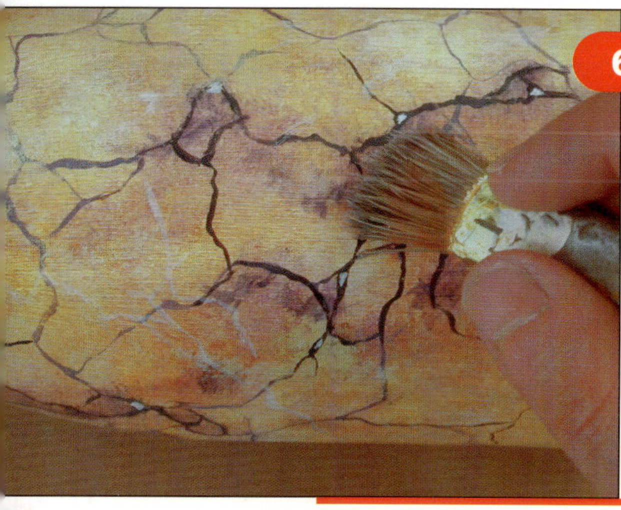

G (Graph'm)

6 **S**ur le veinage recouvrant les parties violettes, dessinez de nouveau quelques cailloux minuscules en blanc de titane.
Avec la petite brosse plate, posez très légèrement le glacis sur toute la surface peinte en vous référant au code des couleurs de la page précédente.
Laissez sécher 6 heures.

LA FLEUR DE PÊCHER

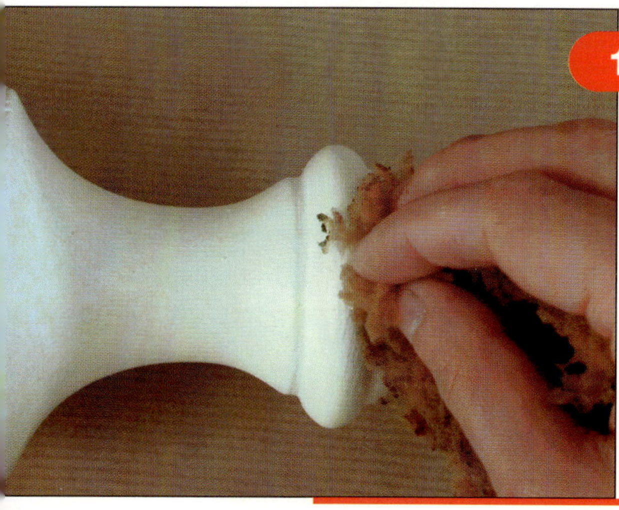

H (Graph'm)

1 **P**rotégez les bords du corps de pied de lampe que vous venez de peindre avec le ruban de masquage.
Chiquetez, avec l'éponge préalablement humidifiée, le glacis sur le pied et le haut du pied de lampe, en vous référant au code des couleurs ci-contre.
Ne recouvrez pas totalement leur surface.
Laissez sécher 5 heures.

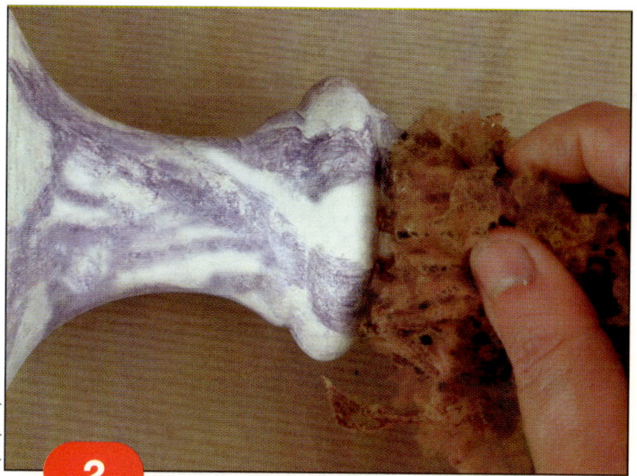

I (Graph'm)

2 **A**vec le pinceau n°2, dessinez un réseau de lignes cassées et d'aplats, appelé le brèchage, en vous référant au code des couleurs ci-dessous.
Réservez la teinte.
Chiquetez immédiatement avec l'éponge humide pour créer quelques « enlevées ».
Laissez sécher 30 minutes.

Code des couleurs

Fleur de pêcher

Photo 1

Glacis : 1 part d'eau, 3 parts de blanc de titane, 1 pointe de jaune de cadmium moyen, 1 part de médium retardateur

Photo 2

Brèchage : 1 part d'eau, 1 part de violet prismatique, 1 part d'outremer foncé, 1 part de médium retardateur

Photo 3

Glacis rouge : 3 parts d'eau, 1/2 part de rouge de cadmium foncé, 1/2 part de terre de Sienne naturelle, 2 parts de médium retardateur

Glacis outremer : 3 parts d'eau, 1 part d'outremer foncé, 2 parts de médium retardateur

Brèchage : 1 part d'eau, 1 part de violet prismatique, 1 part d'outremer foncé, 1 part de médium retardateur

Veinage : 2 parts d'outremer foncé, 1 part bleu de Prusse, 2 parts de médium retardateur

Photo 5

Glacis violet : 3 part d'eau, 1 part de violet prismatique, 1 part d'outremer foncé, 1 part de médium retardateur

Glacis blanc : 4 parts d'eau, 1 part de blanc de titane, 1 pointe de jaune de cadmium moyen, 1 part de médium retardateur

Photo 6

Veinage : 2 parts d'outremer foncé, 1 part de bleu de Prusse, 2 parts de médium retardateur

Photo 7

Rouge foncé : 1 part de rouge de Mars, 1 part de rouge de cadmium foncé

Réalisation

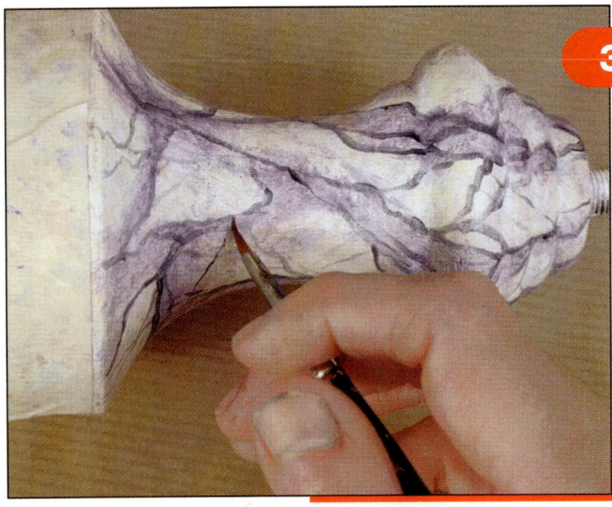
J (Graph'm)

3 Chiquetez, avec l'éponge humidifiée, le glacis rouge puis le glacis outremer, en vous référant au code des couleurs du recto de la fiche.
Avec le pinceau n°2, renforcez le brèchage déjà effectué en utilisant la teinte que vous avez réservée.
Avec le pinceau n°1, dessinez un fin réseau de veines en vous référant toujours au même code des couleurs et en suivant le brèchage.
Laissez sécher 1 heure.

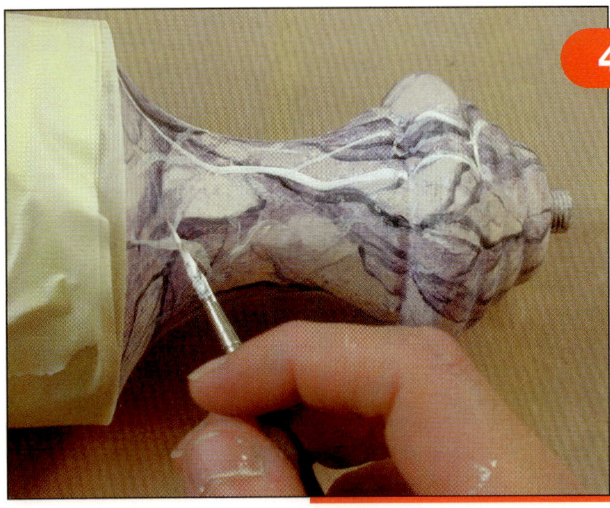
K (Graph'm)

4 Avec le pinceau n°1, dessinez un réseau de fines veines en blanc de titane.
Laissez sécher 30 minutes.

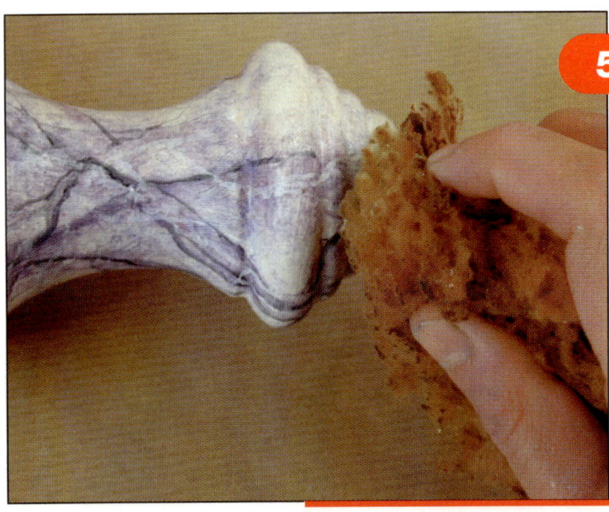
L (Graph'm)

5 Toujours en suivant le code des couleurs, chiquetez le glacis violet.
Laissez sécher 15 minutes.
Chiquetez le glacis blanc cassé puis laissez sécher 30 minutes.

M (Graph'm)

6 Référez-vous au code des couleurs, pour intensifier certaines veines avec le pinceau n°1.
Laissez sécher 30 minutes.

N (Graph'm)

7 Peignez, avec le pinceau n°2, certaines moulures du pied de lampe en rouge foncé, en vous référant au code des couleurs.
Laissez sécher 4 heures.
Passez sur ces moulures une couche de dorure or pâle. Essuyez-la doucement avec le chiffon pour laisser apparaître la couche de fond.
Laissez sécher 1 heure.
Avec la brosse plate, vernissez le pied de lampe.
Laissez sécher 6 heures.

Un carillon tout de marbre vêtu

Cette pendule semble avoir été chinée dans une boutique d'antiquités... Pourtant, on lui a juste donné une seconde vie pleine de prestige en utilisant la technique, tout en nuances, du faux marbre.

VOTRE MATERIEL

- 1 pendule en bois
- De la peinture acrylique Liquitex Lefranc & Bourgeois* blanc de titane, noir de Mars, terre d'ombre naturelle, terre de Sienne, vert de phtalocyanine
- Du Kaparol*
- 1 éponge naturelle*
- 1 brosse à pocher*
- 1 brosse à adoucir*
- 1 blaireau à estomper*
- 1 grande brosse plate*
- 2 petites brosses plates n°6 et n°12*
- 1 pinceau à retoucher n°1*
- 1 brosse plate à vernir*
- Du ruban de masquage
- Du vernis acrylique satiné*

* Magasins spécialisés beaux-arts et loisirs créatifs.

- 24 h environ (hors séchage)
- 45 € environ (hors pendule)
- Difficile

A (Graph'm)

Une technique qui demande de la minutie et que vous pouvez appliquer sur de petits objets tels que boîtes, cadres, etc.

Réalisation

B (Graph'm)

1 **P**rotégez les surfaces non peintes (vitres, cadran, ferrures, etc.) avec du ruban de masquage.
Chiquetez à l'éponge sur l'ensemble de la pendule un glacis à base de terre d'ombre naturelle.

C (Graph'm)

2 **P**ochez le glacis, avec la brosse à pocher, pour unifier la teinte.
Répétez l'opération et superposez au premier glacis, un glacis à base de terre d'ombre naturelle.
Pochez à nouveau pour unifier l'ensemble.
Laissez sécher 5 heures.

D (Graph'm)

3 **R**éalisez un mélange de 2 parts de noir de Mars et d'1 part de vert de phtalocyanine.
Réservez une partie de cette teinte pour d'éventuelles retouches.
Allongez le mélange avec un peu d'eau et une cuillerée à café de Kaparol.
Passez-le sur la pendule en utilisant la grande brosse plate.
La couleur doit être opaque, et les traits de pinceau discrets.

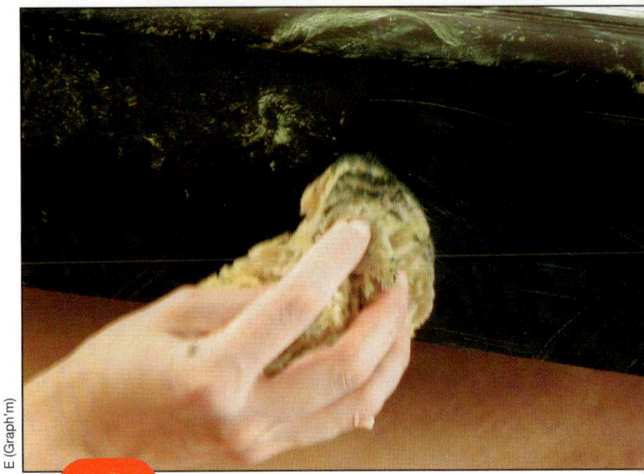

E (Graph'm)

4 **C**hiquetez immédiatement par endroits.
Utilisez l'éponge humide.
L'opération doit donner un effet de léger cailloutage.
Pochez légèrement pour unifier l'ensemble.

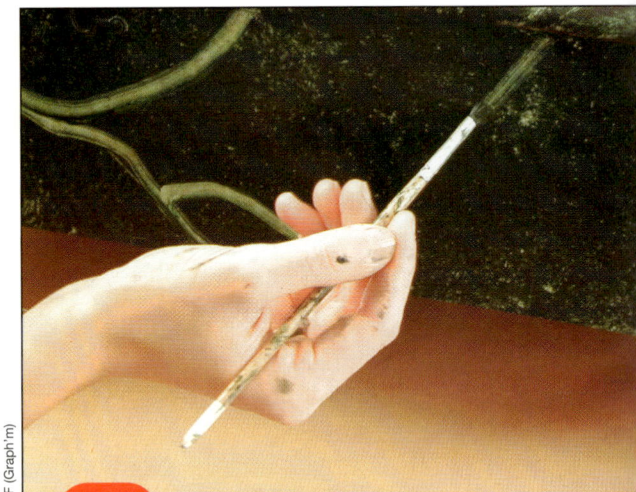

F (Graph'm)

5 **T**racez de grandes veines sur la pendule.
Pour cela, dépouillez la peinture encore fraîche avec les petites brosses plates légèrement humidifiées.
Tracez un réseau de veines irrégulières en variant la taille des brosses que vous utilisez : n°6, n°12 ou pinceau à retoucher n°1.
Vous pouvez rajouter quelques chiquetés à l'éponge par endroits.

Conseil FACILE

Pour réussir les veines dans un décor en faux marbre, zébrez le décor d'un bord à l'autre ou bien estompez-les progressivement. Si elles ont des ramifications, elles ne doivent pas s'entrecroiser de façon brutale.

Un carillon…

G (Graph'm)

6 Estompez en effleurant doucement au fur et à mesure les surfaces peintes avec le blaireau à estomper.
Laissez sécher 2 heures.

H (Graph'm)

7 Renforcez par endroits le vert de la pierre en appliquant un peu de noir de Mars légèrement dilué.
Utilisez la petite brosse plate n°12.
Cette opération donne de la transparence à l'ensemble.

I (Graph'm)

8 Estompez légèrement avec la brosse à adoucir, pour que les contrastes restent très naturels.

J (Graph'm)

9 Tracez de fines veines tremblées avec un mélange de 3 parts de blanc de titane et d'1 part de terre d'ombre naturelle. Utilisez le pinceau à retoucher n°1.
Variez leur taille et leur teinte en ajoutant plus ou moins de blanc au mélange initial.

K (Graph'm)

10 Estompez au fur et à mesure avec le blaireau : les contours des veines doivent se fondre dans la pierre.

Conseil FACILE

Vous pouvez décorer en faux marbre toutes sortes de supports, à condition qu'ils soient légèrement poreux. Si vous voulez travailler la porcelaine ou le verre, posez au préalable une sous-couche afin de préparer ces matériaux.

Réalisation

L (Graph'm)

11 Renforcez par endroits la teinte des premières veines.
Utilisez pour cela un mélange bien dilué de blanc de titane et de terre d'ombre naturelle.
Estompez bien.
Laissez sécher 5 heures.

M (Graph'm)

12 Passez sur l'ensemble de la pendule un glacis très dilué composé de 2 parts de blanc de titane, d'1 part de terre d'ombre naturelle et d'1 part de terre de Sienne. Vous pouvez ajouter une pointe de Kaparol dans le glacis.
Utilisez une petite brosse plate pour l'appliquer.

N (Graph'm)

13 Pochez avec la brosse à pocher pour unifier le glacis et bien le répartir sur l'ensemble de la pendule.
Passez doucement le blaireau à estomper sur la pendule pour adoucir l'ensemble du travail et lui donner un aspect naturel.

O (Graph'm)

14 Retirez le ruban de masquage avant de vernir, car il est possible qu'un peu de peinture s'en aille lors de cette opération.
Si c'est le cas, effectuez quelques retouches avec le pinceau à retoucher n°1 et avec la teinte que vous avez mise en réserve à l'étape 3.

P (Graph'm)

15 Ajoutez en finition quelques fines veines blanches par endroits, en utilisant un mélange de blanc de titane et de terre d'ombre naturelle.
Blaireautez.
Laissez sécher 12 heures.
Passez, avec la brosse à vernir, deux couches de vernis en laissant sécher entre chaque couche.

Glossaire

Adoucir : estomper ou atténuer une teinte pour qu'elle se fonde aux autres teintes
Blaireauter : adoucir la peinture pour la fondre avec un pinceau spécial appelé blaireau à adoucir
Chiqueter : tapotez une teinte avec une éponge naturelle pour imiter un fin cailloutage ou pour fondre les couleurs entre elles
Dépouillez : enlever avec un pinceau ou une éponge la peinture encore fraîche
Glacis : couleur très diluée, presque transparente
Pocher : tapoter perpendiculairement au support avec la brosse à pocher pour obtenir un effet nuagé et fondre les couleurs entre elles

La brèche verte antique

Ce marbre ancien fut beaucoup utilisé par les Romains pour décorer murs et colonnes. Son imitation est assez complexe et il est plus facile et surtout moins long de réaliser de petits objets.

VOTRE MATERIEL

- 1 table
- De la peinture acrylique satinée blanche*
- De la peinture acrylique Basics Lefranc & Bourgeois* vert permanent foncé, terre de Sienne naturelle, terre d'ombre brûlée, noir d'ivoire, blanc de titane, rouge de Mars, jaune de Naples
- 1 petit rouleau
- Des pinceaux à retoucher n°1, n°6*
- 1chiffon
- 1 brosse plate*
- 1 brosse à pocher*
- 1 blaireau à adoucir*
- 1 éponge naturelle
- Du vernis acrylique mat satiné
- Du papier de verre à grain fin
- Des feuilles de papier blanc
- Des ciseaux
- Du papier absorbant

* Magasins spécialisés beaux-arts et loisirs créatifs.

- *10 h environ (hors séchage)*
- *38 € environ*
- *Difficile*

A (Graph'm)

Ce marbre ancien est d'origine grecque. Le résultat est digne de la difficulté à le réaliser.

Réalisation

PRÉPARER LE SUPPORT

Avec la brosse plate, passez une couche de peinture acrylique satinée blanche diluée à 10% avec de l'eau sur la table. Laissez sécher 6 heures.

Poncez légèrement avec le papier de verre. Dépoussiérez.

B (Graph'm)

1 Avec la brosse plate, peignez le plateau en noir en vous référant au code des couleurs.
Ne laissez pas sécher et peignez quelques zones en blanc de titane légèrement dilué en vous référant au modèle photographié.

C (Graph'm)

2 Avec le blaireau à adoucir, blaireautez la peinture en insistant sur les zones blanches pour les fondre avec le noir.
Laissez sécher 10 heures.

D (Graph'm)

3 Découpez dans le papier blanc plusieurs formes de différentes tailles évoquant des cailloux.
Trempez-les dans l'eau, égouttez-les sur du papier absorbant.
Disposez-les harmonieusement sur le plateau.

E (Graph'm)

4 Avant que les papiers ne sèchent, chiquetez à l'éponge la teinte indiquée dans le code des couleurs, légèrement diluée.

Code des couleurs

Fond noir : 2 parts de noir d'ivoire, 1 part de terre d'ombre brûlée
Peinture verte à l'éponge : 1 part de vert permanent foncé, 2 parts de jaune de Naples, 1 part de terre d'ombre brûlée : variez les proportions pour obtenir des nuances différentes
Cailloux blancs : 2 parts de blanc de titane, 1 pointe de terre de Sienne naturelle
Cailloux vert foncé : 3 parts de terre d'ombre brûlée, 1 part de jaune de Naples, 1 part de vert permanent foncé
Cailloux vert clair : 1 part de vert permanent foncé, 2 parts de jaune de Naples, 1 part de blanc de titane : variez les proportions pour obtenir des nuances différentes
Glacis sur cailloux blancs : terre de Sienne naturelle, blanc de titane, 1 pointe de terre d'ombre brûlée
Glacis sur cailloux noirs : blanc de titane, 1 pointe de terre d'ombre brûlée
Glacis sur cailloux vert foncé : terre d'ombre brûlée, jaune de Naples
Glacis sur cailloux vert clair : jaune de Naples
Veine sur cailloux blancs : terre d'ombre brûlée, blanc de titane
Veines sur cailloux noirs : blanc de titane, 1 pointe de terre de Sienne naturelle
Veines sur cailloux vert foncé : noir d'ivoire, blanc de titane, rouge de Mars dilué à 30 %
Veines sur cailloux vert clair : rouge de Mars, blanc de titane dilué à 30 %

La brèche...

F (Graph'm)

5 Pochez immédiatement la surface avec la brosse à pocher pour unifier l'ensemble.
Laissez toutefois quelques zones irrégulières.
Laissez sécher 2 heures.

G (Graph'm)

6 Chiquetez à l'éponge de la terre d'ombre brûlée diluée à 60 %.
Pochez légèrement pour adoucir.
Laissez sécher 1 heure.

H (Graph'm)

7 Humectez les morceaux de papier et retirez-les.
Avec le pinceau à retoucher n°1, rectifiez les contours des cailloux noirs si nécessaire.
Avec le pinceau à retoucher n°6, peignez d'autres cailloux plus petits.

I (Graph'm)

8 Peignez différents cailloux de toutes tailles et couleurs, sans toutefois les faire chevaucher avec ceux déjà peints.
Référez-vous au code des couleurs.
Laissez sécher 2 heures.

J (Graph'm)

9 En suivant le code des couleurs, passez des glacis très dilués sur les cailloux.
Posez les glacis avec les pinceaux à retoucher, selon la taille des cailloux.
Utilisez le blaireau à adoucir pour fondre le travail.
Laissez sécher 1 heure.

Réalisation

K (Graph'm)

10 Avec le pinceau à retoucher n°1, peignez les veines des cailloux en vous référant au code des couleurs.
Dessinez des veines de différentes épaisseurs, en vous inspirant du modèle photographié.
Laissez sécher 3 heures.
Avec le petit rouleau, passez deux couches de vernis en laissant sécher 6 heures entre chaque couche.

L (Graph'm)

11 Avec la brosse plate, peignez les pieds de la table en rouge de Mars.
Laissez sécher 6 heures.
Passez deux couches de vernis en laissant sécher 6 heures entre chaque couche.
Poncez légèrement l'avant des pieds pour vieillir la peinture.

M (Graph'm)

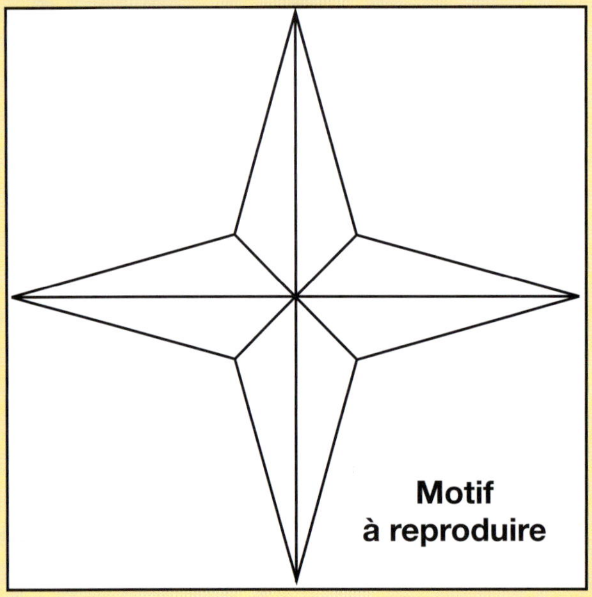

Motif à reproduire

N (Graph'm)

UNE IDÉE EN PLUS

Un décor étoilé

VOTRE MATÉRIEL

- **De la peinture acrylique Basics Lefranc & Bourgeois blanc de titane, terre d'ombre brûlée, noir d'ivoire, rouge de cadmium foncé**
- **Du papier report**
- **1 crayon à papier**
- **1 règle**
- **1 pinceau à retoucher n°1, n°6**
- **1 blaireau à adoucir**

Photocopiez l'étoile. Avec le papier report, reproduisez-la au centre de la table. Avec le pinceau à retoucher n°6, peignez-la en blanc de titane. Laissez sécher 6 heures. Juxtaposez 1 part de rouge de cadmium foncé et 1 part de terre d'ombre brûlée sur la moitié des quatres branches de l'étoile. Fondez les deux teintes avec le pinceau n°6. Laissez sécher 3 heures. Faites un glacis très dilué de blanc de titane. Avec le pinceau n°6, peignez de grosses veines en transparence sur les moitiés rouges des branches d'étoile. Laissez sécher 30 minutes. Avec le pinceau n°1, peignez en noir d'ivoire légèrement dilué à l'eau, quelques veines fines. Laissez sécher 3 heures.
Peignez l'autre moitié des branches en blanc de titane mélangé à 1 pointe de terre d'ombre brûlée. Laissez sécher 3 heures. Faites un glacis très dilué de noir d'ivoire et peignez des zones sombres en vous référant au modèle photographié. Peignez un réseau de fines veines avec du noir d'ivoire légèrement dilué. Laissez sécher 3 heures.

Du faux bois très naturel

Pour cacher les défauts ou embellir un objet, la technique du trompe-l'œil est idéale car elle s'applique sur pratiquement tous les supports. Essayez-vous pour commencer sur un petit objet comme ce pied de lampe.

VOTRE MATERIEL

- 1 pied de lampe
- De la peinture acrylique Liquitex Lefranc & Bourgeois* blanc de titane, terre de Sienne naturelle, ocre jaune, terre d'ombre brûlée
- Du médium acrylique retardateur*
- 1 pinceau éventail n° 12*
- 1 blaireau à adoucir*
- 1 brosse plate moyenne*
- 1 pinceau n° 3*
- 1 éponge
- Du vernis acrylique satiné

* Magasins spécialisés beaux-arts et loisirs créatifs.

- *2 h environ (hors séchage)*
- *22 € environ (hors lampe)*
- *Difficile*

A (Graph'm)

La simplicité et la chaleur du bois embellissent simplement les petits objets à usage quotidien comme les boîtes, les cadres, etc.

Réalisation

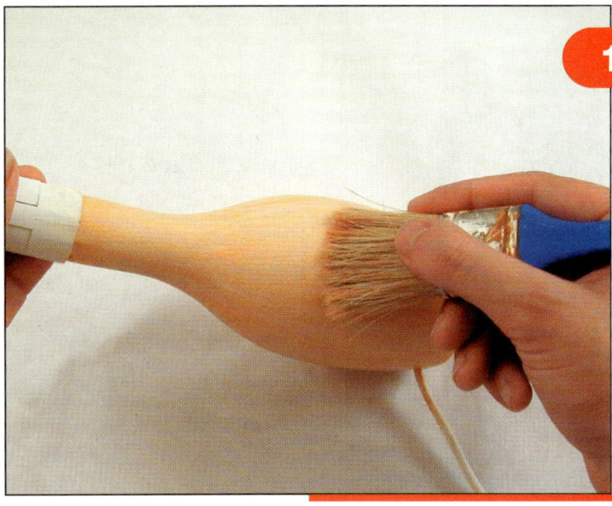

B (Graph'm)

1 Avec la brosse plate moyenne, peignez le pied de lampe en blanc de titane.
Laissez sécher 4 heures.
Mélangez 1 part d'ocre jaune, 1 part de terre de Sienne naturelle, 1 part de médium acrylique retardateur, 3 parts d'eau.
Peignez le pied de lampe en laissant les marques de la brosse visibles et en peignant verticalement.
Laissez sécher 4 heures.

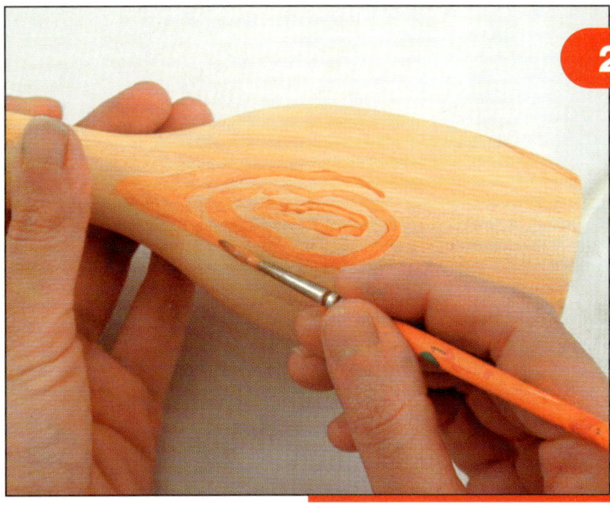

C (Graph'm)

2 Mélangez 2 parts de terre de Sienne naturelle et 1 part de médium acrylique retardateur.
Avec l'éponge, humidifiez légèrement le pied de lampe.
Avec le pinceau n° 3, peignez des veines autour du pied de lampe en vous référant au modèle photographié.

D (Graph'm)

3 Immédiatement après avoir peint une veine, estompez-la en passant légèrement le blaireau à adoucir.

E (Graph'm)

4 Mélangez 1 part de terre de Sienne naturelle, 2 parts de médium acrylique retardateur et 1 part d'eau.
Avec la brosse plate moyenne, peignez les endroits sans veines.
Passez immédiatement le pinceau éventail afin d'imiter les fibres du bois.

F (Graph'm)

5 Mélangez 1 part de terre de Sienne naturelle, 1 pointe de terre d'ombre brûlée et 1 part de médium acrylique retardateur.
Peignez quelques nœuds de bois en faisant tourner le pinceau n° 3 sur lui-même.
Estompez ensuite le centre afin de l'éclaircir.
Renforcez quelques veines de bois.
Laissez sécher 5 heures.
Mélangez 5 parts de vernis acrylique satiné et 1 part de terre de Sienne naturelle.
Avec le pinceau plat moyen, passez deux couches de ce mélange en laissant sécher 6 heures entre chaque couche.

Des effets de bois précieux

Duo de bois particulièrement somptueux, la loupe et l'acajou s'unissent pour styliser une table de nuit. Ce décor est assez long à réaliser, mais le résultat justifie les efforts.

VOTRE MATERIEL

- 1 table de nuit
- De la peinture acrylique satinée blanche
- De la peinture à l'huile Louvre Rougier & Plé* terre d'ombre brûlée, terre de Sienne naturelle, terre de Sienne brûlée, carmin
- De la peinture acrylique Liquitex Lefranc & Bourgeois* blanc de titane, terre de Sienne naturelle, terre de Sienne brûlée
- 1 brosse éventail n°2*
- Des pinceaux à retoucher n°2, n°6*
- 1 blaireau à adoucir*
- 1 queue à battre*
- 2 brosses plates, 1 moyenne et 1 petite*
- 1 petit rouleau*
- 1 brosse ronde*
- De l'huile de lin
- De l'essence de térébenthine
- Du siccatif Rougier & Plé*
- Du ruban de masquage
- ssDu papier de verre à grain moyen
- Du papier absorbant
- Du vernis glycéro satiné

* Magasins spécialisés beaux-arts et loisirs créatifs.

- 2 h environ (hors séchage)
- 53 € environ (hors meuble)
- Difficile

A (Graph'm)

Ces deux techniques de faux bois s'exécutent aussi bien sur de plus grandes surfaces.

Réalisation

PRÉPARER LE SUPPORT

Avec la brosse plate moyenne, passez sur l'ensemble de la structure en bois de la table de nuit une couche de peinture acrylique satinée blanche diluée à 30 % avec de l'eau.

Laissez sécher 6 heures. Poncez avec le papier de verre et dépoussiérez soigneusement.

Passez une deuxième couche de peinture non diluée et laissez sécher 10 heures.

Référez-vous systématiquement au code des couleurs pour la mise en peinture.

LOUPE ACAJOU

B (Graph'm)

1 Protégez les panneaux avec du ruban de masquage.
Avec la brosse ronde, appliquez la couleur de base sur les montants de la table de nuit.
Laissez sécher 6 heures.
Poncez légèrement et dépoussiérez.
Passez une deuxième couche.
Laissez sécher 6 heures.

C (Graph'm)

2 Avec la petite brosse plate, appliquez les deux glacis (1 et 2) côte à côte de façon irrégulière.
Travaillez au fur et à mesure sur chaque montant de la table de nuit.
Essuyez la brosse avec le papier absorbant puis estompez les teintes en passant la brosse doucement dans tous les sens.

D (Graph'm)

3 Avec la brosse éventail, décrivez sans attendre des ondulations et des arcs de cercles.
Laissez quelques endroits sans effets de pinceau.

E (Graph'm)

4 Avec le pinceau à retoucher n°6, pochez doucement les endroits sans traces de pinceau pour obtenir des effets de matière.
Avec le pinceau n°2, peignez ensuite des nœuds en écrasant le pinceau et en le faisant tourner sur lui-même.
Adoucissez l'ensemble de votre travail avec le blaireau à adoucir.

Code des couleurs

Loupe acajou
Base : 2 parts de blanc de titane acrylique, 1 part de terre de Sienne naturelle acrylique
Glacis 1 : 2 parts de terre de Sienne brûlée huile, 1 part de terre de Sienne naturelle huile, 5 parts d'essence de térébenthine, 1 part d'huile de lin, 1 pointe de siccatif
Glacis 2 : 2 parts de terre d'ombre brûlée huile, 1 part de terre de Sienne brûlée huile, 5 parts d'essence de térébenthine, 1 part d'huile de lin, 1 pointe de siccatif
Nœuds et petits points : 1 part de terre d'ombre brûlée huile légèrement diluée avec de l'essence de térébenthine

Des effets...

F (Graph'm)

5 Avec le pinceau n°2, peignez irrégulièrement sur les nœuds de petits points.
Blaireautez de nouveau.
Faites chaque montant l'un après l'autre.
Laissez sécher au minimum 48 heures.

I (Graph'm)

3 Sans attendre, dessinez des arcs sur le glacis frais.
Tenez fermement la brosse plate moyenne à la base des poils et partez du bas en suivant toujours le même axe, sans laisser d'espace entre les coups de pinceau.

ACAJOU

G (Graph'm)

1 Protégez les montants avec du ruban de masquage.
Avec le petit rouleau, appliquez la couleur de base sur les panneaux de la table de nuit.
Laissez sécher 6 heures.
Poncez légèrement et dépoussiérez.
Passez une deuxième couche.
Laissez sécher 6 heures.

H (Graph'm)

2 Avec la brosse plate moyenne, passez le glacis 1 sur un panneau.
Essuyez la brosse.
Passez le glacis 2 aux angles du panneau ainsi qu'une bande d'environ 5 cm sur son milieu et en hauteur.
Essuyez la brosse.
Passez la brosse propre en tous sens et doucement afin de fondre les deux glacis entre eux.

Code des couleurs

Acajou

Base : 2 parts de blanc de titane acrylique, 1 part de terre de Sienne brûlée acrylique

Glacis 1 : 3 parts de terre de Sienne brûlée huile, 1 part de carmin huile, 5 parts d'essence de térébenthine, 1 part d'huile de lin, 1 pointe de siccatif

Glacis 2 : 3 parts de terre d'ombre brûlée huile, 1 part de carmin huile, 5 parts d'essence de térébenthine, 1 part d'huile de lin, 1 pointe de siccatif

Conseil FACILE

Généralement, le pourcentage d'un glacis se compose de 3/4 d'essence de térébenthine, d'1/4 d'huile de lin et d'une pointe de siccatif (qui accélère le séchage). Plus le glacis contient d'essence de térébenthine, plus il sèche vite ce qui diminue le temps de travail. Vous pouvez donc varier légèrement les quantités indiquées selon la rapidité avec laquelle vous réalisez la table de nuit.

Réalisation

J (Graph'm)

4 **A**vec la queue à battre, fouettez doucement le glacis encore frais afin d'y imprimer de légères stries.

K (Graph'm)

5 **A**doucissez l'ensemble du panneau en passant légèrement le blaireau à adoucir dans le sens du fil du bois.
Réalisez les autres panneaux.
Laissez sécher au minimum 48 heures.
Passez une couche de vernis glycéro et laissez sécher une nuit.

UNE IDÉE EN PLUS

Un coffret en loupe de noyer

L (Graph'm)

VOTRE MATÉRIEL

- **1 coffret en bois**
- **De la peinture à l'huile Louvre Rougier & Plé blanc de titane, terre de Sienne naturelle, terre d'ombre brûlée, noir d'ivoire**
- **De la peinture acrylique satinée blanche**
- **De la peinture acrylique Liquitex Lefranc & Bourgeois blanc de titane, terre de Sienne naturelle, jaune de cadmium moyen**
- **1 brosse éventail n°2**
- **Des pinceaux à retoucher n°2, n°6**
- **1 blaireau à adoucir***
- **1 petite brosse plate**
- **De l'huile de lin**
- **De l'essence de térébenthine**
- **Du siccatif Rougier & Plé**
- **Du papier de verre à grain moyen**
- **Du papier absorbant**
- **Du vernis glycéro satiné**

1 Avec la petite brosse plate, passez sur le coffret une couche de peinture acrylique satinée blanche diluée à 30 % avec de l'eau. Laissez sécher 6 heures. Poncez avec le papier de verre et dépoussiérez soigneusement. Passez une deuxième couche de peinture non diluée et laissez sécher 10 heures.

2 Mélangez la peinture acrylique terre de Sienne naturelle, jaune de cadmium moyen et blanc de titane à parts égales. Avec la petite brosse plate, appliquez la couleur sur le coffret. Laissez sécher 6 heures.
Poncez légèrement et dépoussiérez.
Passez une deuxième couche.
Laissez sécher 6 heures.

3 Faites deux glacis à l'huile : le premier avec 1 part de terre de Sienne naturelle, 5 parts d'essence de térébenthine, 1 part d'huile de lin et 1 pointe de siccatif ; le deuxième avec 1 part de terre d'ombre brûlée, 1 pointe de noir d'ivoire, 5 parts d'essence de térébenthine, 1 part d'huile de lin, 1 pointe de siccatif. Avec la petite brosse plate, appliquez les deux glacis côte à côte de façon irrégulière. Essuyez la brosse avec le papier absorbant puis estompez les teintes en passant la brosse doucement dans tous les sens.

4 Avec la brosse éventail, décrivez sans attendre des ondulations et des arcs de cercles. Laissez quelques endroits sans effets de pinceau Avec le pinceau à retoucher n°6, pochez doucement les endroits sans traces de pinceau pour obtenir des effets de matière. Avec le pinceau n°2, peignez ensuite des nœuds en écrasant le pinceau et en le faisant tourner sur lui-même. Adoucissez l'ensemble de votre travail avec le blaireau à adoucir.

5 Mélangez 2 parts de noir d'ivoire, 1 part de terre d'ombre brûlée et 4 parts d'essence de térébenthine. Avec le pinceau n°2, peignez irrégulièrement sur toute la surface du coffret de petits points. Blaireautez de nouveau. Laissez sécher au minimum 48 heures. Passez une couche de vernis glycéro et laissez sécher une nuit.

Bord de mer

Un cadre en bois flotté

Souvenirs de vacances avec ce cadre marin réalisé avec des morceaux de bois et de verre dépoli ramassés sur les plages. La forme et la taille des matériaux guideront votre inspiration.

VOTRE MATERIEL

- De la peinture bleu foncé et blanche
- Du bois flotté
- Des morceaux de verre dépoli
- De la colle forte
- 1 pinceau large plat
- De l'encaustique incolore et des chiffons
- Du papier de verre à grain fin, 1 chiffon doux

- *2 h environ (hors séchage)*
- *22 € (hors cadre)*
- *Facile*

A (Graph'm)

Beaucoup d'allure et succès garanti : l'air marin chargé d'embruns vivifie votre intérieur.

Réalisation

PRÉPARER LE SUPPORT

Poncez le cadre avec le papier de verre.
Ôtez la poussière à l'aide d'un chiffon doux.

B (Graph'm)

1 Appliquer deux couches de peinture bleu foncé en laissant sécher entre chaque passage.
Cirez avec de l'encaustique.
Laissez sécher.

C (Graph'm)

2 Dans le pot de peinture blanche, mélangez 1/2 cuillerée à café de bleu foncé pour obtenir un bleu clair.
Appliquez deux couches de peinture.
Laissez sécher entre chaque couche.
Poncez pour faire apparaître par endroits la couleur de base.

D (Graph'm)

3 Collez les bois flottés et les morceaux de verre dépoli.
Laissez sécher avant d'installer votre cadre.

Conseil FACILE

Si vous voulez poser le cadre sur un meuble plutôt que l'accrocher, n'oubliez pas de peindre au dos en utilisant la même technique.

UNE IDÉE EN PLUS

Avec la pâte Fimo et à l'aide du dessin, vous pouvez fabriquer un phare et le coller sur votre cadre en bois flotté.

E (Graph'm)

VOTRE MATÉRIEL

- **De la pâte Fimo rouge, jaune, blanche et bleu clair**
- **1 cutter**

Chauffez la pâte dans les mains ou avec un sèche-cheveux pour la rendre plus malléable avant de la travailler. Décalquez les différents éléments du phare. Évidez à l'aide d'un cutter les formes, comme pour un pochoir. Étalez la pâte, posez les pochoirs et découpez en suivant les bords du papier. Quand vous avez assemblé tous les morceaux, faites cuire le phare au four pendant 20 à 30 min, à 130 °C maximum. Puis collez le phare sur un coin du cadre ou posez-le à côté de celui-ci.

F (Graph'm)

Motif à décalquer

G (Graph'm)

Une porte ouverte sur l'océan

Partez pour un voyage au long cours en décorant la porte de votre salle de bains d'un joli motif typiquement marin qui lui apportera un petit air bien vivifiant… de cabine de plage.

A (Graph'm)

VOTRE MATERIEL

- 1 paquet de baguettes décor de porte Leroy Merlin*, dont 1 moulure chapeau de gendarme
- 2 pots de 0,5 l de peinture acrylique blanche satinée*
- Des colorants universels* bleu lumière, noir, vermillon
- De la peinture acrylique Basics Lefranc & Bourgeois* blanc de titane, bleu de céruleum, jaune de Mars, rouge de cadmium foncé, terre d'ombre brûlée, ocre jaune
- De la colle néoprène*
- 1 petit rouleau*
- 1 petite brosse à pochoir*
- 1 petite brosse plate*
- Des pinceaux à retoucher n°1, n°3, n°6*
- 1 brosse à tableau carrée n°4*
- 1 feuille de bristol épaisse
- Du papier carbone
- 1 plaque de coupe*
- 1 cutter, du ruban de masquage
- 1 éponge
- De la lessive Saint-Marc

* Magasins spécialisés bricolage, beaux-arts et loisirs créatifs.

- *6 h environ (hors séchage)*
- *53 € environ*
- *Assez difficile*

Pour personnaliser une porte toute simple : un pochoir, quelques pots de peinture et votre habileté à manier les pinceaux suffisent.

Réalisation

PRÉPARER LE SUPPORT

Nettoyez, à l'aide d'une éponge, la porte à la lessive Saint-Marc. Rincez et séchez soigneusement.
Peignez, avec le petit rouleau, la porte en blanc satiné auquel vous ajoutez une pointe d'ocre jaune.
Laissez sécher.
Prenez les repères pour placer les moulures sur votre porte, soit trois cadres : le panneau supérieur avec la moulure chapeau de gendarme ; le petit panneau du milieu et le panneau inférieur.
Ces trois panneaux doivent être centrés. La hauteur et la largeur doivent être proportionnelles aux dimensions de votre porte.

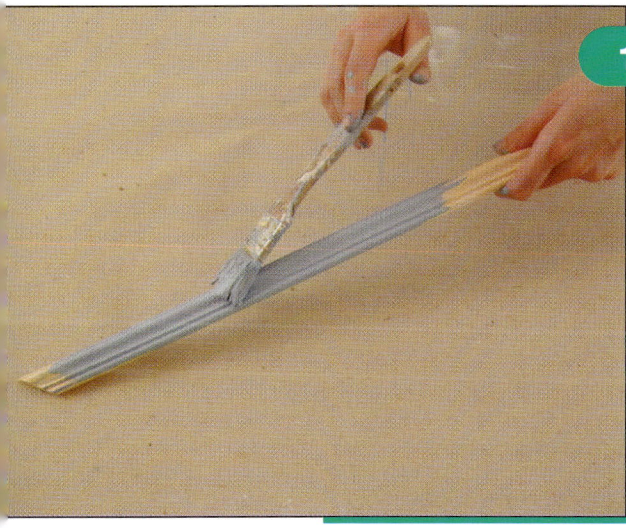

B (Graph'm)

1 Mélangez dans un des pots de peinture blanche, 3 cuillerées à café de colorant bleu lumière, 1 pointe de colorant noir et 1 pointe de colorant vermillon.
Peignez les baguettes avec la petite brosse plate.
Laissez sécher 2 heures.

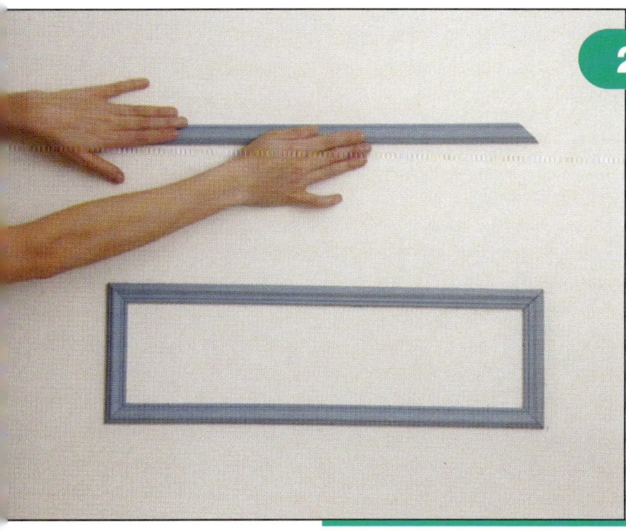

C (Graph'm)

2 Appliquez, avec la brosse à tableau carrée, la colle néoprène sur le dos des moulures.
Posez vos baguettes en commençant par le bas de la porte.
Assemblez chaque panneau en même temps sans trop attendre pour pouvoir éventuellement réajuster l'ensemble avant que la colle ne soit sèche.
Peignez-en l'intérieur avec le mélange de peinture utilisé pour les baguettes additionné d'1/2 pot de blanc.

E (Graph'm)

3 Photocopiez les lettres « Salle de bains ».
En utilisant du papier carbone, reportez-les sur la feuille de bristol.
Évidez les lettres avec le cutter.
Positionnez le pochoir sur le panneau en le fixant avec le ruban de masquage.

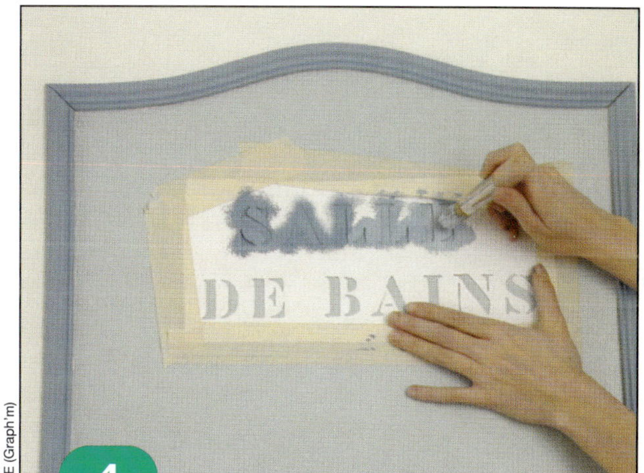

E (Graph'm)

4 Préparez les mélanges de bleus en vous référant au code des couleurs.
Appliquez la peinture en tapotant avec la petite brosse à pochoir.
Commencez les premières lettres de chaque mot avec le bleu le plus foncé, puis dégradez progressivement sur les lettres suivantes vers les bleus les plus clairs.
Retirez doucement le pochoir.
Laissez sécher 1 heure.

Conseil FACILE

Pour réussir les deux pochoirs, vous devez tapoter avec une petite brosse à pochoir en tenant la main bien perpendiculaire au panneau. Pour que le pochoir « Salle de bains » soit lisible, il faut que la teinte la plus claire du dégradé des bleus soit tout de même nettement visible sur le fond blanc.

Une porte...

F (Graph'm)

5 **P**hotocopiez le motif du nœud marin à la taille désirée.
Reportez-le, en utilisant le papier carbone, sur le panneau supérieur en le plaçant sous « Salle de bains »
Reportez-le de nouveau sur le haut du panneau inférieur.

G (Graph'm)

6 **R**epassez le tracé du motif du nœud avec de la terre d'ombre brûlée légèrement diluée.
Utilisez le pinceau à retoucher n°1.

G (Graph'm)

7 **P**eignez l'intérieur du nœud avec un mélange légèrement dilué, à parts égales, de blanc de titane et de terre d'ombre brûlée avec une pointe de jaune de Mars.
Utilisez le pinceau à retoucher n°3.
Ne recouvrez pas les traits réalisés à l'étape précédente.
Réservez une petite quantité de cette teinte.
Laissez sécher 3 heures.

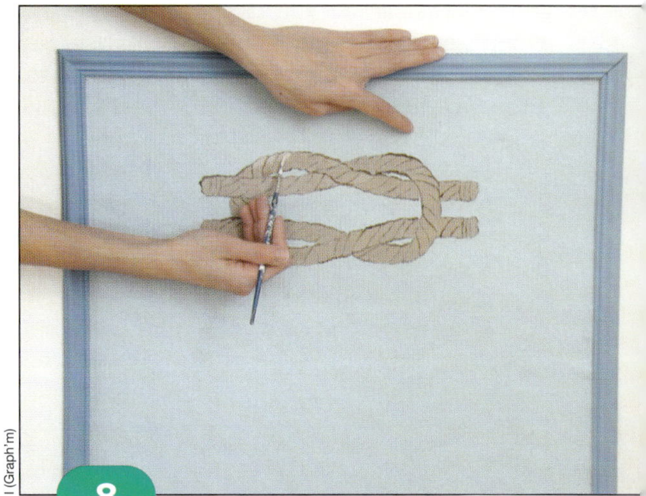

I (Graph'm)

8 **M**élangez à parts égales la teinte de l'étape précédente avec du blanc de titane.
Faites des petits rehauts de lumière sur le nœud avec le pinceau à retoucher n°3.
Laissez sécher.

Code des couleurs

Lettres

Bleu foncé : 1 part de bleu de céruleum, 1/2 part de rouge de cadmium foncé et 1/2 part de blanc de titane
Bleu moyen : 1 part de bleu de céruleum, 1/2 part de rouge de cadmium foncé et 1 part de blanc de titane
Bleu clair : 1 part de bleu de céruleum, 1/2 part de rouge de cadmium foncé et 2 parts de blanc de titane

SALLE DE BAINS

C (Graph'm)

Motif
à agrandir de 200 %

Motif
à agrandir
de 250 %

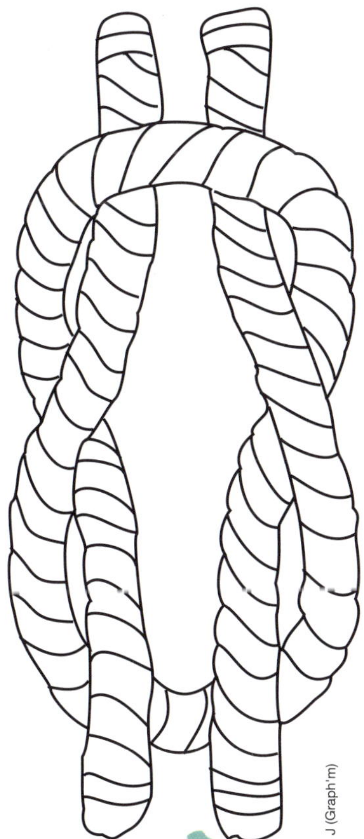

J (Graph'm)

UNE IDÉE EN PLUS

Un pot à brosses marin

E (Graph'm)

VOTRE MATÉRIEL

- **1 petit seau en métal**
- **Du colorant universel bleu lumière, vermillon**
- **1 feuille de papier carbone**
- **1 grande brosse plate**
- **3 pinceaux à retoucher n° 1, n°3, n°6**
- **De la peinture acrylique Liquitex Lefranc & Bourgeois blanc de titane, jaune de Mars, terre d'ombre brûlée**
- **1 pot de 0,5 l de sous-couche métal blanche**

Préparez un mélange avec 1/4 de pot de sous-couche métal blanche, 1 cuillerée à café de colorant bleu lumière et une pointe de colorant universel vermillon. Appliquez le mélange sur le seau avec la brosse plate. Laissez sécher 24 heures. Appliquez une seconde couche de peinture. Laissez sécher à nouveau 24 heures. Photocopiez le motif du nœud à la taille souhaitée. Reportez-le sur le pot en utilisant du papier carbone. Peignez le nœud en utilisant les mêmes couleurs et procédés décrits pour la porte de la salle de bains.

Conseil
FACILE

L'utilisation de la colle néoprène demande des précautions. Lisez toujours attentivement la notice du fabricant. Si en collant les baguettes, la colle déborde, enlevez-la avec une pince à épiler lorsqu'elle est totalement sèche.

Une malle qui se pose à quai

Partez en croisière comme à la grande époque des traversées transatlantiques, tout en restant chez vous. Sur une malle ancienne, collez des affiches, des cartes, des illustrations qui vous emmèneront, en rêve, à travers les océans.

VOTRE MATERIEL

- 1 malle ancienne
- De la pâte à bois, 1 spatule
- Du papier de verre à grain gros, moyen, fin
- 1 tampon métallique
- De la peinture laque satinée Corona* rouge vif, de la peinture acrylique noire, bleu marine, bouton d'or, blanche
- De la colle vinylique
- Du ruban de masquage, du ruban adhésif de positionnage
- De la carte à pochoir*
- 1 plaque de coupe
- 1 bombe de colle repositionnable
- 1 pinceau plat de 40, 1 pinceau rond moyen, 1 pinceau plat fin
- Des ciseaux
- 1 scalpel
- Du vernis
- 1 ponceuse

* Magasins spécialisés beaux-arts et loisirs créatifs.

- 5 h environ (hors séchage)
- 53 € environ (hors malle)
- Assez facile

A (Graph'm)

Ne mélangez pas les genres, au contraire privilégiez un thème : voyages en paquebot, en avion, en chemin de fer ou en automobile.

Réalisation

LE PONÇAGE DE LA MALLE

B (Graph'm)

1 Poncez la malle à la ponceuse électrique pour les grandes surfaces et à la main pour les recoins près des ferrures.
Utilisez le papier de verre à gros grain pour dégrossir le travail du ponçage et le grain moyen et fin pour l'affiner.
Restaurez les endroits abîmés avec la pâte à bois.
Avec la spatule, remplissez les trous et les fissures jusqu'à niveau. La pâte à bois ayant tendance à se rétracter en séchant, n'hésitez pas en en mettre beaucoup.
Laissez sécher et poncez au papier de verre à grain fin.

LE NETTOYAGE DES FERRURES

C (Graph'm)

2 Frottez les ferrures en cuivre avec un tampon métallique (ou avec une brosse métallique courbe qui pénètre en profondeur dans les anfractuosités).
Si vous ne voulez pas avoir à nettoyer régulièrement les parties en cuivre, passez plusieurs couches de vernis acrylique, c'est un bon moyen pour en empêcher l'oxydation.

LA PEINTURE

D (Graph'm)

3 Posez du ruban de masquage contre les renforts de la malle pour éviter les débordements de peinture.
Peignez les renforts en noir avec le pinceau rond en évitant les clous en métal et les ferrures.
Passez une deuxième couche de peinture en laissant sécher entre les couches.

Conseil FACILE

Posez la malle sur une table pour pouvoir travailler à niveau, sans vous baisser continuellement. Si vous débordez un peu lors de la mise en peinture, essuyez aussitôt. La peinture acrylique se corrige assez bien à condition qu'elle ne soit pas sèche.

Une malle qui...

E (Graph'm)

4 Peignez la malle en rouge vif avec le pinceau plat.
Laissez sécher.
Passez une deuxième couche de peinture et laissez sécher.

F (Graph'm)

5 Découpez soigneusement avec des ciseaux les motifs que vous avez choisis.
Pour les coupes délicates et minutieuses, utilisez un cutter et protégez votre plan de travail avec une plaque de coupe.

G (Graph'm)

6 Positionnez les illustrations sur la malle avec du ruban adhésif.
Essayez plusieurs compositions différentes avant d'encoller celle qui vous plaît.

H (Graph'm)

7 Encollez avec la colle vinylique le dos des illustrations.
Positionnez-les en enlevant soigneusement toutes traces de plis et de bulles d'air.

Conseil FACILE

Pour le découpage, utilisez les outils adéquats. Si les motifs sont droits, des ciseaux normaux suffisent. Pour les coupes dentelées, le cutter ou les ciseaux à bout rond, spécialement adaptés pour le découpage, sont préférables.

Réalisation

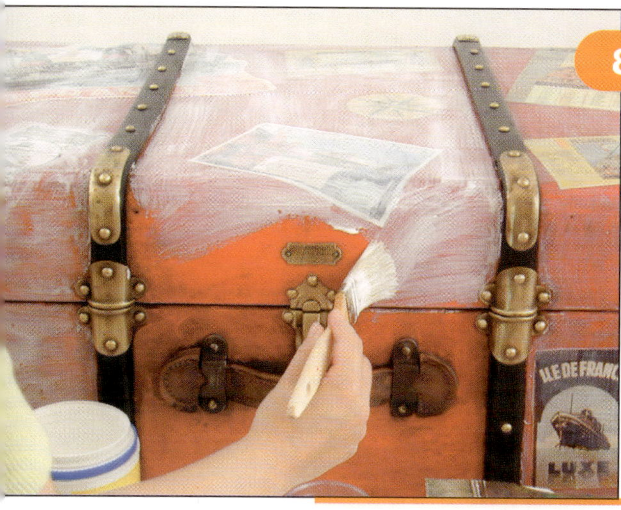

I (Graph'm)

8 Une fois la composition terminée, passez une couche de colle vinylique sur toute la surface de la malle. Une fois sèche, elle devient invisible.

J (Graph'm)

9 Décalquez les motifs de fanions sur la carte à pochoir.
Découpez-les, vaporisez le dos du pochoir de colle repositionnable et positionnez-les sur la malle.
Appliquez une couche de blanc acrylique avec le petit pinceau plat, afin que les couleurs peintes par la suite soient lumineuses sur le fond rouge de la malle.

K (Graph'm)

10 Peignez ensuite les couleurs des fanions en suivant les modèles reproduits.
Laissez sécher.
Faites un deuxième passage de couleur si nécessaire.
Passez de nombreuses couches de vernis sur la malle.
Laissez sécher entre chaque couche.
Plus il y en a, plus la surface de la malle est uniforme.

UNE IDÉE EN PLUS

Une poubelle qui revient de loin

VOTRE MATÉRIEL

- 1 poubelle métallique
- Du papier de verre à grain fin
- De la peinture bleu foncé
- De la peinture sous-couche
- Des illustrations en couleurs
- Des ciseaux ou 1 cutter
- De la colle vinylique
- Du vernis
- De l'alcool à 90°

La même technique de collage s'applique sur n'importe quel support. Pour le métal, nettoyer au savon ou à l'alcool à 90°. Bien sécher. Poncez d'abord légèrement la poubelle avec du papier de verre à grain très fin, puis posez une couche d'accroche avant de peindre en bleu foncé. Procédez ensuite de la même façon que sur la malle.

L (Graph'm)

Conseil FACILE

Faites des photocopies couleurs des illustrations et motifs que vous avez choisis. Il serait dommage d'abîmer des livres. Vous pouvez trouver nombre d'illustrations anciennes dans les catalogues des salles de vente, dans les librairies spécialisées, dans les agences de voyages, etc.

Une malle qui...

M (Graph'm)

N (Graph'm)

Motifs à décalquer
et à agrandir ou à réduire
selon la taille de la malle

Conseil
FACILE

Vous pouvez utiliser une malle, un coffre, une cantine en métal et même de grandes boîtes en carton ou de vieilles valises en cuir. Si certains objets sont abîmés, il faut les restaurer en respectant leur matière, mais les illustrations cacheront astucieusement la plupart des défauts. La couche de colle, quant à elle, sert d'imperméabilisant afin que les illustrations n'absorbent pas le vernis.

Réalisation

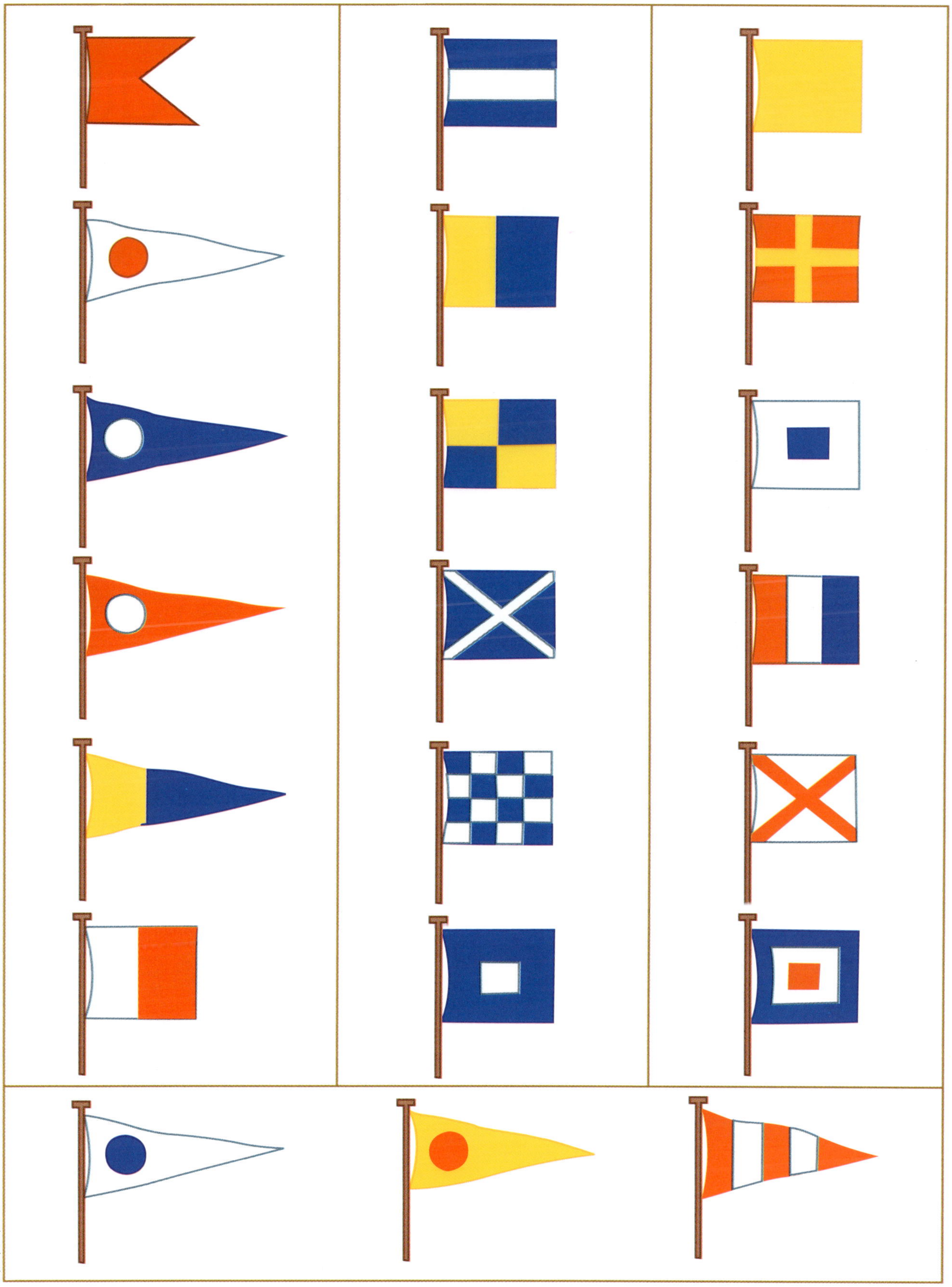

O (Graph'm)

Les fanions sont utilisés dans la marine. Chacun d'eux correspond à une lettre de l'alphabet. Très colorés, ils forment une frise sur la malle qui, à défaut de transmettre des messages codés, apporte un élément original à l'ensemble.

Une étagère qui fait des vagues

Comment donner un coup de jeune à une étagère qui a fait son temps ? En l'habillant tout simplement d'une frise découpée dans du carton plume et en y collant des chromos sur le thème marin.

VOTRE MATERIEL

- 1 étagère en pin
- 1 planche de petits chromos aux motifs marins
- 1 feuille de carton plume de 5 mm d'épaisseur*
- 1 pot de 0,5 l de lasure bois acrylique blanche*
- 1 pot de 0,5 l de peinture acrylique Leroy Merlin* bleu Ouessant
- Du papier de verre à grain fin
- Du papier carbone
- De la colle vinylique
- 1 brosse plate*
- 1 petite brosse carrée*
- 1 règle, 1 crayon, 1 cutter, 1 compas
- 1 plaque de coupe*
- Des petits clous sans tête*
- 1 marteau*
- 1 chiffon

* Magasins spécialisés bricolage, beaux-arts et loisirs créatifs.

A (Graph'm)

- *2 h environ (hors séchage)*
- *18 € environ (hors étagère)*
- *Facile*

Réalisation

PRÉPARER LE SUPPORT

Poncez légèrement l'étagère avec le papier de verre.
Dépoussiérez-la.
Passez une première couche de peinture lasure blanche avec la brosse plate en suivant le sens du bois.
Laissez sécher 6 heures.
Poncez légèrement à nouveau et passez une deuxième couche de lasure. Laissez sécher.

B (Graph'm)

1 Avec la règle et le crayon à papier, divisez la feuille de carton plume en trois parties égales. Elles doivent avoir la hauteur que vous souhaitez donner à votre cantonnière.
Dessinez un motif de vague au compas en calculant tout d'abord leur nombre par rapport à la longueur de l'étagère.
Reportez-le sur le carton plume en utilisant le papier carbone.

C (Graph'm)

2 Découpez les cantonnières au cutter.
Poncez légèrement les bords avec du papier de verre pour qu'ils soient bien nets.

D (Graph'm)

3 Peignez chaque cantonnière en bleu Ouessant avec la brosse plate.
Laissez sécher 3 heures.
Passez une deuxième couche de peinture.
Laissez sécher 5 heures.

E (Graph'm)

4 Encollez à la colle vinylique le dos des chromos que vous aurez choisis, avec la petite brosse carrée.
Collez-les sur la cantonnière selon votre inspiration.
Laissez sécher 1 heure.
Fixez les cantonnières à l'étagère en enfonçant de petits clous sans tête à l'extrémité de chacune d'elles.

ASTUCE

Les chromos peuvent s'utiliser sur tous les supports : bois, métal, plâtre, céramique, carton. Si le fond n'est pas lisse, préparez-le en le ponçant avec du papier de verre.

Conseil FACILE

Outre les chromos marins et selon la taille de votre étagère, vous pouvez chercher d'autres illustrations à découper dans les magazines spécialisés ou de décoration. Si vous êtes adroit à manier le pinceau, pourquoi ne pas souligner cet univers marin en peignant quelques algues ou autres coraux parmi les chromos découpés.

Nature

Un coffre de style « cottage »

Ce coffre tout simple en sapin blond affiche clairement ses origines anglaises. On l'a transformé dans un style très outre-Manche : peinture vert amande avec effet de patine et petites fleurs romantiques courant sur le couvercle.

VOTRE MATERIEL

- 1 coffre
- De la lasure bois incolore*
- De la peinture acrylique Leroy & Merlin* vert tilleul, vert anglais, jaune d'or, blanc
- De la peinture acrylique Lefranc & Bourgeois* vert oxyde de chrome, terre de Sienne naturelle, terre d'ombre brûlée, jaune de cadmium moyen, rouge de cadmium foncé, bleu de céruléum, noir, blanc
- Du papier de verre à grain fin, moyen et gros
- 1 cale à poncer, 1 chiffon
- 1 pinceau rond fin
- 1 pinceau queue de morue*
- Du papier carbone
- 1 crayon à papier
- Du vernis acrylique mat incolore*

* Magasins spécialisés bricolage, beaux-arts et loisirs créatifs.

- 12 h (hors séchage)
- 60 € environ (hors coffre)
- Assez facile

A (Graph'm)

Les initiales en lettres anglaises apportent une touche personnelle. Ce sont celles de la personne à qui appartient le coffre.

Réalisation

PRÉPARER LE SUPPORT

Poncez le coffre à l'aide de la cale à poncer. Commencez avec du papier de verre à gros grain, puis finissez au papier de verre à grain fin. Enlever la poussière avec le chiffon. Passez une couche de lasure incolore. Laissez sécher le temps indiqué par le fabricant.

B (Graph'm)

1 Mélangez 1/8 de vert tilleul, 1/8 de vert anglais, 3/8 de blanc et 3/8 de jaune d'or pour obtenir le vert amande.
Peignez le coffre avec la queue de morue.
Laissez sécher 12 heures.

C (Graph'm)

2 Poncez le coffre en utilisant le papier de verre à grain moyen et la cale à poncer.
Pour obtenir cet effet de peinture vieillie, ponçez de façon inégale afin de laisser apparaître les veines du bois.
Dépoussiérez avec un chiffon propre non pelucheux.

D (Graph'm)

3 Agrandissez le motif des branches fleuries et de l'alphabet selon la taille de votre coffre.
Reportez le motif fleuri sur le couvercle en glissant le papier carbone sous la photocopie.
Appuyez bien fort sur la photocopie afin que le modèle soit bien visible.
Reportez un détail de la branche aux angles de la façade du coffre.
Reportez les initiales de votre nom sur le milieu de la façade du coffre.

E (Graph'm)

4 Mélangez 1/3 terre de Sienne naturelle à 2/3 de terre d'ombre brûlée.
Peignez les branches des motifs floraux avec le pinceau rond fin.
Peignez finement le corps et les contours du papillon. Faites de même avec le contour des oiseaux.

F (Graph'm)

5 Peignez les feuilles en vert oxyde de chrome.
Pour chaque feuille, repassez les nervures centrales jusqu'à la branche avec le mélange suivant : 1/2 vert oxyde de chrome et 1/2 terre de Sienne.
Pour créer des ombres, peignez également le bord de certaines feuilles avec ce mélange.
Peignez les pointes de feuilles et leur bord supérieur en vert clair : 1/2 de vert oxyde de chrome et 1/2 de jaune de cadmium moyen.
Pour obtenir des effets de modelé, faites des hachures légères de la pointe vers le milieu des feuilles.

Un coffre de style...

G (Graph'm)

6 **P**assez deux couches de blanc acrylique sur les fleurs, les papillons, les oiseaux et les initiales.
Laissez sécher.
Repassez les initiales au rouge de cadmium foncé.
Peignez les ailes des papillons, le pistil des fleurs et le bec des oiseaux en jaune de cadmium moyen.

H (Graph'm)

7 **P**eignez le bord extérieur des pétales des fleurs en vieux rose : 3/5 de blanc, 1/5 de rouge de cadmium foncé et 1/5 de jaune de cadmium moyen.
Dégradez la couleur de l'extérieur à la moitié intérieure des pétales.

I (Graph'm)

8 **D**essinez les nervures des ailes des papillons avec un jus de terre d'ombre (diluée avec beaucoup d'eau).
Procédez du corps vers l'extérieur des ailes.
Terminez par les ombres des oiseaux, le long du ventre et des ailes en bleu-gris : 3/5 de blanc, 1/5 de noir et 1/5 de bleu de céruleum.
Laissez sécher et passez deux couches de vernis acrylique mat sur tout le coffre en laissant sécher entre chaque couche.

J (Graph'm)

Motifs à agrandir de 400%

Réalisation

K (Graph'm)

M (Graph'm)

Motif à agrandir de 200 %

L (Graph'm)

▲ ***Inversez la guirlande de fleurs pour la reproduire sur le coin opposé.***

N (Graph'm)

Conseil
FACILE

Vous pouvez peindre les initiales de la personne à qui appartient le coffre ou bien son nom en entier. Il faut alors bien le centrer sur la façade du coffre. Faites d'abord des repères au crayon à papier avant l'exécution du nom. Ce serait dommage de déséquilibrer l'ensemble de la réalisation pour un motif mal centré.

Un panier qui se met au vert

Rien de plus bucolique que de ramasser fruits et légumes dans le jardin, surtout avec ce panier qui se fond dans le vert de la nature. Il est réalisé à partir d'une caisse en bois toute simple que l'on transforme en la peignant et en collant des chromos de légumes du potager.

VOTRE MATERIEL

- 1 caisse en bois de 40 x 30 x 13 cm
- 1 baguette plate de 4 x 66 cm
- 1 baguette ronde de 30 x 2 cm de diamètre
- 1 planche de chromos aux motifs «primeur»
- Du papier de verre à grain fin
- De la lazure Leroy Merlin Vert Forêt* (ou autre marque de votre choix)
- 1 pinceau plat
- Du vernis marin*
- Des clous
- 2 tourillons de 5 mm de diamètre
- 1 perceuse avec 2 forets à bois de 20 mm et 5 mm de diamètre
- De la colle vinylique

* Magasins spécialisés bricolage, beaux-arts et loisirs créatifs.

- *2 h environ (hors séchage)*
- *30 € environ*
- *Facile*

A (Graph'm)

Ces chromos de légumes du potager peuvent être mélangés avec des fruits ou des fleurs découpés dans des magazines de jardineries.

Réalisation

PRÉPARER LE SUPPORT

Poncez légèrement la caisse et dépoussiérez-la avec un chiffon non pelucheux.
Montez l'anse : percez les trous aux extrémités des barres perpendiculaires et transversale en suivant le schéma ci-dessous. Les dimensions sont à adapter selon celles de la caisse. Sur cette caisse qui mesure 40 x 30 x 13 cm, les montants de l'anse sont de 33 x 4 cm et la barre transversale de 33 cm.

B (Graph'm)

1 Fixez l'anse sur la caisse en la clouant.
Peignez la caisse avec la lazure verte.
Laissez sécher.

C (Graph'm)

2 Découpez soigneusement la planche de chromos. Vous pouvez aussi photocopier les motifs ci-contre afin de fabriquer vos propres chromos. Encollez le dos des chromos de colle vinylique et collez-les. Lissez pour enlevez d'éventuelles bulles d'air. Laissez sécher.
Passez plusieurs couches de vernis marin en laissant bien sécher entre les couches.

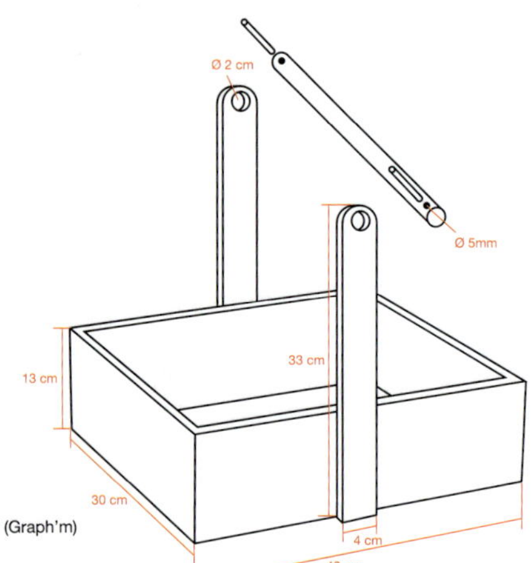

F (Graph'm)

UNE IDÉE EN PLUS

Un casier amovible

D (Graph'm)

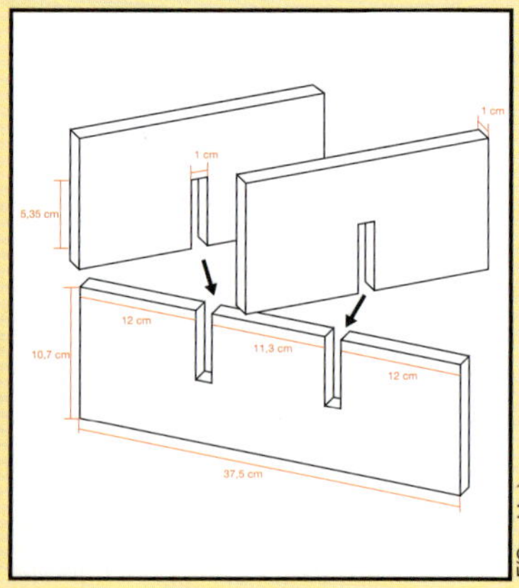

E(Graph'm)

VOTRE MATÉRIEL

- **1 planche de 37,5 x 10, 5 x 1 cm**
- **De la lazure Leroy Merlin Vert Forêt**
- **1 scie égoïne**
- **Du vernis**

Pour transformer un panier pour fruits et légumes en caisse pour ustensiles de jardin, découpez la planche en suivant le schéma ci-dessus. Emboîtez les planches et peignez en vert.

G (Graph'm)

Conseil FACILE *Si vous trouvez que la lazure est trop opaque, poncez la caisse avec un papier de verre à grain fin. Cela permet de faire ressortir les veines du bois.*

Fruits rouges en toute saison

L'été frappe à votre porte et s'installe chez vous de façon définitive. Sur fond ensoleillé et azuré, fraises, framboises, cassis, myrtilles, mûres et groseilles sont un régal pour les yeux.

A (Graph'm)

VOTRE MATERIEL

- 1 porte
- 3 longueurs de baguette moulurée*
- De la peinture acrylique Leroy Merlin* bleu Ouessant, jaune d'or, blanc
- De la peinture acrylique Lefranc & Bourgeois* en tube rouge de cadmium foncé, bleu de céruleum, jaune de cadmium moyen, terre d'ombre brûlée, rouge de cadmium, jaune primaire, vert émeraude.
- Des pinceaux plat de différentes largeurs, 1 éponge
- Du polyphane adhésif pour pochoir*
- 1 boîte à onglets*, 1 scie égoïne*
- De la colle vinylique
- Du ruban de masquage
- Du ruban adhésif repositionnable
- 1 crayon à papier, 1 scalpel, 1 gomme
- 1 règle, 1 plaque de coupe*
- 1 assiette en carton
- De la lessive Saint-Marc

* Magasins spécialisés bricolage, beaux-arts et loisirs créatifs.

- 5 h (hors séchage)
- 45 € environ
- Assez difficile

Effets de contraste et de lumière, l'esprit méditerranéen ensoleille le quotidien.

Réalisation

LE PLACEMENT DES MOULURES

B (Graph'm)

1 Nettoyez la porte à la lessive Saint-Marc. Laissez sécher.
Il est plus facile de travailler sur un plan horizontal pour placer les moulures.
Enlevez la porte de ses gonds et posez-la sur des tréteaux.
Déterminez l'emplacement des moulures selon la dimension de la porte. Notre modèle, qui est standard, mesure 195 x 83 cm.
Tracez des repères au crayon à papier à 11 cm des bords : chaque panneau mesure 83 x 61 cm.
Les mesures sont à adapter aux dimensions de votre porte.

LA DÉCOUPE ET LE COLLAGE DES MOULURES

C (Graph'm)

2 Coupez les baguettes moulurées à l'aide de la boîte à onglets.
Placez votre scie égoïne dans la rainure pour angles à 45°.
Coupez les longueurs nécessaires à la fabrication des moulures soit quatre baguettes de 83 cm et quatre de 61 cm.
Collez les moulures avec la colle vinylique. (Si votre porte est prépeinte, poncez les moulures et dégraissez l'endroit où elles vont être collées à l'alcool à brûler.)
Posez des poids (des livres par exemple) sur les moulures et laissez sécher.

LA PEINTURE DE LA PORTE

D (Graph'm)

3 Mettez la porte à la verticale.
Passez une couche de peinture blanche (sous-couche) sur toute la porte, moulures comprises. Laissez sécher.
Peignez les bords extérieurs aux panneaux avec du bleu Ouessant mélangé à du blanc à parts égales.
Peignez l'intérieur des panneaux avec du jaune d'or mélangé à du blanc à parts égales.
Laissez sécher.

Tableau des couleurs

Myrtilles et mûre : 7 doses de bleu céruleum, 3 doses de blanc et 6 doses de rouge cadmium foncé. (Pochoir 1)

Fraise, framboise et groseilles : 2 doses de rouge de cadmium foncé et 1 dose de jaune de cadmium moyen. (Pochoir 1)

Reflets de cassis et de myrtilles : 3 doses de bleu Ouessant, 3 doses de blanc et 2 doses de rouge de cadmium foncé. (Pochoir 1)

Reflets sur fraise et groseilles : 2 doses de rouge de cadmium, 2 doses de jaune primaire et 1 dose de blanc. (Pochoir 1)

Grains de framboise : 3 doses de bleu Ouessant, 3 doses de blanc et 2 doses de rouge de cadmium foncé. (Pochoir 2)

Pépins de fraise : 1 dose de jaune primaire et 1 dose de blanc. (Pochoir 2)

Feuilles fraise, mûre, framboise, myrtilles : 1 dose vert émeraude et 1 dose terre d'ombre brûlée. (Pochoir 1)

Branches myrtilles, groseilles et cassis : terre d'ombre brûlée. (Pochoir 2)

1 dose de peinture équivaut à 1 goutte de peinture

Conseil FACILE

Si votre porte est abîmée, rebouchez les imperfections à la pâte à bois, laissez sécher et poncez. Vous pouvez également créer un effet de matière, à condition que le support s'y prête, en appliquant une à deux couches de peinture très diluée pour laisser apparaître les veines de bois.

Fruits rouges…

E (Graph'm)

4 Protégez le contour des moulures, intérieur et extérieur, avec le ruban de masquage.
Peignez les moulures en parme : 3 doses de bleu Ouessant + 1 dose de blanc + 1 dose de rouge de cadmium foncé.
Laissez sécher.
Repassez avec l'éponge une couche de parme comme précédemment à laquelle vous rajoutez 2 doses de blanc pour éclaircir les moulures.
Laissez sécher.
Enlever le ruban de masquage.

F (Graph'm)

5 Photocopiez les motifs de fruits.
Reportez-les sur le papier polyphane. Découpez-les soigneusement au scalpel.
Chaque modèle de fruit comprend deux pochoirs (pochoir multiple) : il faudra superposer le n° 2 sur le n° 1 lors de la mise en couleur.
Utilisez l'assiette en carton pour faire vos mélanges de couleurs.

G (Graph'm)

6 Disposez les fruits sur la porte.
Cherchez la composition qui vous plaît et maintenez les pochoirs n° 1 avec du ruban adhésif repositionnable.
Tracez des repères au crayon à papier afin de retrouver votre composition lors de la mise en couleur.

H (Graph'm)

7 Procédez à la mise en couleur en vous aidant du tableau des mélanges de couleurs ci-avant.
Commencez avec les pochoirs n° 1 et laissez sécher.
Continuez en créant les reflets qui donneront du volume. Tapotez doucement sur les contours supérieurs des motifs des pochoirs n°1.
Laissez sécher.
Continuez en positionnant les pochoirs n° 2 sur les motifs correspondants.

Conseil FACILE

Avant d'appliquer les différents coloris sur les pochoirs, appliquez une sous-couche de peinture blanche. Cela donne plus de luminosité aux motifs. De même, ne mouillez pas trop la peinture pour éviter tout risque de coulure, ce qui serait difficilement réparable sur cette réalisation.

Réalisation

Motifs à agrandir de 160 %

Fraise

1

2

Framboise

1

2

Cassis

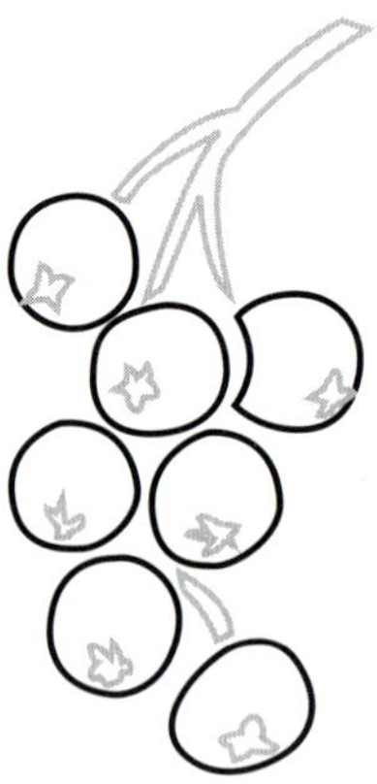

1

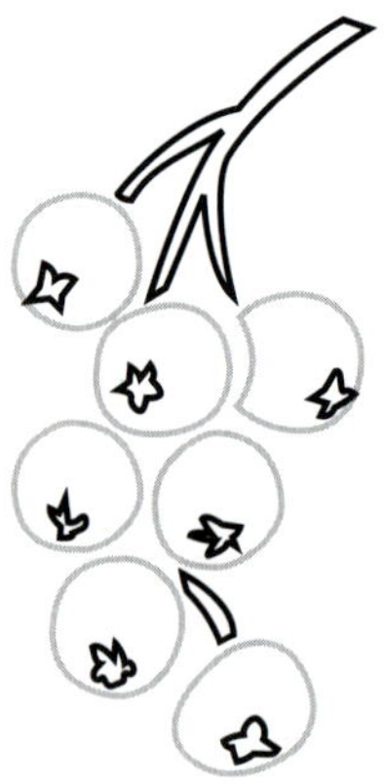

2

Groseilles

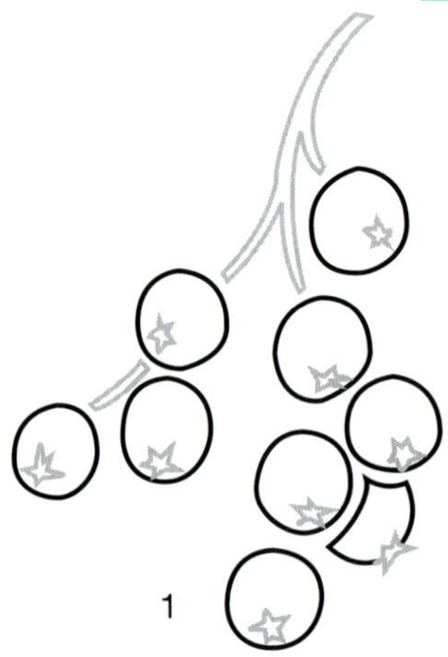

1

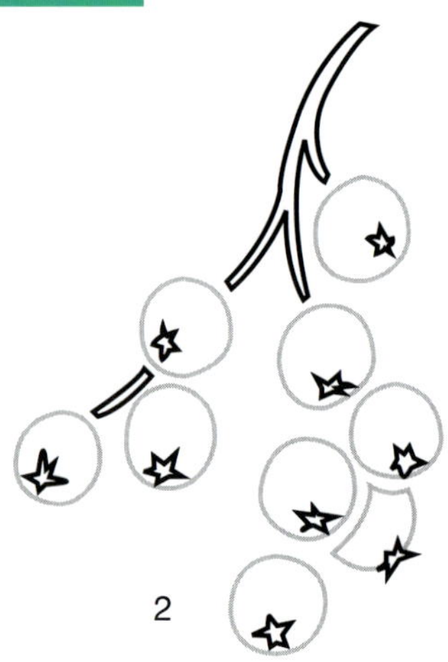

2

Mûre

1

2

Myrtilles

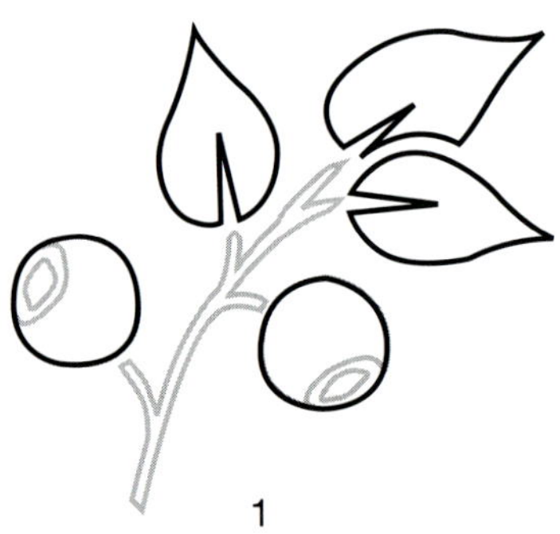

1

2

Un peu de pin sur la planche

Cette planche à découper devient objet décoratif tout en gardant sa fonction utilitaire en cuisine. Du papier de soie de couleur réhaussé par des touches de peinture met en valeur le motif au tampon.

VOTRE MATERIEL

- 1 planche à découper en bois
- De la peinture acrylique Liquitex Lefranc & Bourgeois* noir d'ivoire, blanc de titane, terre d'ombre brûlée, vert fixe clair
- Du papier de soie Rougier & Plé* jaune d'or, vert pré, orange
- Du vernis marin Syntilor*
- Du médium acrylique mat *
- 1 crayon à papier, 1 règle
- Des ciseaux
- 1 petit pinceau plat*
- 1 pinceau plat large*
- 1 pinceau plat moyen*
- 1 plaque de Créa mousse
- 1 plaque de liège
- De la colle forte
- Du papier de verre à grain fin et un chiffon

* Magasins spécialisés bricolage, beaux-arts et loisirs créatifs.

- *2 h environ (hors séchage)*
- *38 € environ (hors planche)*
- *Facile*

A (Graph'm)

Protégée par du vernis marin, cette planche à découper supporte sans problème la lame des couteaux de cuisine.

Réalisation

PRÉPARER LE SUPPORT

Poncez la planche en bois avec le papier de verre à grain fin.

Dépoussiérez-la soigneusement.

Tracez avec la règle et le crayon à papier deux rectangles sur la planche en bois : un au centre de 12 x 23 cm et un à 2 cm autour du précédent de 15 x 25 cm.

B (Graph'm)

1 Mélangez 1 part de vert fixe clair et 1 part de blanc de titane.

Avec le pinceau plat moyen, peignez le petit rectangle central.

Ajoutez 1 part de noir d'ivoire au mélange et peignez le rectangle extérieur.

Laissez sécher 1 heure.

Poncez légèrement les surfaces peintes avec le papier de verre à grain fin.

C (Graph'm)

2 Découpez avec les ciseaux des bandes de papier de soie vert pré et jaune d'or d'environ 2 cm de largeur.

Imbibez-les de médium acrylique mat avec le pinceau plat moyen.

Collez-les sur la planche, à la verticale et à l'horizontale, en alternant les deux couleurs et en laissant apparaître la peinture par endroits.

Laissez sécher 1 heure.

E (Graph'm)

3 Découpez dans le papier de soie jaune d'or un rectangle aux dimensions de la planche.

Avec le petit pinceau plat, appliquez de la terre d'ombre brûlée sur le tampon.

Tamponnez le motif sur le papier de soie en l'orientant différemment à chaque application.

Laissez sécher 30 minutes.

F (Graph'm)

4 Avec le pinceau plat moyen, enduisez le plateau de médium acrylique mat.

Appliquez le papier de soie jaune d'or dessus, motifs peints côté planche.

Passez une deuxième couche de médium acrylique.

Découpez des morceaux de papier de soie orange que vous disposez irrégulièrement sur la planche.

Laissez sécher 1 heure.

Avec le pinceau plat large, passez trois couches de vernis marin en laissant sécher 24 heures entre chaque couche.

Conseil FACILE

Pour réaliser votre tampon, photocopiez les motifs. Reportez les motifs sur la mousse, puis découpez-en les contours (les parties en noir sur le dessin). Collez ensuite les motifs sur la plaque de liège.

Porte-manteau de style fleuri

Comment transformer une banale planche de bois en un accessoire décoratif utile ? En la transformant, avec quelques touches de peinture et un motif fleuri, en une patère au style joliment rustique.

VOTRE MATERIEL

- 1 morceau de planche en pin de 40 x 30 x 3 cm
- 1 pot de 0,5 l de peinture acrylique satinée Leroy Merlin* blanche, bleu Ouessant
- De la peinture acrylique Liquitex Lefranc & Bourgeois* blanc de titane, bleu outremer, jaune de Mars, rouge de cadmium foncé, rouge de Mars, terre d'ombre brûlée, vert oxyde de chrome
- Du colorant universel Leroy Merlin* vermillon
- Du medium acrylique à craqueler Rougier & Plé*
- 1 grande brosse plate*
- 1 petite brosse plate*
- 3 pinceaux à retoucher* n°1, n°3 et n°6
- 3 petites poignées rondes en bois
- Du papier de verre à grain fin
- Du papier carbone
- 1 crayon à papier gras
- 1 perceuse
- 1 chiffon

* Magasins spécialisés bricolage, beaux-arts et loisirs créatifs.

- *3 h environ (hors séchage)*
- *53 € environ*
- *Assez difficile*

A (Graph'm)

Des violettes, des marguerites et des roses : le printemps fleurit sur cette patère au style campagnard.

Réalisation

PRÉPARER LE SUPPORT

Passez une couche de peinture acrylique satinée blanche sur la planche en pin avec la grande brosse plate. Laissez sécher 10 heures.
Poncez au papier de verre à grain fin et dépoussiérez soigneusement avec un chiffon propre non pelucheux.

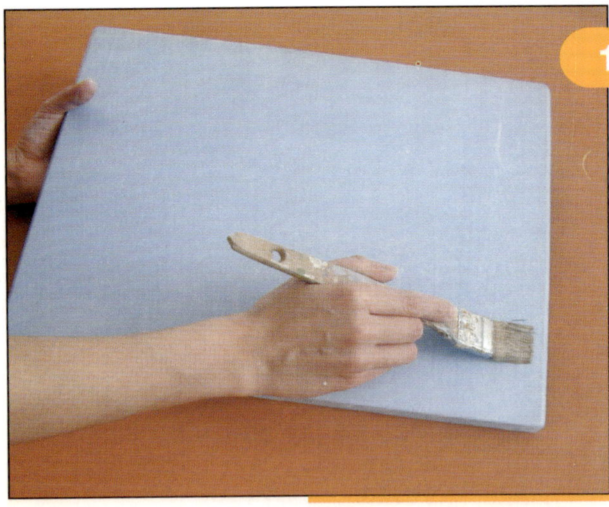

B (Graph'm)

1 Mélangez 3/4 de pot de peinture bleu Ouessant à 1/4 de pot de peinture satinée blanche. Appliquez la teinte sur le bois avec la brosse plate.
Laissez sécher 2 heures.
Appliquez à quelques endroits le medium à craqueler à la brosse plate.
Laissez sécher 1/2 heure.
Les craquelures apparaîtront.

C (Graph'm)

2 Ajoutez le reste du pot de peinture blanche au mélange précédent et 1 cuillerée à café de colorant vermillon.
Appliquez le mauve obtenu sur la patère avec la brosse plate.
Passez la peinture rapidement, sans insister.
Laissez sécher 2 heures.

D (Graph'm)

3 Photocopiez et agrandissez le motif des fleurs à la taille de la patère.
Posez le motif, en le centrant, sur le tiers supérieur de la planche, le papier carbone en dessous.
Repassez les traits du motif avec le crayon à papier.

E (Graph'm)

4 Commencez par peindre les feuilles et les tiges.
Appliquez les tons clairs et foncés en suivant le modèle.
Utilisez le pinceau à retoucher n°3. Puis fondez les teintes en utilisant le pinceau à retoucher n°6 légèrement humide.
Peignez les tiges des violettes avec le pinceau à retoucher n°1.

Code des couleurs

Feuilles et tiges
ton foncé = 3 doses de vert oxyde de chrome + 1 dose de blanc de titane + 1 pointe d'ombre brûlée
ton clair = ton foncé + blanc de titane

Tiges des violettes
3 doses de vert oxyde de chrome + dose de blanc de titane + 1 pointe d'ombre brûlée + 1 pointe de jaune de Mars

Roses
ton foncé = 2 doses de blanc de titane + 1 dose de magenta + 1 dose de rouge de Mars
ton clair = ton foncé + blanc de titane
rehaut = ton clair + blanc de titane

Violettes
ton foncé = 1 dose de bleu outremer + 1 dose de rouge de cadmium foncé + 1/2 dose de blanc de titane
ton clair = ton foncé + 1 dose de blanc de titane
rehaut = ton foncé sans blanc

Marguerites
pétale = blanc de titane+ 1 pointe d'ombre brûlée + dilution à l'eau
cœur = jaune de Mars
rehaut du cœur = jaune de Mars + 1 pointe d'ombre brûlée

1 dose équivaut à une goutte de peinture.

Porte-manteau...

F (Graph'm)

5 Peignez les marguerites avec le pinceau à retoucher n°6.
Peignez ensuite des rehauts sur les bords des pétales avec un mélange de blanc de titane et d'une pointe d'ombre brûlée.
Peignez le cœur des marguerites avec le pinceau à retoucher n° 3.
Ajoutez une pointe de blanc de titane à la teinte des cœurs et peignez le cœur des violettes avec ce mélange.

G (Graph'm)

6 Peignez les roses.
Appliquez les teintes claires et foncées avec le pinceau à retoucher n°3.
Fondez les couleurs entre elles avec le pinceau à retoucher n°6 légèrement humide.
Procédez au fur et à mesure en fondant les teintes dès qu'elles sont posées.
Peignez les violettes avec le pinceau à retoucher n°1, mais utilisez le n°3 pour fondre les teintes.

H (Graph'm)

7 Peignez des rehauts sur le bord des pétales de violettes avec le pinceau à retoucher n°1.
Posez sur le cœur des violettes une touche de jaune de Mars pur avec le même pinceau.
Peignez quelques rehauts sur les bords des pétales de roses.
Peignez un rehaut sur la partie inférieure du cœur des marguerites en utilisant le pinceau à retoucher n°3.

I (Graph'm)

8 Peignez les poignées rondes avec la petite brosse plate.
Utilisez la teinte bleue de la patère.
Laissez sécher 1/2 heure et appliquez par endroits le medium à craqueler.
Laissez sécher 1/2 heure et appliquez la teinte mauve à la petite brosse. Laissez sécher 2 heures.
Peignez un bouton de rose sur une des poignées rondes en procédant de la même manière que sur la patère.
Laissez sécher 2 heures.
Déterminez avec un crayon à papier l'emplacement des poignées.
Percez trois trous à la perceuse en utilisant une mèche fine.
Vissez les poignées.

Conseil FACILE

L'épaisseur du medium acrylique détermine l'importance des craquelures. Lorsque vous appliquez la peinture mauve, c'est le sens des coups de pinceau qui donne le sens des craquelures. D'autre part, réservez un peu de chaque teinte de fond de la patère pour peindre les boutons.

Réalisation

UNE IDÉE EN PLUS

Un vide-poches

J (Graph'm)

VOTRE MATÉRIEL

- **1 mini-cagette**
- **De la peinture acrylique Liquitex Lefranc & Bourgeois blanc de titane, magenta, vert fixe clair**
- **1 petite brosse plate**
- **1 pinceau à retoucher n°3**
- **Du papier de verre à grain fin**
- **Du papier carbone**
- **1 crayon à papier**

Poncez la cagette avec le papier de verre pour en ôter les aspérités. Mélangez à parts égales le blanc de titane et le magenta. Peignez la cagette avec la petite brosse plate. Laissez sécher 1 heure. Photocopiez le motif ci-dessous et reportez-le sur un des côtés de la cagette en plaçant le papier carbone sous la photocopie. Repassez les traits, en appuyant assez fortement, avec le crayon à papier. Avec le pinceau à retoucher n°3, peignez le motif : les feuilles en vert fixe clair en ajoutant plus ou moins de blanc pour créer un effet de relief ; les roses en magenta pur, mélangé avec plus ou moins de blanc pour les pétales. Laissez sécher.

K (Graph'm)

L (Graph'm)

Motif à agrandir de 120 %

Une peinture naïve mise à plat

Superbement décoratif, ce plat ressemble à une peinture du Douanier Rousseau. Un paysage exubérant et naïf qui fait de ce plat un objet tout à la fois ornemental et pratique.

VOTRE MATERIEL

- 1 saladier rond à fond plat
- De la peinture acrylique Liquitex Lefranc & Bourgeois* rouge primaire, blanc de titane, terre d'ombre brûlée, terre de Sienne naturelle, vert oxyde de chrome, vert permanent foncé, rouge de Mars, jaune de Naples, bleu de céruleum
- De la lasure brun foncé*
- Des pinceaux fins n°s 1, 3, 6*
- 1 brosse plate*
- 1 brosse à adoucir*
- 1 crayon à papier
- Du papier carbone
- Du papier de verre à grain moyen
- Du vernis acrylique satiné
- 1 chiffon

* Magasins spécialisés beaux-arts et loisirs créatifs.

- 10 h environ (hors séchage)
- 38 € environ
- Assez difficile

A (Graph'm)

Ce paysage vous permettra de mettre les petits plat dans le grand.

Réalisation

PRÉPARER LE SUPPORT

Poncez soigneusement le saladier avec le papier de verre.
Dépoussiérez avec le chiffon.
Avec la brosse plate, passez sur le fond intérieur du saladier une couche de blanc de titane légèrement dilué avec de l'eau. Rincez la brosse.
Laissez sécher 6 heures.
Passez une couche de lasure sur le saladier, bords intérieurs compris. Laissez sécher 2 heures.

B (Graph'm)

1 **A**vec la brosse plate, posez la teinte ciel sur les deux tiers supérieurs en ajoutant du blanc de titane vers le milieu pour obtenir un dégradé. **P**osez ensuite la teinte de l'arrière-fond des plantes sur le tiers inférieur. **L**issez immédiatement la peinture avec la brosse à adoucir pour fondre les teintes entre elles. **L**aissez sécher 6 heures.

C (Graph'm)

2 **P**hotocopiez le motif des feuilles. **À** l'aide du papier carbone et du crayon à papier, reportez-le plusieurs fois sur le bord extérieur du saladier, en variant son orientation. **A**vec les pinceaux n°1 et 6, peignez les feuilles en blanc de titane. **L**aissez sécher 2 heures.

D (Graph'm)

3 **P**hotocopiez le motif du paysage. **À** l'aide du papier carbone, reportez-le sur le fond du saladier. **A**vec le pinceau n°6, peignez l'arbre en posant le ton foncé sur le tronc. **A**vec le pinceau n°3, posez le ton clair sur le bord droit du tronc. **L**issez immédiatement les deux teintes entre elles avec un pinceau propre légèrement humide.

Code des couleurs

Ciel
4 parts de blanc de titane, 1 part de bleu de céruleum, 1/2 part de terre d'ombre brûlée

Arrière-fond des plantes
4 parts de blanc de titane, 1 part de vert permanent foncé, 1 part de terre d'ombre brûlée

Arbre
Ton foncé : 1 part de terre de Sienne naturelle, 1 part de terre d'ombre brûlé
Ton clair : 1 part de terre de Sienne naturelle, 1 part de terre d'ombre brûlé, 1 part de blanc de titane

Plante 1
Ton foncé : 3 parts de terre d'ombre brûlée, 1 part de vert permanent foncé
Ton clair : 3 parts de terre d'ombre brûlée, 1 part de vert permanent foncé, 1 part de blanc de titane

Plante 2
Ton foncé : 1 part de terre de Sienne naturelle, 1 part de vert oxyde de chrome
Ton clair : 1 part de terre de Sienne naturelle, 1 part de vert oxyde de chrome, 2 parts de blanc de titane

Plante 3
Ton foncé : 1 part de vert permanent foncé, 1 part de rouge de Mars, 1 part de blanc de titane
Ton clair: 1 part de vert permanent foncé, 1 part de rouge de Mars, 2 parts de blanc de titane

Plante 4
Ton foncé : 1 part de vert oxyde de chrome, 2 parts de jaune de Naples
Ton clair : 1 part de vert oxyde de chrome, 2 parts de jaune de Naples, 1 part de blanc de titane

Tiges et feuilles des fleurs
1 part de vert permanent foncé, 1 part de terre d'ombre brûlée, 2 parts de blanc de titane

Feuilles dans le ciel
1 part de vert permanent foncé, 1 part de terre d'ombre brûlée

Fleurs roses
Ton foncé : 2 parts de rouge primaire, 1 part de blanc de titane
Ton moyen : 1 part de rouge primaire, 1 part de blanc de titane
Ton clair : blanc de titane

Fleur blanche
1 part de blanc de titane, 1 pointe de terre de Sienne naturelle

Soleil
Ton foncé : 1 part de rouge de Mars, 1 part de jaune de Naples
Ton moyen : jaune de Naples
Ton clair : 1 part de jaune de Naples, 1 part de blanc de titane

Feuilles sur le bord du saladier
1 part de vert permanent foncé, 1 part de terre d'ombre brûlée, 2 parts de blanc de titane.

Une peinture...

E (Graph'm)

4 **P**eignez la plante 1 de la même façon que l'arbre. **R**éférez-vous au modèle photographié pour poser les tons foncé et clair. **F**ondez les teintes entre elles. **A**vec le pinceau n°6, passez le ton foncé sur la plante 2. **A**vec le pinceau n°1, tracez une ligne de ton clair au milieu de chaque feuille. **V**ariez les nuances en ajoutant plus ou moins de blanc de titane.

F (Graph'm)

5 **A**vec le pinceau n°6, peignez la plante 3. **R**éférez-vous au modèle photographié pour poser les tons foncé et clair. **F**ondez les teintes entre elles avec un pinceau propre légèrement humide. **P**eignez la plante 4 de la même façon que les plantes précédentes.

G (Graph'm)

6 **A**vec les pinceaux n°1, 3 et 6, peignez les feuilles dans le ciel. **P**eignez les tiges et les feuilles des fleurs de la même façon que pour les étapes précédentes.

H (Graph'm)

7 **P**eignez les fleurs roses en juxtaposant les trois tons sur chaque pétale et en les fondant immédiatement entre eux. **P**eignez la fleur blanche et le soleil.

I (Graph'm)

8 **P**eignez les feuilles sur le rebord du saladier. **L**aissez sécher 6 heures. **A**vec la brosse plate, passez deux couches de vernis en laissant sécher 12 heures entre les couches.

Conseil FACILE

Pour la mise en peinture, reportez-vous systématiquement au code des couleurs et au modèle photographié, étape par étape. L'emploi des pinceaux fins n°1, 3 et 6 se fait en fonction du motif. Le n°1 est très fin, le n°3 est fin et le n°6 est moyennement fin. De même, laissez sécher 30 minutes entre chaque étape pour éviter les accidents difficilement rattrapables.

Réalisation

J (Graph'm)

K (Graph'm)

Motifs à agrandir ou à réduire selon la taille du plat

Décor fleuri sur un placard

Une envie de fleurs et de fruits en toute saison ? Décorez la porte d'un placard d'une corbeille aux tons pastel et dont le charme suranné a été souligné par la pose d'une patine « à l'ancienne ».

VOTRE MATERIEL

- De la peinture acrylique Basics Lefranc & Bourgeois* blanc de titane, terre d'ombre brûlée, terre de Sienne naturelle, rouge de cadmium clair, rouge de cadmium foncé, magenta, vert permanent foncé, vert fixe clair, jaune de cadmium moyen, bleu outremer foncé
- De la peinture acrylique satinée Leroy Merlin* blanche
- Du médium à craqueler*
- Du polyphane à pochoir*
- Du papier de verre à grain moyen
- 1 cutter
- 1 crayon à papier
- 4 brosses à pochoir* : 2 petites, 2 moyennes
- 1 brosse à tableau*
- 1 brosse plate*
- 1 brosse à pocher*
- 1 petit rouleau*
- 1 plaque de coupe*
- 1 pot en verre avec son couvercle
- 1 chiffon
- Du vernis acrylique satiné

* Magasins spécialisés bricolage, beaux-arts et loisirs créatifs.

- *10 h environ (hors séchage)*
- *45 € environ*
- *Assez difficile*

A (Graph'm)

Ce décor se marie bien dans une cuisine au style rustique.

Réalisation

PRÉPARER LE SUPPORT

Déposez la porte pour pouvoir travailler à plat.
Avec le petit rouleau pour le panneau et la brosse plate pour les moulures, passez une couche de peinture acrylique satinée blanche, diluée à 10 % avec de l'eau.
Laissez sécher 6 heures puis poncez légèrement avec le papier de verre. Dépoussiérez avec le chiffon.
Ajoutez une pointe de terre de Sienne naturelle à l'acrylique blanche et passez une deuxième couche de peinture.
Réservez la teinte dans un pot en verre fermé de son couvercle. Laissez sécher 10 heures.

B (Graph'm)

1 Préparez les tons verts de la porte en vous référant au code des couleurs.
Passez le ton clair avec le petit rouleau et le ton foncé avec la brosse à tableau.
Laissez sécher 3 heures.

C (Graph'm)

2 Préparez la teinte du fond craquelé en vous référant au code des couleurs.
Avec la brosse plate, peignez différents endroits de la porte.
Laissez sécher 45 minutes.
Passez dessus une couche de médium à craqueler .
Laissez sécher 45 minutes.
Passez rapidement sur le médium la teinte que vous avez réservée précédemment dans un pot.
Laissez sécher 1 heure.

D (Graph'm)

3 Photocopiez le motif de la corbeille et de la frise.
Placez-les sous le polyphane.
Reproduisez-les par transparence avec le crayon.
Découpez-les pochoirs avec le cutter.

Code des couleurs

Porte
Vert foncé : 1 part de vert permanent foncé, 1 part de blanc de titane, 1 part de terre d'ombre brûlée
Vert clair : 1 part de vert permanent foncé, 3 parts de blanc de titane, 1 part de terre d'ombre brûlée
Fond craquelé : 1 part de terre de Sienne naturelle, 1/2 part de blanc de titane

Corbeille
Ton clair : 1 part de terre d'ombre brûlée, 1 part de terre de Sienne naturelle, 3 parts de blanc de titane
Ton foncé : 1 part de terre d'ombre brûlée, 1 part de terre de Sienne naturelle, 1 part de blanc de titane

Cerises
2 parts de rouge de cadmium foncé, 1 part de blanc de titane

Raisin
1 part de rouge de cadmium clair, 1 part de bleu outremer foncé, 1 part de blanc de titane

Feuillages
Feuilles des roses : 1 part de vert permanent foncé, 2 parts de blanc de titane, 1 part de terre d'ombre brûlée
Feuilles des fleurs jaunes : 1 part de vert fixe clair, 1 part de terre de Sienne naturelle
Feuilles de vigne : 1 part de vert fixe clair, 1 part de jaune de cadmium moyen et terre de Sienne naturelle par endroits

Roses
Ton foncé : 1 part de magenta, 1 part de rouge de cadmium moyen, 1 part de blanc de titane
Ton clair : 1 part de magenta, 1 part de rouge de cadmium moyen, 3 parts de blanc de titane

Fleurs rouges
Cœur : jaune de cadmium moyen
Pétales : rouge de cadmium moyen

Fleurs jaunes
1 part de jaune de cadmium moyen, 1 part de rouge de cadmium moyen, 3 parts de blanc de titane

Frise
Branche : 1 part de terre de Sienne naturelle, 1 part de terre d'ombre brûlée, 1 part de blanc de titane
Feuilles : 1 part de vert permanent foncé, 1 part de terre d'ombre brûlée, 2 parts de blanc de titane

Décor fleuri...

E (Graph'm)

4 Centrez le pochoir de la frise sur le haut de la porte.
Avec la brosse à tableau, pochez le motif en vous référant au code des couleurs.
Nettoyez la brosse à l'eau entre chaque changement de teinte.
Reproduisez la frise en haut et en bas du panneau de la porte en inversant son orientation.

F (Graph'm)

5 Centrez le pochoir de la corbeille sur le panneau de la porte.
Avec une brosse à pochoir moyenne, placez le ton foncé du panier sur l'extérieur et le ton clair au centre.
Nettoyez la brosse à l'eau entre chaque changement de teinte.
Utilisez la deuxième brosse à pochoir moyenne pour fondre les couleurs entre elles.
Utilisez les petites brosses à pochoir pour le rebord supérieur du panier.

G (Graph'm)

6 Avec les petites brosses à pochoir, peignez les cerises et les raisins en vous référant au code des couleurs.
Ajoutez par endroits de petites touches de blanc de titane pour donner du volume aux fruits.
Peignez les feuillages en vous référant au code des couleurs.

H (Graph'm)

7 Avec les petites brosses à pochoir, peignez les fleurs en vous référant au code des couleurs.
Pour les roses, posez le ton foncé à la base des pétales et le ton clair sur le reste.
Fondez les couleurs avec une brosse à pochoir propre.
Laissez sécher 10 heures.

I (Graph'm)

8 Préparez la patine avec 2 parts de terre de Sienne naturelle, 1 part de terre d'ombre brûlée et 10 parts d'eau.
Appliquez-la avec la brosse plate et pocher immédiatement avec la brosse à pocher.
Travaillez par petites portions.
Laissez sécher 6 heures.
Avec le pinceau plat, passez deux couches de vernis acrylique satiné en laissant sécher 10 heures entre chaque couche.

Réalisation

J (Graph'm)

K (Graph'm)

Motifs à agrandir ou à réduire selon la taille de la porte

Conseil
FACILE

Lorsque vous passez la teinte beige, le sens des coups de pinceau donnera le sens des craquelures. La grosseur des craquelures dépend de l'épaisseur de la couche de médium que vous appliquez. Si vous voulez donner un aspect vieilli à la porte, essuyez, par endroits, la patine avec un chiffon humide.

Un meuble très nature

Comment transformer et détourner de sa fonction première un meuble de bureau à tiroirs. Quelques coups de pinceau et des collages de feuilles séchées suffisent pour le changer en table de nuit.

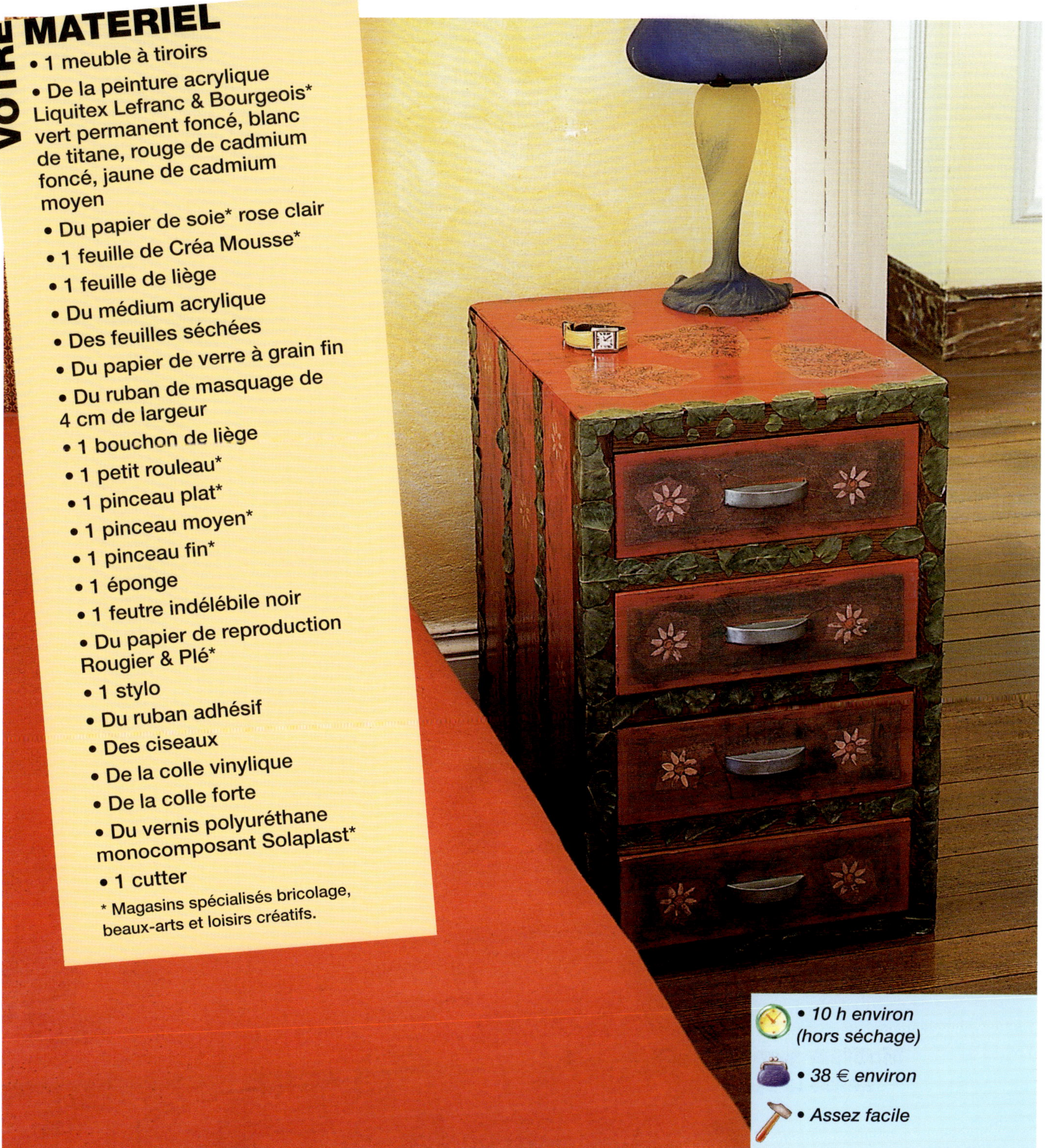

VOTRE MATERIEL

- 1 meuble à tiroirs
- De la peinture acrylique Liquitex Lefranc & Bourgeois* vert permanent foncé, blanc de titane, rouge de cadmium foncé, jaune de cadmium moyen
- Du papier de soie* rose clair
- 1 feuille de Créa Mousse*
- 1 feuille de liège
- Du médium acrylique
- Des feuilles séchées
- Du papier de verre à grain fin
- Du ruban de masquage de 4 cm de largeur
- 1 bouchon de liège
- 1 petit rouleau*
- 1 pinceau plat*
- 1 pinceau moyen*
- 1 pinceau fin*
- 1 éponge
- 1 feutre indélébile noir
- Du papier de reproduction Rougier & Plé*
- 1 stylo
- Du ruban adhésif
- Des ciseaux
- De la colle vinylique
- De la colle forte
- Du vernis polyuréthane monocomposant Solaplast*
- 1 cutter

* Magasins spécialisés bricolage, beaux-arts et loisirs créatifs.

- *10 h environ (hors séchage)*
- *38 € environ*
- *Assez facile*

A (Graph'm)

Un peu d'imagination métamorphose un banal petit meuble de récupération en meuble décoratif.

Réalisation

B (Graph'm)

1 Protégez les poignées du meuble avec le ruban de masquage.
Mélangez 5 parts de rouge de cadmium foncé, 5 parts de blanc de titane et 1 part de jaune de cadmium moyen.
Avec le petit rouleau, peignez les tiroirs et le dessus du meuble.
Retirez le ruban de masquage des poignées.
Laissez sécher 2 heures.
Réservez la peinture.

C (Graph'm)

2 Avec le pinceau moyen, enduisez de colle vinylique un côté des feuilles séchées.
Collez-les autour des tiroirs.
Laissez sécher 2 heures.
Replacez les tiroirs sur le meuble.

D (Graph'm)

3 Avec le papier de verre fin, poncez les tiroirs et le dessus du meuble, en évitant d'accrocher les feuilles.
Poncez très légèrement et de façon irrégulière pour donner un aspect vieilli à la peinture.

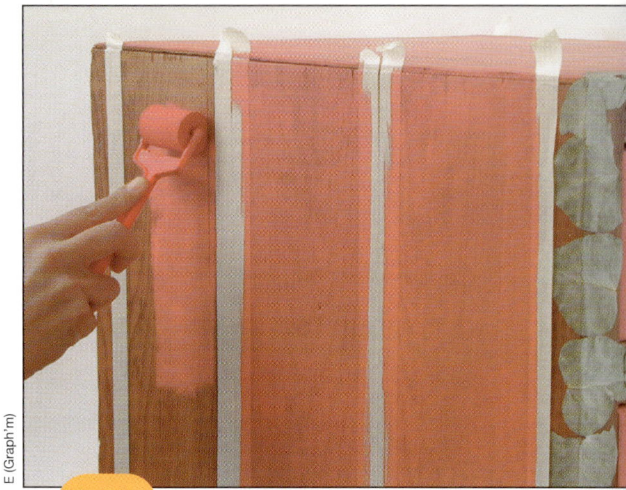

E (Graph'm)

4 Placez le ruban de masquage sur les côtés du meuble afin de le diviser en trois bandes égales.
Avec le rouleau, peignez-les avec le mélange que vous avez réservé à l'étape 1.
Laissez sécher 2 heures.

F (Graph'm)

5 Retirez le ruban de masquage.
Collez les feuilles séchées le long de leur emplacement.
Laissez sécher 2 heures.

Conseil FACILE

Si votre meuble est en bon état, un lessivage à la lessive Saint-Marc et un ponçage suffisent. Lorsque le meuble est terminé, passez de la parafine sur les côtés des tiroirs pour faciliter leur mise en place.

Un meuble très...

G (Graph'm)

6 **D**écoupez avec les ciseaux dans le papier de soie rose clair des rectangles légèrement inférieurs aux façades des tiroirs.
Avec le pinceau plat, passez une couche de médium sur les tiroirs, collez le papier de soie et repassez une couche de médium.
Laissez sécher 6 heures.

H (Graph'm)

7 **D**écoupez un petit morceau d'éponge.
Imbibez-le d'eau.
Passez l'éponge légèrement imprégnée de vert permanent foncé sur le papier de soie collé sur les tiroirs.
N'hésitez pas à passer l'éponge plusieurs fois pour atténuer au maximum la couleur et donner une impression de reflet vert.
Laissez sécher 2 heures.

I (Graph'm)

8 **P**hotocopiez le motif de la feuille.
À l'aide du papier de reproduction et du stylo, reportez-le cinq fois sur le papier de soie rose clair.
Repassez les traits au feutre noir.

J (Graph'm)

9 **D**écoupez les cinq feuilles avec les ciseaux.
Avec le pinceau plat, appliquez du médium sur le dessus du meuble.
Posez les feuilles en vous référant au modèle photographié.
Passez une nouvelle couche de médium.

K (Graph'm)

Motif de feuille à agrandir ou à réduire selon la taille du meuble

Réalisation

L (Graph'm)

10 Photocopiez le motif de la fleur.
Fixez-le avec du ruban adhésif sur la feuille de Créa Mousse.
Avec le cutter, découpez le motif.
Collez la fleur à la colle forte sur le liège, en respectant le modèle.
Collez le bouchon, sur le dos du tampon.

M (Graph'm)

11 Avec le pinceau fin, déposez de la peinture sur le tampon : blanche sur les pétales et rose sur le cœur.
Pour obtenir le rose, ajoutez un peu de blanc au mélange qui a servi à peindre le meuble.
Appliquez le tampon de chaque côté de la poignée des tiroirs.

N (Graph'm)

12 Appliquez de nouveau le tampon sur les deux côtés du meubles, en vous référant au modèle photographié pour leur disposition.
Laissez sécher 2 heures.

O (Graph'm)

13 Déchirez de petits morceaux de papier de soie rose clair.
Collez-les avec le médium sur le décor de fleurs au tampon.
Laissez sécher 6 heures.
Avec le pinceau plat, passez une couche de vernis polyuréthane sur toute la surface du meuble.
Laissez sécher 24 heures.

P (Graph'm)

Motif de fleur à agrandir ou à réduire selon la taille du meuble

Conseil FACILE

La peinture sur bois s'effectue généralement sur du bois blanc (pin, sapin, bois de placage, etc.). Il serait dommage de peindre sur des bois dits nobles.

Voici des fleurs, voici des fruits…

Une profusion de fleurs et de fruits sur cette boîte au charme d'antan. Alors, dans la cuisine ou dans le salon, dans la salle de bains ou dans la chambre, à vous de trouver sa place et sa fonction.

VOTRE MATERIEL

- 1 boîte en bois
- 4 planches de chromos aux motifs floraux
- 1 pot de 0,5 l de peinture acrylique satinée blanche*
- Du medium à craqueler acrylique*
- Du vernis acrylique satiné*
- De la peinture acrylique Liquitex Lefranc & Bourgeois* terre d'ombre brûlée
- De la colle vinylique*
- Du colorant universel Leroy Merlin* sienne naturelle, vermillon
- 1 brosse plate moyenne*
- 1 brosse à tableau carrée*
- Du papier de verre à grain fin
- 1 chiffon, des ciseaux

* Magasins spécialisés bricolage, beaux-arts et loisirs créatifs.

A (Graph'm)

- *2 h environ (hors séchage)*
- *30 € environ (hors boîte)*
- *Facile*

Le doux parfum des roses ou la tendre saveur des fruits… une petite boîte pour le plaisir des yeux !

Réalisation

PRÉPARER LE SUPPORT

Poncez la boîte avec le papier de verre à grain fin.
Dépoussiérez-la soigneusement.
Avec la brosse plate, peignez la boîte en blanc satiné, dilué à 10 % avec de l'eau. Laissez sécher 3 heures.
Poncez de nouveau légèrement et dépoussiérez.

B (Graph'm)

1 Mélangez 1 cuillerée à café de colorant universel vermillon et sienne naturelle à 1/4 du pot de peinture blanche.
Peignez la boîte avec la brosse plate.
Laissez sécher 1/2 heure.
Appliquez le medium avec la brosse plate.
Laissez sécher 1/2 heure.
Appliquez rapidement la teinte précédente mélangée à 1/4 du pot de peinture blanche.
Laissez sécher 6 heures.

C (Graph'm)

2 Découpez avec les ciseaux les chromos que vous aurez choisis.
Encollez de colle vinylique le dos des chromos, avec la brosse à tableau.
Collez les chromos sur les différents côtés de la boîte.

D (Graph'm)

3 Mélangez une pointe de terre d'ombre brûlée au vernis.
Imprégnez le chiffon de ce mélange et passez-le sur la boîte.
Laissez sécher 4 heures.
Repassez une deuxième couche de ce vernis en utilisant la brosse plate.
Laissez sécher 12 heures.

Conseil FACILE

L'épaisseur de la couche de medium acrylique détermine l'importance des craquelures. Plus la couche est fine, plus les craquelures le sont. Si vous voulez des craquelures plus soutenues, préférez le vernis à craqueler. Celui-ci se pose sur la dernière couche de peinture. Lisez toujours attentivement la notice du fabricant pour les conseils d'utilisation.

UNE IDÉE EN PLUS

Un carnet bucolique

E (Graph'm)

VOTRE MATÉRIEL

- **1 carnet à dessin**
- **1 chromo de votre choix**
- **Des ciseaux**
- **De la colle en bombe pour collage définitif**

Découpez soigneusement votre chromo.
Encollez, avec la colle en bombe, le dos des chromos ou des illustrations découpées dans un magazine. Positionnez les découpages sur la couverture du carnet. Lissez bien avec le plat de la main pour enlever toute trace de bulles d'air ou de plis.
Laissez sécher.

Cuisine vapeur à l'ail et à l'oignon

Comment recycler des paniers vapeur oubliés dans un placard de cuisine ? En les transformant en récipients pour ail et oignon, deux condiments souvent utilisés dans l'art culinaire. À vos pinceaux.

VOTRE MATERIEL

- 2 paniers vapeur
- De la peinture acrylique Liquitex Lefranc & Bourgeois* blanc de titane, noir de Mars, rouge de cadmium foncé, bleu de céruleum, vert oxyde de chrome, jaune de cadmium moyen, jaune de cadmium clair, ocre jaune, terre d'ombre brûlée
- Du ruban de masquage de 2 cm de large
- Du papier de verre à grain fin
- Du papier carbone
- 1 crayon à papier sec
- 1 petit rouleau*
- 1 brosse plate*
- Des pinceaux n° 3, 2, 1*
- Du ruban adhésif
- Du liquide vaisselle
- Du vernis acrylique
- 1 chiffon

* Magasins spécialisés bricolage, beaux-arts et loisirs créatifs.

- 6 h environ (hors séchage)
- 38 € environ (hors paniers vapeur)
- Assez difficile

A (Graph'm)

Ces paniers joignent l'utile à l'agréable… et rien ne traîne sur le plan de travail.

Réalisation

PRÉPARER LE SUPPORT

Lavez les paniers vapeur avec le liquide vaisselle.
Rincez-les bien et séchez-les soigneusement.
Poncez légèrement les paniers à l'aide du papier de verre et dépoussiérez-les.

LA PRÉPARATION DES PANIERS

B (Graph'm)

1 Sur chaque panier, collez le ruban de masquage : sur la partie basse des paniers inférieurs et sur la partie haute des paniers supérieurs.

C (Graph'm)

2 Avec le petit rouleau, peignez les deux paniers supérieurs en blanc de titane.
Peignez les paniers inférieurs : un en bleu clair et l'autre en vert clair selon le code des couleurs.
Avec la brosse plate, peignez les couvercles des paniers en rouge de cadmium foncé.
Laissez sécher 6 heures.
Retirez le ruban de masquage.

D (Graph'm)

3 Photocopiez les deux motifs.
Maintenez les étages des paniers vapeur avec le ruban adhésif.
Placez le papier carbone sous les photocopies des dessins de l'ail et de l'oignon.
Décalquez un motif sur chaque panier à l'aide du crayon à papier.

Code des couleurs

Paniers
Blanc de titane
Bleu clair : 4 parts de blanc de titane et 1 part de bleu de céruleum
Vert clair : 4 parts de blanc de titane, 1 part de vert oxyde de chrome, 1 pointe de jaune de cadmium moyen

Oignon
Blanc de titane
Jaune de cadmium clair
Ocre jaune
Rouge de cadmium foncé
Terre d'ombre brûlée

Ail
Blanc de titane
Jaune de cadmium clair
Noir de Mars
Rouge de cadmium foncé

Conseil FACILE

La réalisation de la peinture de l'ail et de l'oignon vous retient ? Faites des collages. Découpez des illustrations de condiments (ail, oignon ou tout autre) dans les magazines et placez-les en frise, ou isolés, sur les paniers. Recouvrez-les de colle vinylique pour protéger cette réalisation.

Cuisine vapeur...

LE PANIER AVEC OIGNON

E (Graph'm)

1 Peignez, avec le pinceau n°3, la totalité de l'oignon en blanc de titane.
Ne laissez pas sécher la peinture et créez des effets de lumière avec le jaune de cadmium clair.
Mouillez votre pinceau à l'eau pour fondre les couleurs.
Aidez vous du modèle photographié pour les réaliser.

F (Graph'm)

2 Diluez plus ou moins l'ocre jaune avec de l'eau.
Créez des nuances variées pour donner du volume à l'oignon.

G (Graph'm)

3 Peignez, avec le pinceau n°1, le contour de l'oignon et les détails en rouge de cadmium foncé.

H (Graph'm)

4 Afin d'atténuer les contours à certains endroits et de renforcer les ombres, diluez le rouge de cadmium avec la terre d'ombre brûlée.
Variez les proportions selon les effets désirés.
Laissez sécher 6 heures.

I (Graph'm)

Motif à photocopier et à reproduire

Réalisation

LE PANIER AVEC AIL

J (Graph'm)

1 Peignez, avec le pinceau n°3, la totalité de l'ail en blanc de titane.
Ajoutez du jaune de cadmium clair assez dilué pour apporter de la luminosité.
Modifiez les proportions de la dilution pour varier les nuances.
Aidez vous du modèle photographié pour les réaliser.

K (Graph'm)

2 Enrichissez la texture du motif en appliquant sur la peinture encore fraîche du blanc de titane réhaussé d'une pointe de noir de Mars.
Passez quelques légers coups de pinceau n°2.
Variez les proportions du mélange pour avoir des effets de matière.

L (Graph'm)

4 Avec le pinceau n°3, traitez les contours et les détails de l'ail en rouge de cadmium foncé.

M (Graph'm)

4 Diluez plus ou moins le rouge de cadmium foncé.
Atténuez certains contours et renforcez les ombres.
Pour les parties les plus sombres ajoutez au mélange 1 pointe de noir de Mars.
Laissez sécher 6 heures.
Vernissez les paniers.

Motif à photocopier et à reproduire

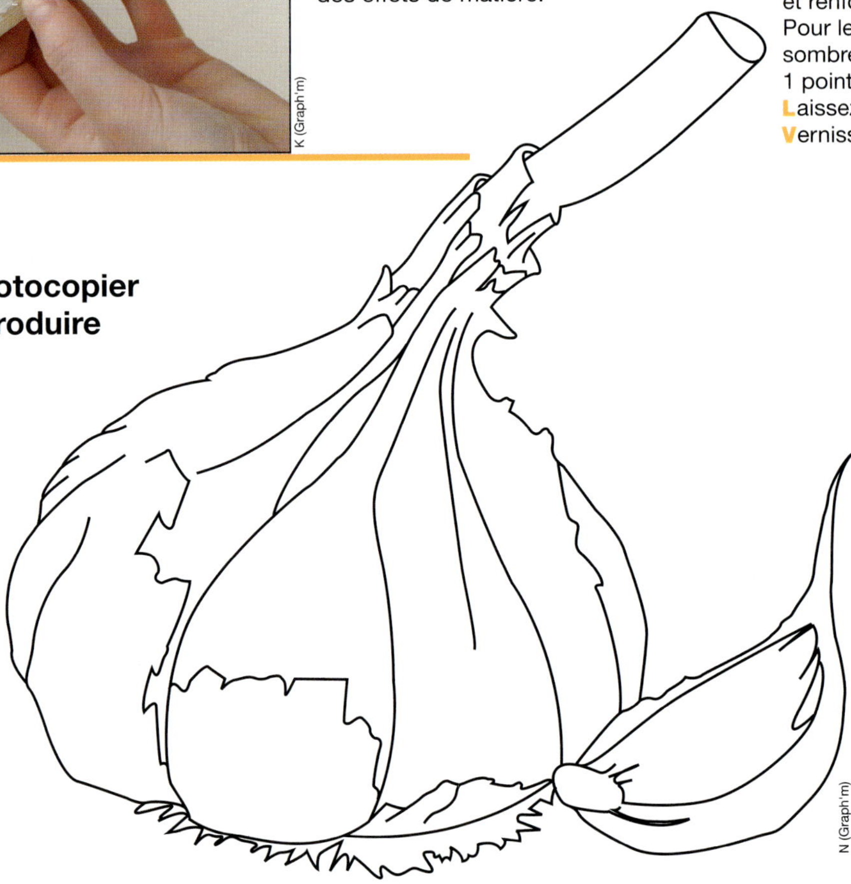
N (Graph'm)

Une panetière couleur maïs

Cet objet usuel, qui était passé de mode, réapparaît dans la cuisine. D'utile, il devient aussi esthétique avec ce joli motif peint au pochoir. Des couleurs douces qui rappellent le pain chaud sorti du four.

VOTRE MATERIEL

- 1 panetière en bois naturel
- 1 pot de 0,5 l de peinture satinée blanche*
- Du colorant universel Leroy Merlin* jaune, vermillon
- De la peinture acrylique Liquitex Lefranc & Bourgeois* blanc de titane, terre de Sienne naturelle, jaune de Naples, vert oxyde de chrome, jaune de cadmium foncé
- 1 brosse plate*
- 1 brosse à pochoir*
- Du polyphane à pochoir
- Du papier de verre à grain moyen, 1 chiffon
- Du vernis acrylique*
- 1 cutter

* Magasins spécialisés bricolage, beaux-arts et loisirs créatifs.

- *4 h environ (hors séchage)*
- *12 € environ (hors panetière)*
- *Assez difficile*

A (Graph'm)

Des épis de maïs, une céréale appropriée à la fonction de la panetière.

Réalisation

PRÉPARER LE SUPPORT

Poncez la panetière avec la papier de verre à grain moyen.
Dépoussiérez soigneusement.
À l'aide de la brosse plate, passez une couche de peinture blanche diluée à 10 % avec de l'eau. Laissez sécher 4 heures.

B (Graph'm)

1 Mélangez 2 pointes de colorant jaune et une pointe de colorant vermillon dans 1/4 du pot de peinture blanche satinée.
Passez ce mélange sur la panetière, avec la brosse plate.
Laissez sécher 5 heures.

C (Graph'm)

2 Mélangez 3 parts de blanc de titane et 1 part de terre de Sienne naturelle.
Diluez ce mélange avec 10 % d'eau.
Peignez la panetière, avec la brosse plate, de façon irrégulière, sans complètement recouvrir la couche de fond.
Laissez sécher 4 heures.

D (Graph'm)

3 Placez votre pochoir sur l'ouverture de la panetière, en le centrant.
Avec la brosse à pochoir, tapotez les feuilles des épis de maïs extérieurs avec un mélange de 3 parts de jaune de Naples et 1 part de vert oxyde de chrome.
Tapotez ce mélange sur l'épi du milieu.
Dégradez progressivement la teinte en ajoutant au fur et à mesure du jaune de Naples.

E (Graph'm)

4 De la même façon, peignez les grains de maïs avec un mélange à parts égales de jaune de Naples et de jaune de cadmium foncé.
Laissez sécher 6 heures.
Passez deux couches de vernis en laissant sécher entre les couches.

Conseil FACILE

Pour réaliser votre pochoir, photocopiez les motifs. Reportez-les sur le polyphane à pochoir puis évidez les motifs à l'aide du cutter.

Motif maïs à photocopier

Un cadre fruité

Un charme rétro pour ce cadre gourmand qui demande des fruits, des fleurs... et un petit talent de coloriste. À vos pinceaux !

VOTRE MATERIEL

- De la peinture jaune et de la peinture bleue pour le fond
- 1 pinceau large plat et 1 pinceau fin, 1 crayon noir
- Du papier de verre à grain fin, du papier-calque
- Peinture pour le décor : jaune primaire, jaune cadmium foncé, rouge vif, vert citron, vert brillant, vert oxyde chrome, turquoise, blanc, terre d'ombre brûlée*

* Magasins spécialisés beaux-arts et loisirs créatifs.

- 2 h (hors séchage)
- 68 € environ
- Difficile

A (Graph'm)

Pour la frise, vous pouvez simplifier les couleurs ou préférer un dessin plus naïf, le résultat sera tout aussi réussi.

Réalisation

PRÉPARER LE SUPPORT

Poncez le cadre avec le papier de verre.
Ôtez la poussière à l'aide d'un chiffon doux.

B (Graph'm)

1 Mélangez 2/3 de jaune avec 1/3 de bleu pour obtenir un vert anglais foncé.
Appliquez deux couches de peinture sur le cadre.
Décalquez le dessin et reportez les motifs sur le côté gauche du cadre en appuyant avec un crayon sec.
Inversez les motifs pour les reporter sur le côté droit du cadre.

C (Graph'm)

2 Peignez les motifs selon le modèle.
Laissez sécher puis vernissez.

Motifs à décalquer

D (Graph'm)

E (Graph'm)

F (Graph'm)

UNE IDÉE EN PLUS

Un petit air ancien

Pour avoir un effet vieilli sur le cadre, passez une couche de vernis à vieillir, laissez sécher puis passez une couche de vernis à craqueler.

Conseil FACILE

Pour peindre plus facilement les pétales de fleurs ainsi que les feuilles, commencez par la partie la plus large en appuyant puis en relâchant la pression sur le pinceau pour affiner le trait.

Exotisme

Un fauteuil de style africain

Pour donner une seconde vie à un fauteuil en bois et Skaï, rien de tel que cet habillage de style ethnique des plus inattendus qui insuffle à votre intérieur un petit air de savane.

VOTRE MATERIEL

- 1 fauteuil avec l'assise et le dossier en Skaï
- De la sous-couche bois Leroy Merlin* blanc mat
- De la peinture plastique et PVC Leroy Merlin* blanc mat
- De la peinture acrylique Basics Lefranc & Bourgeois* blanc de titane, jaune de Mars, noir, ocre jaune, terre d'ombre brûlée, terre d'ombre naturelle, terre de Sienne naturelle
- Du tissu imitation fourrure blanc
- De la colle néoprène
- Du papier carbone
- Du papier de verre à grain fin, 1 chiffon
- 1 crayon à papier
- 1 pinceau plat large*
- 1 pinceau fin*
- Des ciseaux
- De la lessive Saint-Marc
- 1 éponge

* Magasins spécialisés bricolage, beaux-arts et loisirs créatifs.

- *24 h environ (hors séchage)*
- *45 € environ (hors fauteuil)*
- *Difficile*

A (Graph'm)

Les animaux de la savane inspirent les motifs de cette chaise, résolument dans l'air du temps.

Réalisation

PRÉPARER LE SUPPORT

Poncez les parties en bois du fauteuil avec le papier de verre. Dépoussiérez soigneusement.

Nettoyez à la lessive Saint-Marc l'assise et le dossier en Skaï.

Rincez et sécher.

B (Graph'm)

1 Passez, avec le pinceau plat large, la sous-couche bois blanc mat sur toutes les parties en bois du fauteuil.

Passez une couche de peinture plastique et PVC blanc mat sur l'assise et le dossier de la chaise.

Laissez sécher.

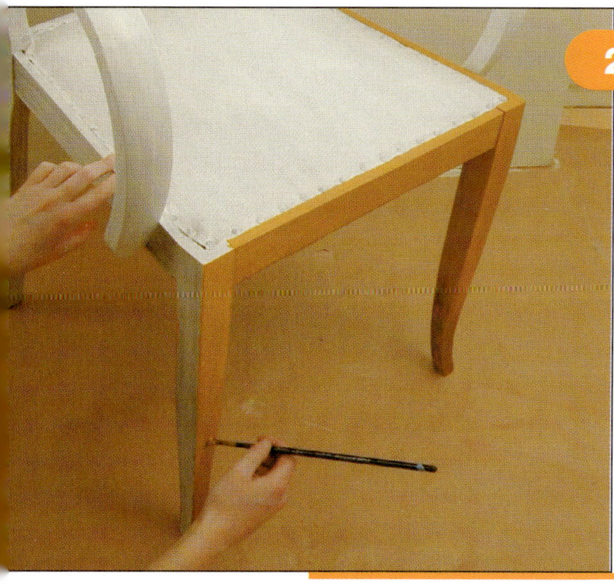

C (Graph'm)

2 Peignez, avec le pinceau plat large, les deux accoudoirs de la chaise avec la peinture acrylique blanc de titane.

Peignez les contours de l'assise avec le jaune de Mars.

Utilisez la même couleur pour peindre, sur les deux tiers supérieurs, les pieds avant de la chaise.

Peignez le tiers inférieur des pieds avant en terre de Sienne naturelle.

Créez un dégradé à la jonction des couleurs en les fondant l'une dans l'autre.

Laissez sécher.

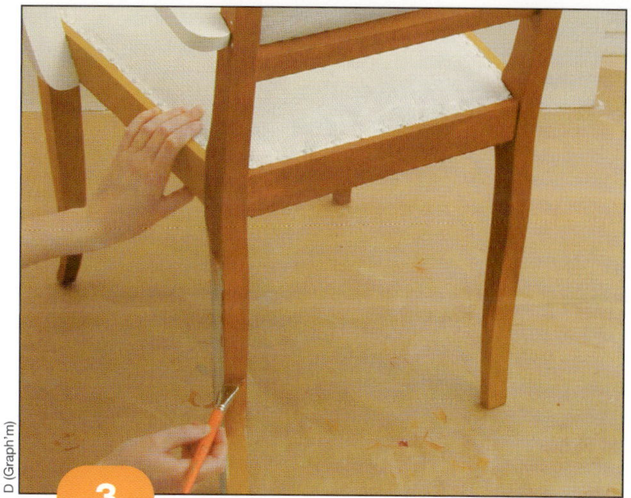

D (Graph'm)

3 Peignez les contours en bois du dossier en terre de Sienne naturelle.

Peignez les deux tiers supérieurs des pieds arrière en terre de Sienne naturelle et le tiers inférieur en jaune de Mars. Créez un dégradé à la jonction des couleurs en les fondant l'une dans l'autre.

Laissez sécher.

E (Graph'm)

4 Photocopiez le motif du zèbre et agrandissez-le selon la largeur des accoudoirs de votre fauteuil.

Placez le papier carbone sous la photocopie et positionnez-les sur l'acoudoir.

Reportez le motif.

Peignez, avec le pinceau fin, les rayures du zèbre en noir.

Laissez sécher.

Conseil FACILE

Laissez sécher les différentes couches de peinture plastique et PVC entre chaque étape. Vous éviterez ainsi les débordements et mélanges disharmonieux.

Un fauteuil...

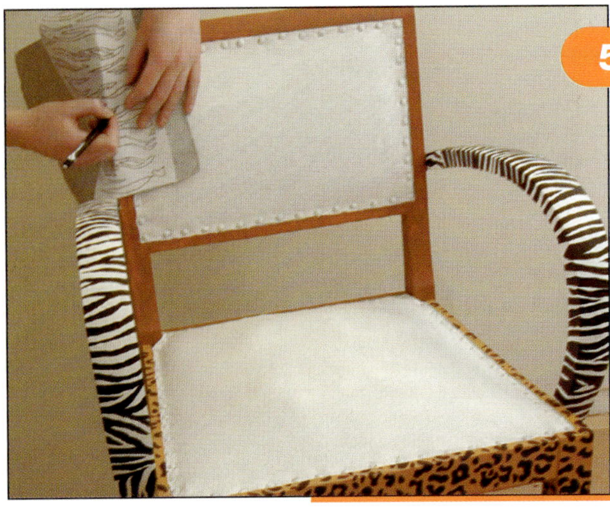

F (Graph'm)

5 **P**hotocopiez le motif du tigre et agrandissez-le selon la largeur du pourtour du dossier
Placez le papier carbone sous la photocopie et reportez le motif sur les contours du dossier.
Reportez-le ensuite sur les pieds arrière de la chaise.

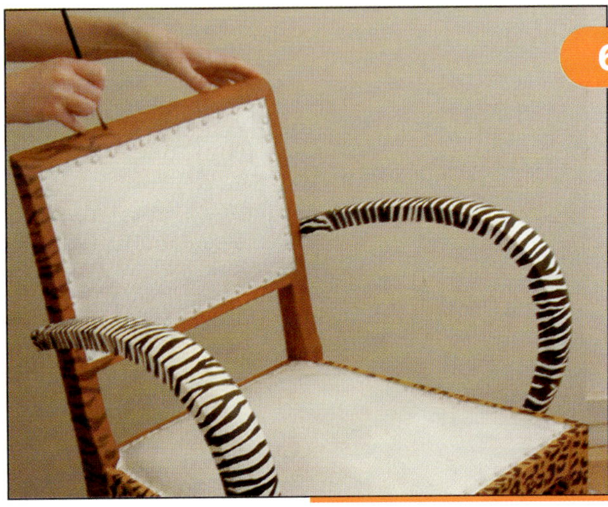

G (Graph'm)

6 **P**eignez les motifs du tigre, avec le pinceau fin, en terre d'ombre brûlée. N'oubliez pas de peindre l'intérieur des pieds de la chaise.
Laissez sécher.

H (Graph'm)

7 **P**hotocopiez le motif léopard et agrandissez-le selon la largeur du pourtour de l'assise.
Placez le papier carbone sous la photocopie et reportez le motif tout autour de l'assise.
Reportez-le ensuite sur les pieds avant du fauteuil.

I (Graph'm)

8 **P**eignez les taches léopard, avec un pinceau fin, en mélangeant 1/2 de terre d'ombre naturelle, 1/4 de jaune de Mars, 1/4 d'ocre jaune et une pointe de noir. Laissez sécher.

J (Graph'm)

9 **D**écoupez le tissu aux dimensions de l'assise et du dossier
Encollez le pourtour du tissu et placez sur le fauteuil.

Conseil FACILE

Pour avoir un « total look » vous pouvez reporter un des trois motifs (zèbre, tigre ou léopard) sur l'assise et le dossier du fauteuil, plutôt que de poser de la fausse fourrure. Passez la peinture plastique et PVC, laissez sécher. Ajoutez dans la peinture du colorant universel de la couleur désirée (dans les magasins de bricolage) et peignez le motif.

Réalisation

Tigre **Zèbre** **Léopard**

K (Graph'm)

Motifs à agrandir selon la taille du fauteuil

Des totems comme on aime

Objet décoratif pour leur chambre ou serre-livres ?

Les enfants trouveront sans problème la fonction de ces bûches, transformées en totem. Dans un style naïf et des couleurs vives, elles sont très simples à réaliser.

VOTRE MATERIEL

- 2 bûches stables
- De la peinture acrylique satinée Leroy Merlin* blanche, bleu Ouessant, ocre jaune
- De la peinture acrylique Liquitex Lefranc & Bourgeois* blanc de titane, jaune de cadmium moyen, rouge de Mars, vert turquoise, bleu de céruleum, terre d'ombre brûlée
- De la colle vinylique
- 1 brosse plate, 1 pinceau plat*
- 1 pinceau à retoucher n°1*
- Du papier de verre à gros grain
- Du raphia végétal naturel
- 1 chiffon non pelucheux

* Magasins spécialisés bricolage, beaux-arts et loisirs créatifs.

- *4 h environ (hors séchage)*
- *45 € environ*
- *Assez facile*

A (Graph'm)

À chaque enfant de déterminer son clan totémique et d'en définir les couleurs.

Réalisation

PRÉPARER LE SUPPORT

Appliquez sur chaque bûche, que vous avez nettoyée à l'eau tiède, une couche de peinture satinée blanche bien diluée à l'eau.
Utilisez la brosse plate. Laissez sécher 3 heures.
Poncez et dépoussiérez. Peignez une bûche en ocre jaune et l'autre en bleu Ouessant.
Passez deux couches en laissant sécher 3 heures entre chaque couche.

B (Graph'm)

1 Avec le pinceau à retoucher, peignez les bouches en rouge de Mars en suivant le modèle de la photo.
Laissez sécher 1 heure.
Mélangez du blanc de titane avec une pointe d'ocre jaune et cernez les bouches d'un trait de pinceau.
Réservez la teinte.

C (Graph'm)

2 Avec cette même teinte, peignez au pinceau à retoucher les yeux.
Peignez la pupille en terre d'ombre brûlée.
Laissez sécher 1 heure.

D (Graph'm)

3 Peignez chaque totem avec la brosse plate en suivant le code des couleurs.
Laissez sécher 3 heures.

E (Graph'm)

4 Coupez une botte de raphia de 30 cm et deux de 20 cm.
Pliez-les en deux.
Nouez-les dans leur milieu avec un brin de raphia.
Avec le pinceau plat, encollez les bases de colle vinylique.
Collez-les sur les totems.
Laissez sécher.

Code des couleurs

Totem jaune
Bleu : bleu Ouessant
Turquoise : 2 parts de vert turquoise, 1 part de bleu de céruleum, 1 part de blanc de titane

Totem bleu
Ocre orangé : 2 parts de jaune de cadmium moyen, 1 part de rouge de Mars, 1 part de blanc de titane
Jaune : jaune de cadmium moyen et blanc de titane à parts égales + 1 pointe de rouge de Mars

Un saladier qui fait impression

Décoré d'un motif ethnique réalisé à main levée, ce saladier en bois s'intègrera aussi bien dans la cuisine en jouant les utilitaires, que dans la salle à manger comme objet décoratif.

VOTRE MATERIEL

- 1 saladier en bois
- De la peinture acrylique Liquitex Lefranc & Bourgeois* blanc de titane, terre d'ombre brûlée, noir de Mars
- Du medium acrylique*
- De la lasure Natur Ikéa* brun clair
- Du papier de verre à grain fin
- 1 brosse plate*
- 1 pinceau fin*
- 1 bâton de pastel à l'huile blanc*
- Du vernis acrylique satiné*
- 1 chiffon propre non pelucheux
- Du papier carbone

* Magasins spécialisés beaux-arts et loisirs créatifs.

- 2 h environ (hors séchage)
- 30 € environ (hors saladier)
- Assez facile

A (Graph'm)

Ce saladier au motif simple, semble tout droit venu d'un marché africain.

Réalisation

PRÉPARER LE SUPPORT

Poncez le saladier dans le sens du bois, extérieur et intérieur, avec le papier de verre à grain fin.
Dépoussiérez-le avec un chiffon légèrement humide.

B (Graph'm)

1 Avec la brosse plate, appliquez une fine couche de lasure en suivant le fil du bois.
Laissez sécher 3 heures.
Mélangez une pointe de noir de Mars dans la lasure.
Passez une seconde couche.
Laissez sécher 3 heures.

C (Graph'm)

2 Avec le pastel à l'huile, dessinez à main levée, tout autour du saladier, à l'intérieur comme à l'extérieur, le motif géométrique.
Si vous ne vous sentez pas la main sûre, photocopiez et reproduisez le motif aux dimensions de votre saladier en utilisant du papier carbone.

D (Graph'm)

3 Mélangez le blanc de titane et le medium à parts égales.
Appliquez ce mélange sur les motifs avec le pinceau fin en suivant le modèle présenté sur la photo.
Laissez sécher 1 heure.

E (Graph'm)

4 Mélangez 3 parts de terre d'ombre brûlée et 1 part de medium.
Tracez les lignes géométriques dans le motif.
Laissez sécher 1 heure.

F (Graph'm)

5 Poncez le saladier avec le papier de verre afin de donner un aspect irrégulier aux motifs.
Dépoussiérez soigneusement avec le chiffon.
Passez une couche de vernis satiné avec le pinceau plat.
Laissez sécher 1 heure.

Motif à reproduire

G (Graph'm)

Un parquet au style aztèque

Décorez un parquet en bois clair d'un motif inspiré de l'art sud américain. Les tons utilisés, aux couleurs d'essences exotiques, se fondent dans la teinte du bois pour donner l'impression d'un décor réalisé en marqueterie.

VOTRE MATERIEL

- De la peinture acrylique Basics Lefranc & Bourgeois* rouge de Mars, jaune de Mars, terre d'ombre brûlée, terre de Sienne brûlée
- Du bristol assez fort*
- Du papier de reproduction Rougier & Plé*
- 1 cutter
- 1 crayon à papier
- 2 éponges
- 1 pinceau fin*
- 1 pinceau plat moyen*
- Du ruban adhésif
- Du vernis vitrificateur mat*

* Magasins spécialisés bricolage, beaux-arts et loisirs créatifs.

- *6 h environ (hors séchage)*
- *30 € environ*
- *Assez facile*

A (Graph'm)

Un motif original dont l'effet trompe-l'œil est parfaitement réussi.

Réalisation

PRÉPARER LE SUPPORT

Photocopiez les motifs. En vous aidant du papier de reproduction et du crayon à papier, décalquez-les sur le bristol. Découpez les motifs avec le cutter. Réservez le pochoir en positif du bonhomme.

En partant du motif placé dans les coins, prévoyez la disposition des motifs de la frise en calculant leur nombre pour obtenir un espacement proportionnel entre la frise, le bonhomme et le bord de parquet. Marquez les repères au crayon.

B (Graph'm)

1 Posez le négatif du pochoir du bonhomme à un angle de la pièce. Maintenez-le avec du ruban adhésif.
Mélangez le rouge de Mars et le jaune de Mars en quantités égales.
Avec une éponge légèrement humide, appliquez cette teinte sur la tête.
Mélangez la terre d'ombre brûlée et la terre de Sienne brûlée en quantités égales et peignez le corps avec l'autre éponge.

C (Graph'm)

2 Reportez le motif de la tête aux trois autres angles de la pièce.
Laissez sécher 2 heures.
Posez le pochoir de la frise pointe en bas.
Avec l'éponge légèrement humide, appliquez la même teinte utilisée pour la tête.
Retirez le pochoir.
Laissez sécher 2 heures.

D (Graph'm)

3 Retournez le pochoir de la frise.
Placez-le en regard, en couvrant les triangles que vous venez de peindre de manière à laisser 2 cm entre les deux frises.
Tamponnez la frise avec la même teinte utilisée pour le corps du bonhomme.
Retirez le pochoir.
Laissez sécher 2 heures.
Faites ainsi les quatre côtés de la pièce.

E (Graph'm)

4 Placez le pochoir en positif du bonhomme sur le fond peint.
Avec l'éponge, appliquez la teinte utilisée pour le corps sur les yeux et la bouche.
Avec le pinceau fin, dessinez les pupilles.
Centrez le rond à l'intérieur de chaque triangle de la frise supérieure.
Avec l'éponge, appliquez la teinte utilisée pour le corps.
Laissez sécher 2 heures.
Avec le pinceau plat moyen, passez deux couches de vernis vitrificateur sur les motifs en laissant sécher le temps indiqué par le fabricant.

Motifs à photocopier et à agrandir de 600 %

F (Graph'm)

G (Graph'm)

Un paravent japonisant

Ces claustras semblent avoir voyagé à travers mille contrées avant d'arriver chez vous. Pourtant, leur originalité discrète et raffinée vous permet de les associer sans fausse note.

VOTRE MATERIEL

- 3 panneaux de bois* de 1,60 m x 40 cm
- 4 charnières et vis
- De la sous-couche blanche pour bois Leroy Merlin*
- De la peinture acrylique Leroy Merlin* blanc mat, noir mat, rouge vif mat
- Du vernis satiné
- 1 rouleau*
- 1 pinceau brosse*
- 1 crayon à papier
- Des ciseaux
- 1 tournevis

* Magasins spécialisés bricolage, beaux-arts et loisirs créatifs.

- 5 h environ (hors séchage)
- 45 € environ (hors panneaux)
- Assez facile

A (Graph'm)

L'Asie entre dans votre demeure : pourquoi ne pas utiliser ce paravent pour délimiter un petit « coin thé » des plus dépaysants ?

Réalisation

PRÉPARER LE SUPPORT

Peignez, avec le rouleau, les trois panneaux avec la sous-couche blanche. Laissez sécher 12 heures.

B (Graph'm)

1 Peignez un panneau en noir mat.
Peignez le deuxième en blanc mat.
Peignez le troisième en rouge vif mat.
Utilisez toujours le rouleau, qui doit être soigneusement rincé à l'eau entre chaque changement de couleur.
Passez deux couches de peinture sur chaque panneau, en laissant sécher 2 heures entre chaque passage.

C (Graph'm)

2 Photocopiez le motif.
Découpez les contours avec les ciseaux.
Placez le motif au centre d'un panneau et tracez les contours au crayon à papier.
Répétez l'opération sur les deux autres panneaux.

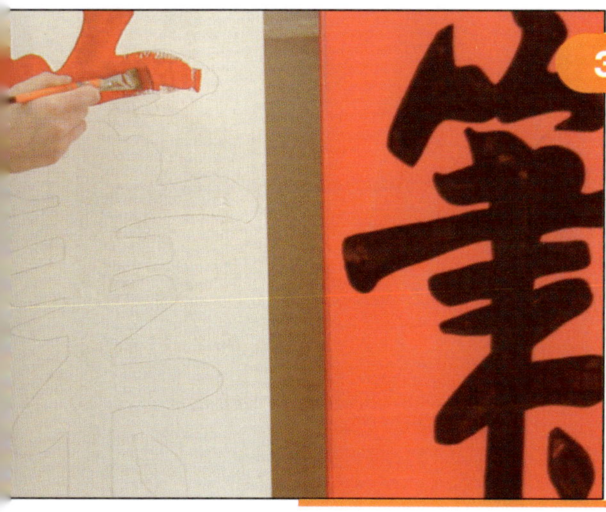

D (Graph'm)

3 Peignez les trois motifs, avec le pinceau brosse.
Peignez en rouge vif sur le panneau blanc, en noir sur le rouge et en blanc sur le noir.
Passez deux ou trois couches de peinture sur chaque motif, en laissant bien sécher, environ 1 heure, entre chaque passage.

E (Graph'm)

4 Retournez les panneaux.
Positionnez les charnières et vissez-les.
Peignez le dos des panneaux dans leur couleur respective avec le pinceau brosse.
Laissez sécher 12 heures.
Passez deux couches de vernis, avec le pinceau brosse, en laissant sécher entre chaque passage.

ASTUCE

Protéger votre surface de travail : le sol avec de vieux journaux, et le mur, sur lequel vous appuyez les panneaux peints, avec un carton .

Motif à agrandir de 500 %

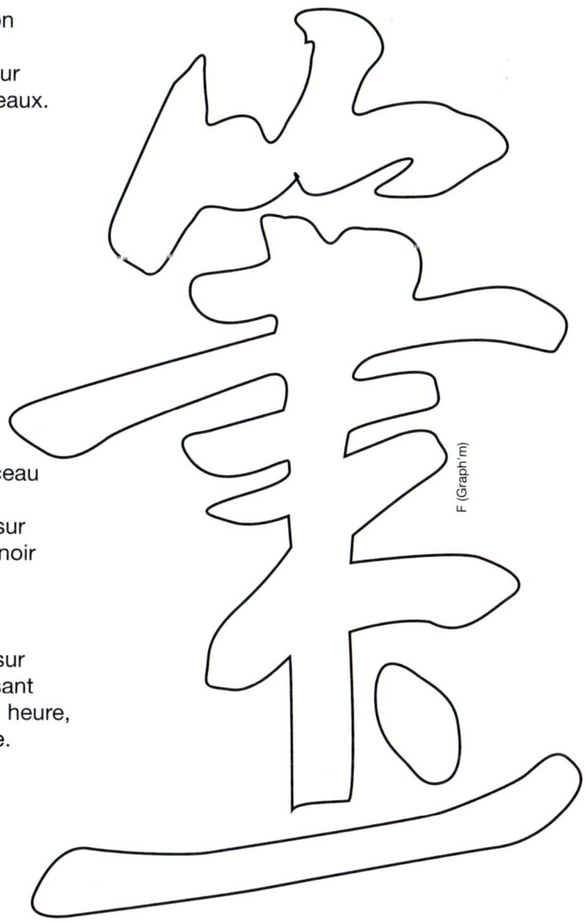

F (Graph'm)

Un faux tapis en faux kilim

Tout n'est qu'illusion dans cette réalisation, mais une illusion plus vraie que nature ! Ce petit kilim peint en trompe-l'œil sur un parquet est, avec un peu de minutie, assez facile d'exécution.

VOTRE MATERIEL

- De la peinture acrylique Basics de Lefranc & Bourgeois* ocre rouge, jaune de Mars, blanc de titane, bleu phtalocyanine, rouge de cadmium foncé, terre d'ombre brûlée
- 1 règle plate
- 1 crayon à papier
- 2 pinceaux plats, 1 petit, 1 moyen
- 1 petit pinceau fin
- Du vernis acrylique mat

* Magasins spécialisés beaux-arts et loisirs créatifs.

- *6 h environ (hors séchage)*
- *22 € environ*
- *Assez facile*

A (Graph'm)

Variations sur un même thème, osez les couleurs : des bleus ou des jaunes méditerranéens.

Réalisation

B (Graph'm)

1 **R**eportez le motif du tapis sur le parquet parfaitement propre.
Dessinez-le à la taille souhaitée ou aux dimensions de notre modèle photographié : 50 x 100 cm.
Pour reporter à l'échelle désirée le motif, quadrillez le dessin ci-dessous, et reportez ce quadrillage sur le plancher à l'échelle désirée (avec le même nombre de carreaux) pour reproduire le motif du tapis.

C (Graph'm)

2 **E**n vous aidant du code des couleurs ci-dessous, peignez avec le pinceau plat chaque surface du tapis.
Commencez par l'intérieur pour finir par les bords.

E (Graph'm)

3 **S**ur les petits côtés du tapis, peignez les franges, avec le pinceau fin, en ivoire : blanc de titane avec une pointe de pinceau jaune de Mars.
Créez les ombres des franges en ocre en peignant par dessus les précédentes mais en espaçant davantage les brins de la frange.
Sur les deux longueurs du tapis, peignez un liseré assez fin en terre d'ombre brûlée pour donner un peu de volume.
Passez deux couches de vernis acrylique mat sur la surface du tapis en laissant sécher entre les couches.

Code des couleurs

O : 2 doses d'ocre rouge + 1 dose de jaune de Mars

I : blanc de titane + 1 pointe de jaune de Mars

M : jaune de Mars

B : bleu phtalocyanine

R : rouge de cadmium foncé

1 dose de peinture équivaut à 1 goutte de peinture

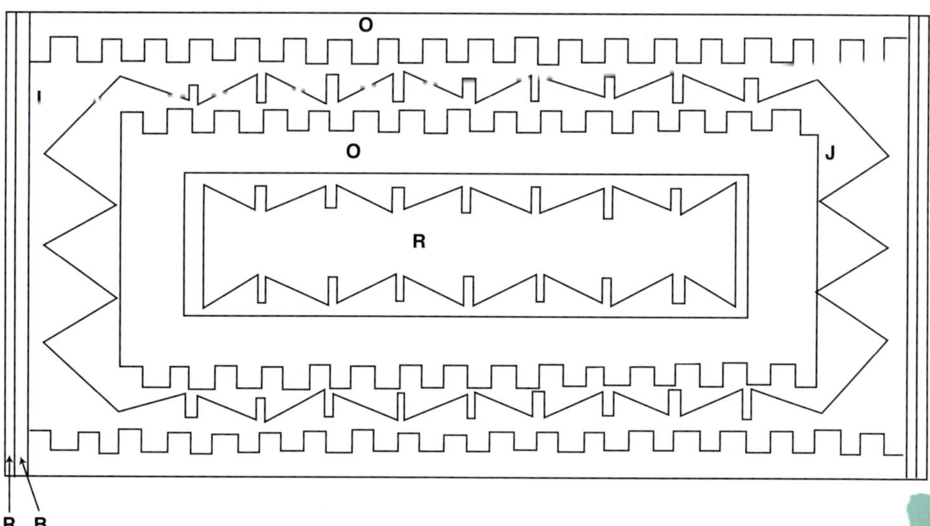

D (Graph'm)

Motif à reproduire

Conseil FACILE

Travaillez si possible sur un parquet parfaitement propre. L'idéal serait un parquet neuf poncé. Mais si le vôtre est verni ou ciré, nettoyez-le avec un détergent, laissez sécher et poncez-le légèrement.

Une oasis de lumière

Lumière douce et chaleureuse pour cette veilleuse qui emmènera vos enfants vers le doux pays des rêves. Habillée de bois de placage et de papiers de couleur, elle se fond dans tous les décors.

VOTRE MATERIEL

- 1 lampe carrée à armature en bois et aux côtés tendus de papier ou de tissu
- Des feuilles de bois de placage Rougier & Plé* de teintes différentes
- De la peinture acrylique Liquitex* Lefranc & Bourgeois* rouge de Mars, jaune de Mars
- Du papier de soie* rouge
- Du papier crépon* vert pomme
- Du papier de verre à grain fin, à grain moyen
- Du papier abrasif à l'eau noir à grain fin
- Du papier de reproduction Rougier & Plé*
- 1 feuille de liège
- De la colle vinylique
- Du médium acrylique
- Des ciseaux
- Des ciseaux cranteurs
- 1 pinceau moyen*
- 1 stylo
- 1 chiffon

* Magasins spécialisés beaux-arts et loisirs créatifs.

- 3 h environ (hors séchage)
- 15 € environ
- Assez difficile

A (Graph'm)

Une veilleuse pour emporter chaque soir les enfants vers des contrées extraordinaires.

Réalisation

B (Graph'm)

1 **A**vec le papier de verre à grain fin, poncez l'armature en bois.
Dépoussiérez-la.
Peignez-la en rouge de Mars avec le pinceau moyen.
Laissez sécher 1 heure.

C (Graph'm)

2 **P**hotocopiez tous les motifs.
Avec le papier de reproduction, reproduisez-les quatre fois sur les feuilles de placage et le papier de verre en vous référant au code des couleurs.
Chaque motif doit être reproduit sur la même couleur de bois.

D (Graph'm)

3 **A**vec les ciseaux, découpez les deux parties du soleil.
Collez-les, à la colle vinylique, en haut à gauche de la lampe.
Faites de même sur les trois autres côtés.

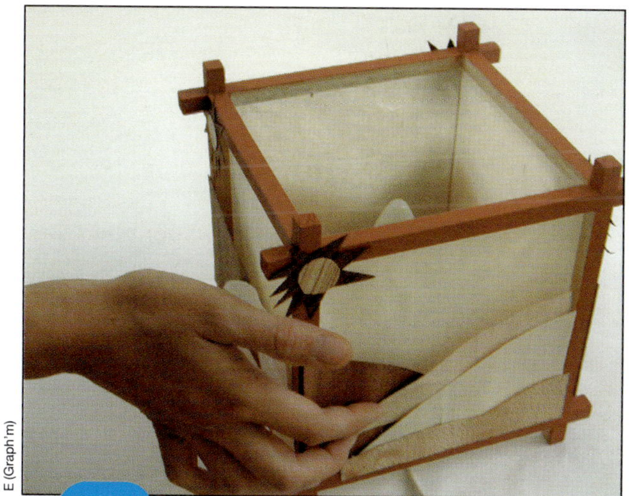
E (Graph'm)

4 **D**écoupez les dunes dans leurs coloris respectifs en vous référant au code des couleurs.
Collez chaque dune en partant du premier plan jusqu'à l'arrière-plan, les trois premiers à droite et le dernier à gauche.
Faites les trois autres côtés.

F (Graph'm)

G (Graph'm)

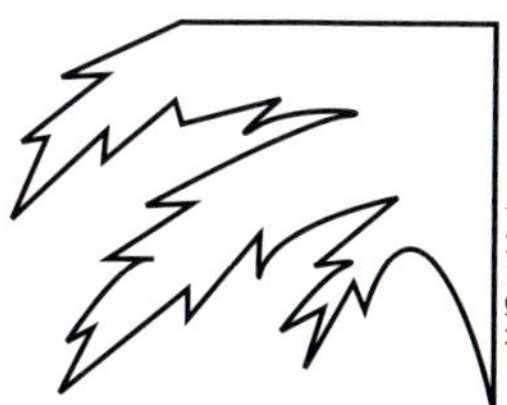
H (Graph'm)

I (Graph'm)

Code des couleurs

Le soleil : dans le bois de placage foncé pour les rayons et dans le bois de placage clair pour le centre
Le palmier : dans le papier de verre à grain fin
Le feuillage : dans le papier de verre à grain moyen
Le dromadaire : dans le papier abrasif noir
Les dunes : du premier plan à l'arrière-plan dans le bois de placage de clair à foncé

Une oasis...

J (Graph'm)

5 **D**écoupez le feuillage et le palmier.
Collez le feuillage en haut à droite et le palmier sur la dune au troisième plan, à peu près sous le soleil.
Découpez approximativement deux petites noix de coco dans le liège et collez-les sur le palmier.
Faites de même sur les trois autres côtés.

K (Graph'm)

6 **D**écoupez le dromadaire.
Collez-le à droite, sur les dunes.
Faites de même sur les trois autres côtés.

L (Graph'm)

7 **P**eignez le premier plan des dunes en jaune de Mars.
Faites de même sur les trois autres côtés.

M (Graph'm)

8 **P**eignez les noix de coco en rouge de Mars.
Découpez avec les ciseaux cranteurs quatre petites bandes de papier de soie rouge que vous collez au médium acrylique derrière la troisième dune.

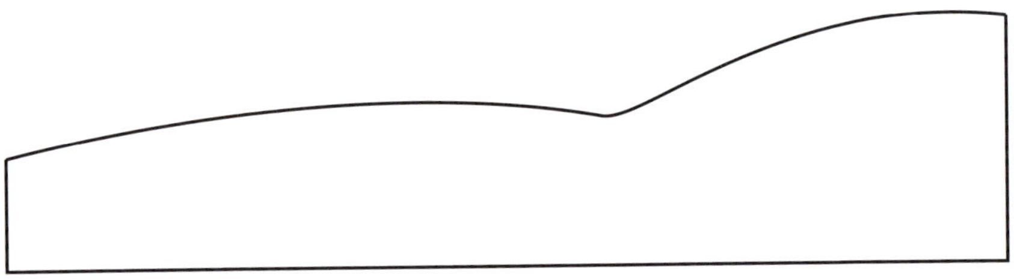

N (Graph'm)

Premier plan

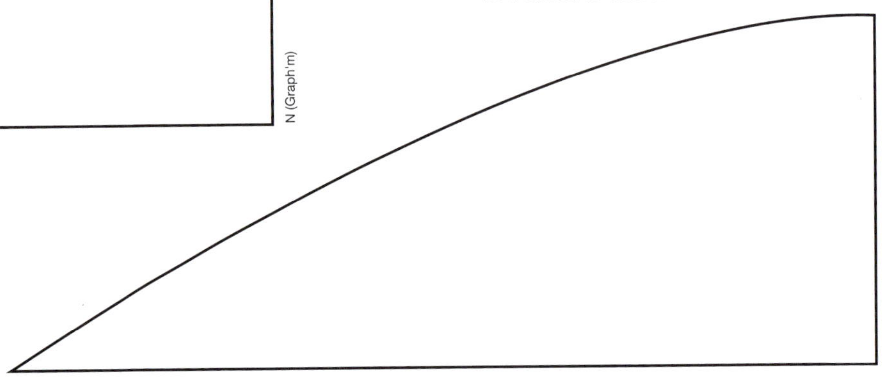

O (Graph'm)

Deuxième plan

Réalisation

P (Graph'm)

9 **D**écoupez grossièrement de petites lamelles de bois d'environ 3 cm de longueur et 1, 5 cm de largeur. **C**ollez-les à espaces réguliers sur le dessus de la lampe.

Q (Graph'm)

10 **D**écoupez dans le papier crépon vert pomme quatre feuillages un peu plus larges que les feuillages découpés dans le papier de verre. **C**ollez-les avec le médium derrière les feuillages en papier de verre.

UNE IDÉE EN PLUS

Un cadre assorti

T (Graph'm)

VOTRE MATÉRIEL

- **1 cadre à bords assez larges**
- **1 feuille de bois de placage foncé**
- **1 feuille de bois de placage clair**
- **1 feuille de papier de verre à grain fin**
- **1 pinceau plat**
- **De la colle vinylique**
- **Du papier de reproduction**
- **1 stylo**

Découpez des bandes de bois foncé de la longueur et de la largeur des bordures du cadre. Avec le pinceau plat, encollez les bords du cadre. Placez les bandes de bois. Photocopiez le dromadaire, le feuillage et la dune du deuxième plan. Avec le papier de reproduction, reportez deux fois le feuillage et une fois le dromadaire sur le papier de verre, et la dune sur le bois clair. Collez-les sur le cadre en vous reportant au modèle photographié.

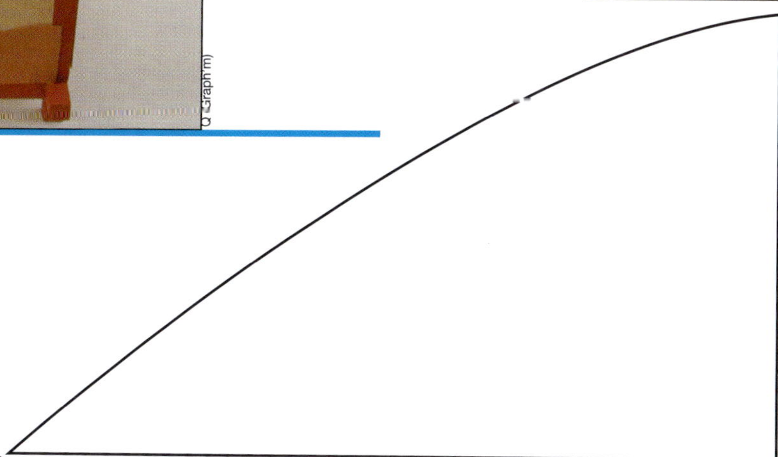
R (Graph'm)

Troisième plan

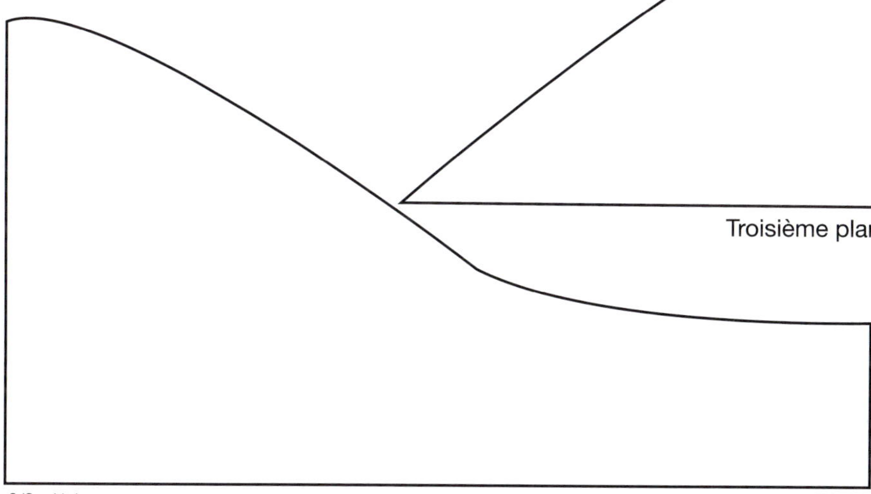
S (Graph'm)

Quatrième plan

Conseil FACILE

Le bois de placage étant souple, cette lampe peut se réaliser également sur un abat-jour circulaire. Dans ce cas, découpez les dunes en fonction de la circonférence de l'abat-jour.

Une bûche en pleine lumière

Rien de plus facile que la réalisation de cette lampe d'appoint. Dans un style « retour à la nature », elle a été créée à partir de matériaux naturels, bûche et papier de soie, et décorée d'un motif oriental.

VOTRE MATERIEL

- 1 bûche d'environ 15 cm de hauteur et 9 cm de diamètre
- 4 baguettes carrées d'environ 25 cm de long et 8 mm de côté
- De la peinture acrylique Liquitex Lefranc & Bourgeois* rouge de Mars, rouge de cadmium foncé, blanc de titane, ocre jaune
- De la toile de verre*
- 1 pinceau à retoucher n°3*
- 1 petite brosse plate*
- Du papier de verre à grain moyen
- Du papier carbone
- Du papier de soie blanc*
- 1 cutter, 1 crayon à papier
- De la colle vinylique
- 1 système électrique pour lampe*, 1 ampoule
- 1 tournevis, 1 petite gouge, 1 perceuse, 1 marteau*
- Des pointes sans tête
- 1 chiffon

* Magasins spécialisés bricolage, beaux-arts et loisirs créatifs.

- *6 h environ (hors séchage)*
- *22 € environ*
- *Assez facile*

A (Graph'm)

Petite mais efficace, cette lampe d'appoint est aussi utile que décorative.

Réalisation

PRÉPARER LE SUPPORT

Enlevez l'écorce de la bûche. Poncez-la au papier de verre à grain moyen. Dépoussiérez avec le chiffon.

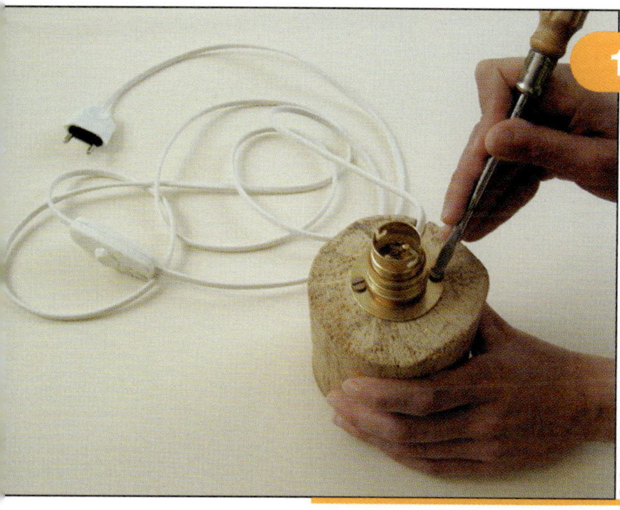

B (Graph'm)

1 Creusez une rigole avec la gouge, du centre vers le bord de la bûche. Faites un trou au centre de la bûche, avec la perceuse, pour pouvoir placer la douille. Passez le fil électrique dans la rigole. Percez des trous à la perceuse et fixez les vis avec le tournevis.

C (Graph'm)

2 Clouez les baguettes sur la bûche. Mélangez 3 parts de blanc et 1 part d'ocre jaune. Peignez les baguettes avec la petite brosse plate. Laissez sécher 1 heure. Photocopiez le motif et reportez-le entre les baguettes en utilisant le papier carbone. Peignez-le avec le pinceau en rouge de cadmium foncé et rouge de Mars mélangés à parts égales.

D (Graph'm)

3 Découpez dans la toile de verre un rectangle de 15 x 36 cm environ. Encollez l'extérieur des baguettes. Enroulez la toile de verre autour des baguettes. Réencollez les baguettes par-dessus la toile. Laissez sécher 1 heure.

E (Graph'm)

4 Découpez trois bandes de papier de soie de 15 x 36 cm environ. Mettez-les en boule, puis défroissez-les. Pliez-les grossièrement en accordéon. Encollez la toile de verre. Placez les trois bandes sur toute la hauteur. Laissez sécher.

F (Graph'm)

Motif à photocopier

Conseil FACILE

Avant de visser le système électrique, assurez-vous que cela fonctionne. De même, avant de réaliser la lampe, sciez, si nécessaire, la base de la bûche afin que sa surface soit parfaitement plane.

Folklore

Table basse folklorique

Une bobine pour câbles électriques de chantier transformée par quelques coups de pinceau en une table basse aux couleurs vives et au motif folklorique, voilà tout l'art de la récupération !

VOTRE MATERIEL

- De la peinture acrylique satinée Leroy Merlin* blanche, bleu Ouessant
- De la peinture acrylique Liquitex Lefranc & Bourgeois* blanc de titane, rouge de Mars, vert oxyde de chrome, terre d'ombre brûlée, ocre jaune, jaune de cadmium moyen, rouge de cadmium moyen
- Du médium à craqueler Rougier & Plé*
- 1 brosse plate*
- Des pinceaux à retoucher n°1, n°6*
- Du papier de verre à grain moyen et à grain fin
- Du vernis acrylique satiné
- Du papier report, 1 crayon à papier
- 1 pot de cire à meubles
- 1 chiffon
- De la lessive Saint-Marc
- Du white-spirit

* Magasins spécialisés beaux-arts et loisirs créatifs.

- *4 h environ (hors séchage)*
- *53 € environ*
- *Assez facile*

A (Graph'm)

Le motif floral un peu naïf donne le style rustique de cette table improvisée.

Réalisation

PRÉPARER LE SUPPORT

Lavez la bobine avec de la lessive Saint-Marc.
Rincez-la et séchez-la soigneusement.
Poncez éventuellement le plateau avec le papier de verre à grain moyen s'il y a trop d'aspérités..
Avec la brosse plate, passez deux couches de peinture acrylique satinée blanche, diluée à 20 %, en laissant sécher 5 heures entre chaque couche.

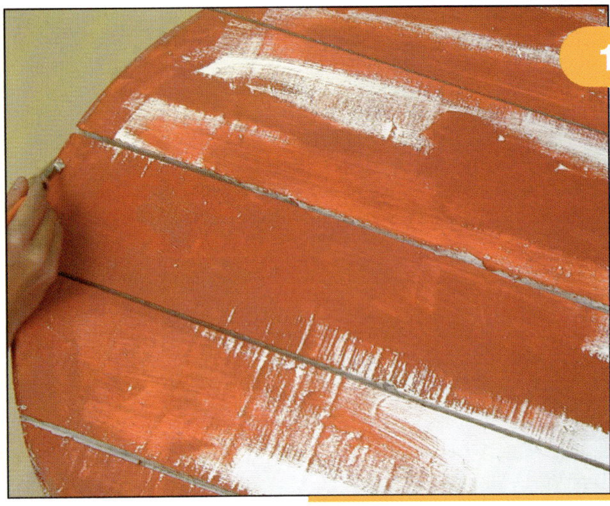

B (Graph'm)

1 Avec la brosse plate, appliquez sur le plateau, sans le recouvrir totalement, de la peinture acrylique rouge de Mars.
Laissez sécher 30 minutes.
Avec le pinceau n°6, appliquez la cire à certains endroits sur le bord du plateau.

C (Graph'm)

2 Avec la brosse plate, appliquer le médium à craqueler à certains endroits du plateau.
Laissez sécher 30 minutes.
Appliquez sur tout le plateau une couche de peinture acrylique satinée bleu Ouessant.
Les craquelures apparaissent au bout de 30 minutes environ.

D (Graph'm)

3 Avec le chiffon imbibé de white-spirit, enlevez la cire sur les bords du plateau, puis rincez.
Le fond rouge de Mars apparaît.
Faites quelques retouches avec le bleu Ouessant pour atténuer le rapport de couleurs.

E (Graph'm)

4 Photocopiez le motif.
Reportez-le au centre du plateau en vous aidant du papier report.

Code des couleurs

Feuillage : 2 parts de vert oxyde de chrome, 1 part de terre d'ombre brûlée
Fougère : vert oxyde de chrome ; ocre jaune ; terre d'ombre brûlée
Soucis
– cœur : 2 parts d'ocre jaune, 1 part de terre d'ombre brûlée
– pétales : rouge de cadmium moyen ; jaune de cadmium moyen ; ocre jaune
Boutons de rose : blanc de titane, rouge de cadmium moyen
Marguerite
– cœur : 1 part de jaune de cadmium moyen, 1 part d'ocre jaune
– pétales : blanc de titane
Baies : rouge de cadmium foncé

Table basse...

F (Graph'm)

5 **A**vec les pinceaux n°1 et n°6 (à choisir selon la finesse de l'exécution), peignez les plantes et les tiges des roses.
Peignez les fougères avec les trois tons indiqués dans le code des couleurs.
Peignez les points aux extrémités des fougères et des feuillages en blanc de titane.

G (Graph'm)

6 **P**eignez les soucis en suivant le code des couleurs.
Pour les pétales, juxtaposez les couleurs sans les mélanger.
Posez quelques points en blanc de titane sur le cœur des soucis.

H (Graph'm)

7 **P**eignez les roses en suivant le code des couleurs.
Juxtaposez les couleurs sans les mélanger.

UNE IDÉE EN PLUS

Une boîte à clefs folklorique

I (Graph'm)

VOTRE MATÉRIEL

- **1 boîte à clefs**
- **De la peinture acrylique satinée Leroy Merlin bleu Ouessant**
- **De la peinture acrylique Liquitex Lefranc & Bourgeois blanc de titane, vert oxyde de chrome, terre d'ombre brûlée, ocre jaune, jaune de cadmium moyen, rouge de cadmium moyen, terre de Sienne naturelle**
- **1 brosse plate**
- **Des pinceaux n°1, n°6**
- **Du papier de verre à grain moyen**
- **Du papier report**
- **1 crayon à papier**
- **1 chiffon**

Poncez la boîte avec le papier de verre. Dépoussiérez soigneusement avec le chiffon. Avec la brosse plate, peignez la boîte en bleu Ouessant. Laissez sécher 6 heures. Photocopiez le motif et reproduisez-le (en vous aidant du papier report) en le centrant sur la porte de la boîte. Avec les pinceaux n°1 et n°6 (à choisir selon la finesse de l'exécution), peignez le motif en vous référant au code des couleurs. Entourez le motif de fleurs, peintes à main levée, puis de points en blanc de titane en vous référant au modèle photographié. Laissez sécher 2 heures.

J (Graph'm)

Motif à photocopier et à agrandir selon la taille du support

Réalisation

K (Graph'm)

8 Peignez les baies, les marguerites et la treille en vous référant au code des couleurs.

M (Graph'm)

10 Poncez légèrement le motif avec le papier de verre à grain fin.
Dépoussiérez soigneusement.
Avec la brosse plate, passez deux couches de vernis en laissant sécher 6 heures entre chaque couche.

L (Graph'm)

9 À main levée, peignez en blanc de titane des fleurs séparées d'un point.
Faites le tour de la table en les espaçant régulièrement et en vous référant au modèle photographié.
Laissez sécher 4 heures.

Motif à photocopier et à agrandir selon la taille du support

N (Graph'm)

Un plateau de style nordique

Prenez un petit plateau en bois tout simple, jetez-lui un sort avec vos pinceaux, rajoutez une pincée de savoir-faire et vous obtiendrez ce délicieux objet venu du fond des temps.

VOTRE MATERIEL

- 1 plateau (Ikéa)
- De la peinture sous-couche métal Leroy Merlin* satinée noire
- De la peinture acrylique Liquitex Lefranc & Bourgeois* blanc de titane, bleu de céruleum, jaune de Mars, ocre jaune, ocre rouge, or iridescent, rouge de Mars, rouge de cadmium moyen, terre de Sienne naturelle, terre d'ombre brûlée, vert émeraude*
- Du vernis glycero satiné*
- Du papier carbone
- 1 assiette
- 1 petite éponge
- 2 pinceaux plats moyens*
- 1 brosse à pochoir*
- 1 pinceau fin*
- Du papier, 1 crayon, 1 gomme
- Du papier de verre à grain moyen, 1 chiffon

* Magasins spécialisés bricolage, beaux-arts et loisirs créatifs.

- *8 h (hors séchage)*
- *45 € environ (hors plateau)*
- *Difficile*

A (Graph'm)

Ce plateau pourrait facilement se contenter d'être un objet décoratif plutôt qu'utilitaire.

Réalisation

PRÉPARER LE SUPPORT

Poncez le plateau avec le papier de verre à grain moyen.
Dépoussiérez-le soigneusement
Passez deux couches de peinture acrylique blanche en évitant les ferrures.
Laissez sécher et poncez le plateau entre chaque passage.

B (Graph'm)

1 Peignez avec la sous-couche métal satinée noire et le pinceau plat les ferrures du plateau.
Laissez sécher.
Mélangez 3/4 de blanc et 1/4 de terre d'ombre brûlée dans l'assiette.
Peignez avec le pinceau plat le bois. Utilisez le pinceau fin pour les finitions des bords du plateau.
Laissez sécher toute une nuit.

C (Graph'm)

2 Mélangez en parts égales : ocre jaune, ocre rouge, terre d'ombre brûlée et terre de Sienne naturelle. Tamponnez ce mélange sur les ferrures avec la brosse à pochoir.
Déposez des touches de couleurs pures et d'or iridescent à quelques endroits des ferrures.
Fondez la peinture avec la brosse pour nuancer la couleur de l'ensemble.
Laissez sécher 3 heures.

D (Graph'm)

3 Appliquez sur les ferrures avec le pinceau plat le mélange suivant un peu dilué : 1/2 de terre de Sienne naturelle, 1/4 d'ocre jaune et 1/4 de jaune de Mars.
Estompez avec une petite éponge.
Laissez sécher 3 heures.

E (Graph'm)

4 Photocopiez et agrandissez le motif à la taille du plateau.
Placez le papier carbone sous la photocopie et reportez deux fois le motif, en l'inversant, sur le plateau.

F (Graph'm)

5 Dessinez le contour des dessins, avec le pinceau fin, en utilisant un mélange de 3/4 de terre de Sienne naturelle et 1/4 de rouge de Mars.
Laissez sécher.

Conseil FACILE

Quand vous faites vos mélanges de couleurs, réservez toujours une petite quantité des teintes. En effet, lorsque la peinture est sèche, on remarque toujours quelques petites imperfections d'aplat de peinture. Il est alors possible de retoucher avec la teinte exacte adéquate.

Un plateau...

G (Graph'm)

6 **P**eignez les parties en bleu sur le modèle avec un mélange de 1/2 de blanc de titane, 1/4 de bleu de céruleum et 1/4 de terre de Sienne naturelle.
Utilisez le pinceau fin pour peindre les bords et le petit pinceau plat pour remplir l'intérieur des parties concernées.

H (Graph'm)

7 **P**eignez avec le pinceau fin les parties en blanc sur le modèle avec un mélange de 3/4 de blanc de titane et 1/4 de terre de Sienne naturelle.
Laissez sécher.

I (Graph'm)

8 **P**eignez avec le pinceau fin les parties en rouge sur le modèle avec un mélange de 1/2 de rouge de Mars et 1/2 de rouge de cadmium moyen. Si la partie que vous peignez n'est pas recouverte d'or, peignez en dégradant la couleur : le dessin doit être foncé à la base des plumes, et très dilué ensuite.

J (Graph'm)

9 **R**ecouvrez certaines parties de la surface rouge avec de la peinture or iridescent. Déposez les taches dorées avec un pinceau fin, de manière irrégulière.

K (Graph'm)

10 **P**our les plumes vertes sur le modèle, peignez avec le mélange suivant :
1/2 de blanc de titane,
1/4 de bleu de céruleum,
1/4 de terre de Sienne naturelle, et une pointe de vert émeraude. Utilisez un pinceau fin et une peinture très diluée.
Laissez sécher 24 heures.

Réalisation

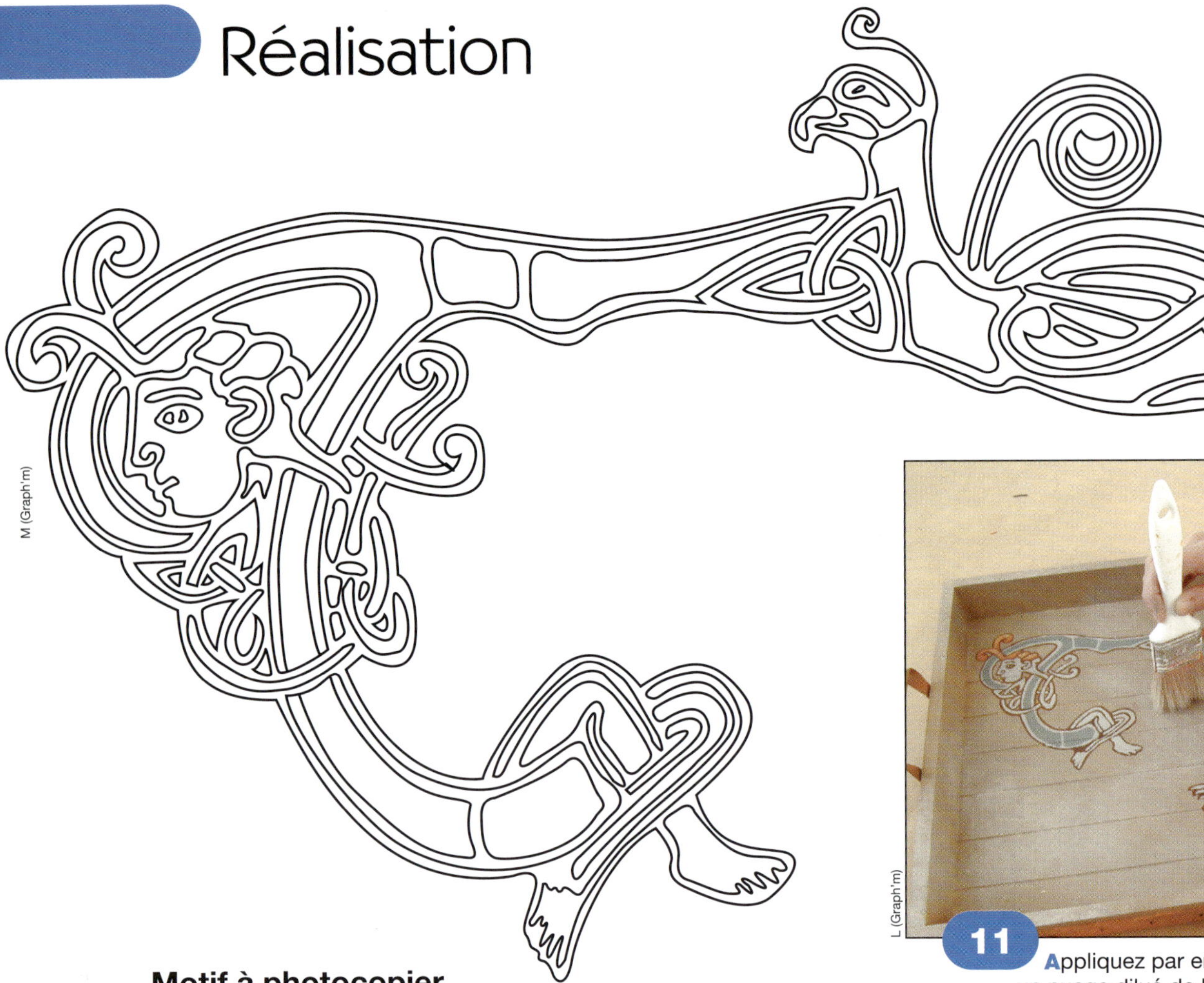

M (Graph'm)

Motif à photocopier, à agrandir ou à réduire selon la taille du plateau

L (Graph'm)

11 Appliquez par endroits un nuage dilué de blanc avec une pointe de terre de Sienne naturelle. Laissez sécher 24 heures. Passez trois couches de vernis sur le plateau, en laissant bien sécher entre chaque passage.

N (Graph'm)

Conseil FACILE

Prenez en compte la matière de votre support lorsque vous le préparez. Par exemple, les bois brut absorbent facilement la peinture. Il est alors judicieux de passer deux sous-couches pour un résultat uniforme et réussi.

Une fenêtre au style nordique

Un vent du Nord entre dans votre maison. Osez les couleurs et le style folklorique avec ce décor qui décline les tons de bleu, et composez la décoration de la pièce en fonction du style de la fenêtre.

A (Graph'm)

VOTRE MATERIEL

- De la peinture acrylique Liquitex Lefranc & Bourgeois* rouge de Mars, jaune de Mars, blanc de titane, bleu outremer foncé, noir d'ivoire
- De la peinture Céramic Lefranc & Bourgeois* ocre jaune, bleu ciel
- Du papier de soie Rougier & Plé* bleu ciel
- Du Cern Couleur* or
- Du médium acrylique mat*
- 1 petit pinceau plat*
- 1 pinceau plat moyen*
- 1 pinceau fin*
- 1 bouchon de liège
- 1 feuille de liège
- 1 feuille de Créa Mousse*
- Du papier de verre
- Des ciseaux
- Du ruban adhésif
- De la colle forte
- Du papier de reproduction Rougier & Plé*
- Du papier carbone
- 1 stylo
- 1 règle
- Du ruban de masquage
- Du papier blanc

* Magasins spécialisés beaux-arts et loisirs créatifs.

- *4 h environ (hors séchage)*
- *38 € environ*
- *Assez facile*

Réalisation

PRÉPARER LE SUPPORT

Protégez les charnières de la fenêtre avec le ruban de masquage. Posez le papier blanc sur les vitres et fixez-le avec le ruban de masquage.
Avec le pinceau plat moyen, passez une couche de peinture acrylique blanc de titane sur tout le cadre en bois.

B (Graph'm)

1 Mélangez 2 parts de bleu outremer foncé, 1/2 part de noir d'ivoire et 1 part de blanc de titane pour obtenir un bleu-gris.
Avec le pinceau plat moyen, peignez le cadre de la fenêtre.
Ajoutez 2 parts de blanc de titane au mélange précédent pour obtenir un bleu-gris clair.
Peignez le cadre entourant la vitre, la poignée et la plaque de la poignée.
Réservez la teinte.

C (Graph'm)

2 Mélangez 2 parts de blanc de titane, 1/2 part de bleu outremer foncé et 1 pointe de noir d'ivoire pour obtenir un blanc légèrement bleu-gris.
Avec le petit pinceau plat, peignez le chant du cadre entourant la vitre et celui de la plaque de la poignée.
Laissez sécher 1 heure.

D (Graph'm)

3 Avec le papier de verre, poncez très légèrement les cadres peints en respectant le sens du bois.
Insistez un peu plus sur les arêtes pour laisser apparaître la première couche blanche.

E (Graph'm)

4 Dans le papier de soie bleu ciel, tracez avec le stylo et la règle deux rectangles aux dimensions légèrement inférieures aux montants horizontaux du cadre.
Découpez-les avec les ciseaux.
Avec le petit pinceau plat, collez-les avec le médium acrylique mat.
Procédez de la même façon sur les montants verticaux, mais en collant deux rectangles que vous placez de part et d'autre de la poignée et deux autres rectangles que vous placez sur l'autre montant vertical.

Motif de la frise verticale à photocopier et à agrandir de 140 %

F (Graph'm)

Une fenêtre...

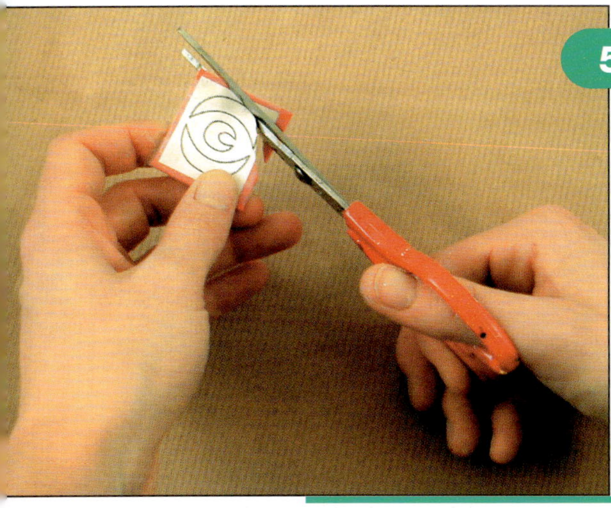

G (Graph'm)

5 Photocopiez le motif du tampon.
Fixez-le avec le ruban adhésif sur un morceau de Créa Mousse.
Découpez-le avec les ciseaux.
Collez-le à la colle forte sur un carré de liège.
Collez le bouchon derrière le liège.

I (Graph'm)

7 Photocopiez les deux frises.
En vous aidant du papier carbone, reportez-les en les centrant sur les montants de la fenêtre.

H (Graph'm)

6 Découpez six carrés de papier de soie bleu ciel que vous collez au médium acrylique dans chaque coin du cadre de la fenêtre, sur la poignée et entre les deux rectangles de papier de soie du montant vertical.
Avec le petit pinceau plat, appliquez le jaune de Mars sur le tampon.
Appliquez-le sur chaque carré de papier de soie.
Laissez sécher 10 minutes.

Motif du tampon à photocopier et à reproduire

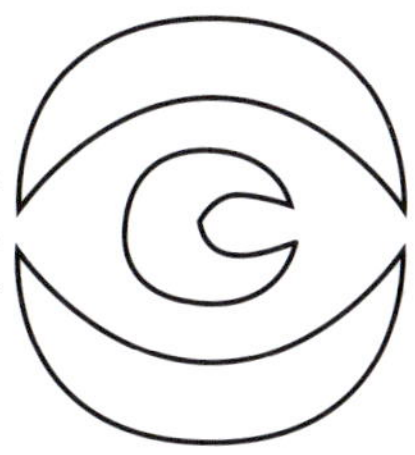

J (Graph'm)

K (Graph'm)

Motif de la frise horizontale à photocopier et à agrandir de 115 %

Réalisation

L (Graph'm)

8 Mélangez 1 part de jaune de Mars et 2 parts de blanc de titane.
Avec le pinceau fin, peignez toutes les grandes lunes et cernez les motifs faits au tampon.
Laissez sécher 15 minutes.

M (Graph'm)

9 Avec le pinceau fin, peignez les petites lunes avec la teinte que vous avez réservée à l'étape 1.
Mélangez 2 parts de rouge de Mars et 1 part de blanc de titane.
Cernez tous les motifs des frises.
Laissez sécher 30 minutes.
Avec le papier de verre, poncez très légèrement les papiers de soie.

N (Graph'm)

10 Enlevez le papier qui protégeait la vitre et le ruban de masquage.
Fixez du papier derrière la vitre avec le ruban adhésif.
Photocopiez le motif de la vitre et reportez-le deux fois, l'un au-dessus de l'autre, en vous aidant du papier de reproduction et du stylo.

O (Graph'm)

11 Avec le pinceau fin, peignez les grandes lunes avec la peinture Céramic ocre jaune et les petites lunes en bleu ciel.
Cernez tous les motifs avec le Cern Couleur or, retirez le papier derrière la vitre.
Laissez sécher une nuit.

P (Graph'm)

Motif de la vitre à photocopier et à reproduire

Des poupées poivre et sel

Donnez un petit air folklorique à ces deux poivriers habillés pour l'occasion comme des poupées russes. Des couleurs vives, des dessins naïfs, et le tour (...de moulin) est joué.

VOTRE MATERIEL

- 1 petit et 1 grand moulin à poivre en bois (Ikéa)
- De la peinture acrylique Liquitex Lefranc & Bourgeois* blanc de titane, bleu de céruleum, rouge de cadmium moyen, jaune de cadmium moyen, noir de Mars
- De la sous-couche bois* blanche*
- Du papier de verre à grain fin
- Du papier carbone
- 1 crayon à papier
- 1 brosse plate*
- 1 pinceau fin*
- Du vernis acrylique*
- 1 chiffon

* Magasins spécialisés bricolage, beaux-arts et loisirs créatifs.

- *5 h environ (hors séchage)*
- *26 € environ (hors moulins à poivre)*
- *Assez difficile*

A (Graph'm)

Réalisation

PRÉPARER LE SUPPORT

Avec le papier de verre, poncez les moulins à poivre.
Dépoussiérez-les soigneusement avec le chiffon.
Avec la brosse plate, passez une sous-couche de peinture blanche.
Laissez sécher 6 heures.
Poncez à nouveau et dépoussiérez.

LE MOULIN À POIVRE BLEU

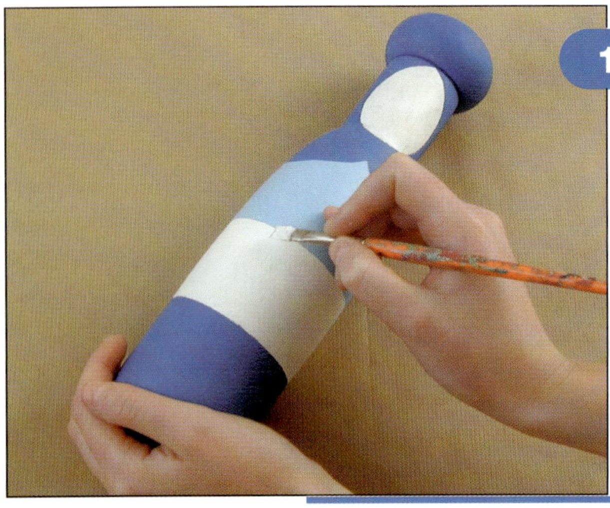

B (Graph'm)

1 Photocopiez le motif ci-contre.
Placez le papier carbone sous la photocopie et avec le crayon repassez les traits du contour de la tête, de la collerette et des lignes horizontales.
Avec la brosse plate, peignez les différentes parties en blanc de titane, bleu de céruleum et bleu clair en vous référant au code des couleurs et au modèle photographié.
Laissez sécher 6 heures.

C (Graph'm)

2 Repositionnez la photocopie sur le moulin.
Placez le papier carbone dessous.
Avec le crayon, repassez les détails du motif.

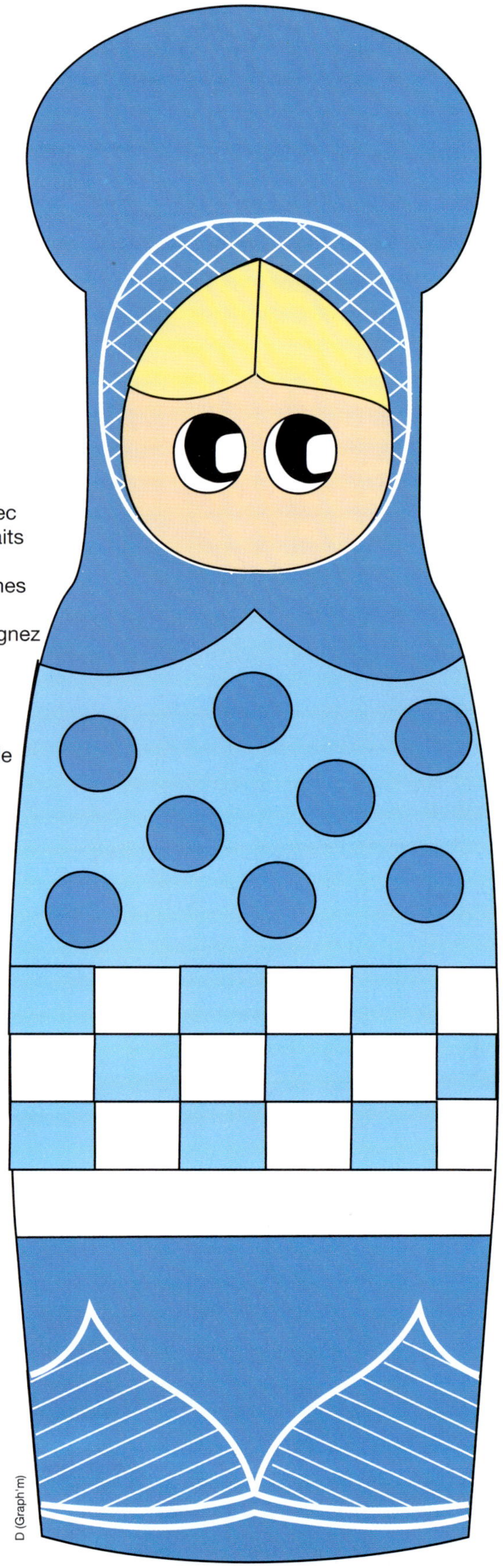

D (Graph'm)

Motif à photocopier et à reproduire selon la taille du moulin à poivre

Des poupées...

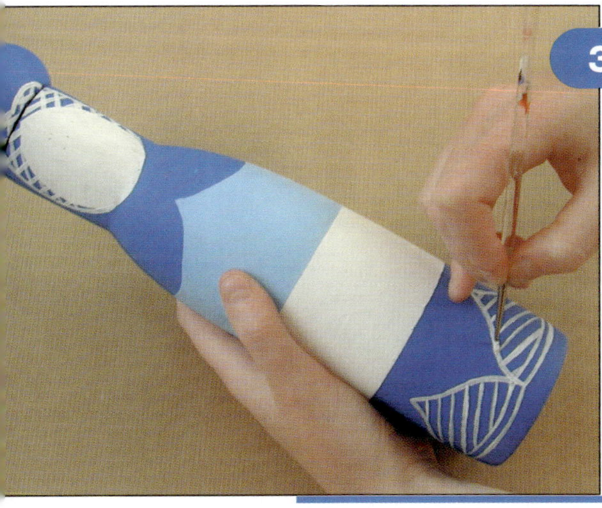

E (Graph'm)

3 **A**vec le pinceau fin, peignez en blanc de titane le fichu et les motifs à la base du moulin.

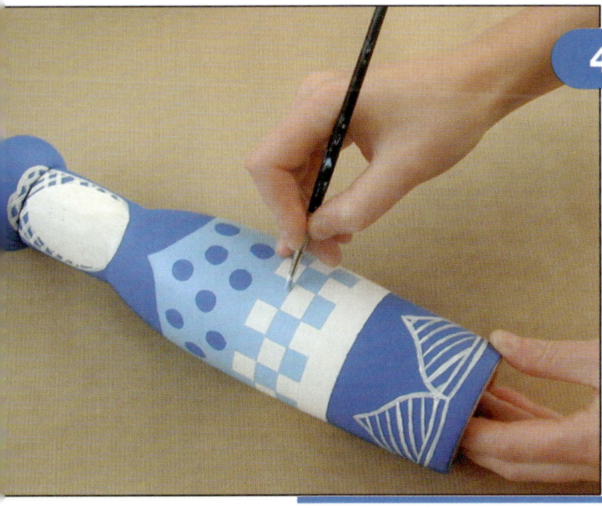

F (Graph'm)

4 **P**eignez les points en bleu de céruleum sur la zone bleu clair.
Sur la zone blanche, peignez les carrés en bleu clair.

G (Graph'm)

5 **P**eignez la tête : les cheveux en jaune, le visage en rose et les yeux en noir de Mars et blanc de titane.
Laissez sécher 6 heures.
Avec la brosse plate, passez deux couches de vernis en laissant sécher 6 heures entre chaque couche.

LE MOULIN À POIVRE ROUGE

H (Graph'm)

1 **P**hotocopiez le motif.
Placez le papier carbone sous la photocopie et avec le crayon repassez les traits du contour de la tête, de la collerette et des lignes horizontales.
En vous référant au modèle photographié et avec la brosse plate, peignez les différentes parties en blanc de titane et rouge de cadmium moyen.
Laissez sécher 6 heures.

Code des couleurs

Bleu clair : 1 part de bleu de céruleum, 2 parts de blanc de titane
Jaune : 1 part de jaune de cadmium moyen, 2 parts de blanc de titane
Rose : 1 part de rouge de cadmium moyen, 2 parts de blanc de titane

Conseil FACILE

La peinture à l'acrylique sèche particulièrement vite, surtout sur les pinceaux. Prenez l'habitude d'avoir systématiquement un pot d'eau lors de vos réalisations pour rincer au fur et à mesure les pinceaux.

Réalisation

I (Graph'm)

2 **R**epositionnez la photocopie sur le moulin.
Placez le papier carbone dessous.
Avec le crayon, repassez l'ovale au centre du corps.
Peignez-le en rouge de cadmium moyen.
Laissez sécher 6 heures.

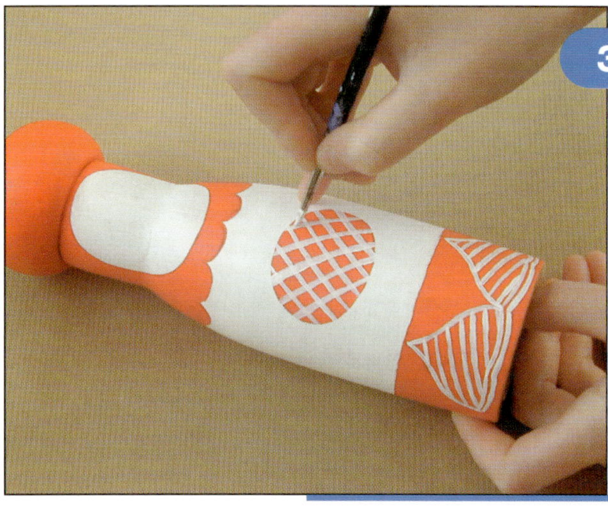

J (Graph'm)

3 **R**epositionnez de nouveau la photocopie sur le moulin.
Placez le papier carbone dessous et avec le crayon, repassez les détails du motif.
Avec le pinceau fin, peignez les lignes sur l'ovale et les motifs à la base du moulin en blanc de titane.

K (Graph'm)

4 **P**eignez les carrés en rouge de cadmium moyen.
Peignez le visage de la même façon que le poivrier bleu.
Laissez sécher 6 heures.
Avec la brosse plate, passez deux couches de vernis en laissant sécher entre les couches.

L (Graph'm)

Motif à photocopier et à reproduire selon la taille du moulin à poivre

Conseil
FACILE

Si la peinture des détails vous semble trop claire, passez plusieurs couches en laissant sécher 2 heures entre les couches.

Une ardoise champêtre

Voici une ardoise simple à réaliser pour noter les rendez-vous de la semaine ou la liste de vos courses. Parfaite pour égayer votre cuisine, elle semble tout droit sortie d'une auberge de campagne.

VOTRE MATERIEL

- 1 cadre à large pourtour de 43 x 53 cm
- 1 planche de contreplaqué* aux dimensions du cadre
- De la peinture acrylique Liquitex* blanc de titane, jaune de cadmium moyen, jaune de Mars, ocre jaune, terre d'ombre brûlée
- De la peinture Julien* vert à tableaux aspect mat
- 1 planche de chromos aux motifs musicaux
- De la colle vinylique
- Du vernis acrylique*
- Du papier carbone
- 1 crayon à papier
- Du papier de verre à grain fin
- 1 pinceau large, 1 pinceau fin*
- 1 pinceau plat à vernir, 1 petit pinceau plat*
- 1 petit rouleau*
- 1 chiffon
- Des ciseaux

* Magasins spécialisés bricolage, beaux-arts et loisirs créatifs.

- *2 h environ (hors séchage)*
- *22 € environ (hors cadre)*
- *Facile*

A (Graph'm)

Une fois poncé et verni, ce cadre donne réellement l'impression d'appartenir à une autre époque.

Réalisation

PRÉPARER LE SUPPORT

Avec le petit rouleau, peignez un côté de la planche de contreplaqué aux dimensions du cadre avec de la peinture à tableau.
Laissez sécher, puis passez une deuxième couche pour unifier la couleur. Laissez sécher.

B (Graph'm)

1 **P**eignez le cadre, à l'aide du pinceau large, en mélangeant 1/2 part de blanc de titane, 1/4 de part de jaune de cadmium moyen et 1/4 de part de jaune de Mars.
Laissez sécher.
Photocopiez la frise.
Placez le carbone sur le bord supérieur du cadre et transférez la frise en repassant les traits du motif au crayon.
Reportez également la frise sur le bord inférieur du cadre.

C (Graph'm)

2 **P**eignez la frise, avec le pinceau fin, avec un mélange de terre d'ombre brûlée et d'ocre jaune à parts égales.
Laissez sécher environ 1 heure.
Avec le papier de verre à grain fin, poncez légèrement l'ensemble du cadre, frise comprise, pour lui donner un aspect vieilli.
Dépoussiérez soigneusement avec un chiffon non pelucheux.

D (Graph'm)

3 **D**écoupez avec des ciseaux les chromos que vous aurez choisis en suivant parfaitement leurs contours.
Encollez les chromos, avec le petit pinceau plat, et disposez-les sur les bords verticaux du cadre, en les espaçant régulièrement.
Vernissez le cadre avec le pinceau à vernir.
Laissez sécher.
Placez le contreplaqué dans le cadre.

E (Graph'm)

Frise
à agrandir de 200%

Conseil FACILE

Pour donner un aspect encore plus ancien au cadre, appliquez-lui un vernis à veillir puis un vernis craqueleur en suivant les instructions du fabricant. La peinture aura ainsi un aspect légèrement craquelé, semblable aux œuvres peintes d'autrefois.

Enfance

Rangements pour petits artistes

Comment inciter les enfants à ranger crayons de couleur et pinceaux ? En leur faisant réaliser cette boîte qui accueillera tout leur matériel de dessin ou qui leur servira de boîte à petits trésors.

VOTRE MATERIEL

- 1 meuble Ikéa avec 6 tiroirs
- De la peinture acrylique Liquitex Lefranc & Bourgeois* blanc de titane, bleu de céruleum, jaune de cadmium clair, rouge de cadmium moyen
- Des feutres bleu, jaune et rouge
- De la pâte Fimo* blanche, bleue, jaune, rouge
- De la colle néoprène
- Du papier carbone
- 1 spatule à modeler*
- 1 pinceau fin, 1 pinceau plat*
- 1 crayon à papier gras
- Des ciseaux, du papier de verre à grain fin
- 1 chiffon

* Magasins spécialisés beaux-arts et loisirs créatifs.

- *4 h environ (hors séchage)*
- *22 € environ (hors meuble)*
- *Facile*

A (Graph'm)

Chaque outil trouve sa place pour ne plus se « mélanger les pinceaux ».

Réalisation

PRÉPARER LE SUPPORT

Poncez le meuble avec le papier de verre à grain fin.
Dépoussiérez-le.
Avec un pinceau plat, peignez le support des tiroirs avec le blanc de titane.

B (Graph'm)

1 Photocopiez les trois motifs à la taille des tiroirs.
Placez le papier carbone sous les motifs.
Repassez les traits au crayon à papier.

C (Graph'm)

2 Avec le pinceau plat, peignez en rouge de cadmium moyen le tiroir avec le motif des crayons.
Ne peignez pas les crayons.
Peignez en jaune de cadmium clair le tiroir avec le motif des ciseaux.
Ne peignez pas les ciseaux.

D (Graph'm)

3 Peignez le tiroir avec le motif des pinceaux en bleu de céruleum.
Ne peignez pas les pinceaux.

E (Graph'm)

4 Peignez les pinceaux, les crayons et les ciseaux en blanc de titane.
Utilisez un pinceau fin.

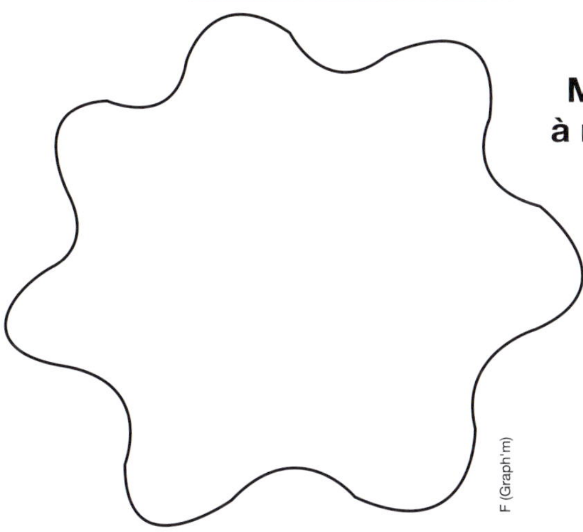

F (Graph'm)

Motif fleur à reproduire

Conseil FACILE

Prenez garde à bien laisser sécher la peinture avant de repasser les contours des crayons, ciseaux et pinceaux : vous abîmeriez et le feutre, et votre travail ! Ne laissez pas vos enfants sans surveillance lorsqu'ils utilisent la colle néoprène.

Rangements...

G (Graph'm)

5 Repassez les contours des crayons et dessinez les détails (mine,...) avec le feutre rouge.

H (Graph'm)

6 Repassez les contours des ciseaux et dessinez les détails avec le feutre jaune.

I (Graph'm)

7 Repassez les contours des pinceaux et dessinez les détails avec le feutre bleu.
Peignez les trois autres tiroirs en blanc de titane.

J (Graph'm)

8 Étalez chaque couleur de pâte Fimo sur 1 cm d'épaisseur environ.
Photocopiez le motif de la fleur. Découpez-le.
Posez le motif sur chacune des pâtes et découpez-le en suivant ses contours avec la spatule à modeler.

K (Graph'm)

9 Découpez un cercle de 3 cm de diamètre au centre de chaque fleur.
Étalez la pâte Fimo blanche sur 1 cm d'épaisseur.
Découpez neuf cercles de 3 cm de diamètre.
Pour chaque bouton, superposez trois cercles blancs et positionnez la fleur sur le cercle central.
Faites cuire 30 minutes environ à 130 °C (Th. 4) au four traditionnel.
Laissez refroidir. Collez à la colle néoprène les boutons sur les trois tiroirs blancs.

Réalisation

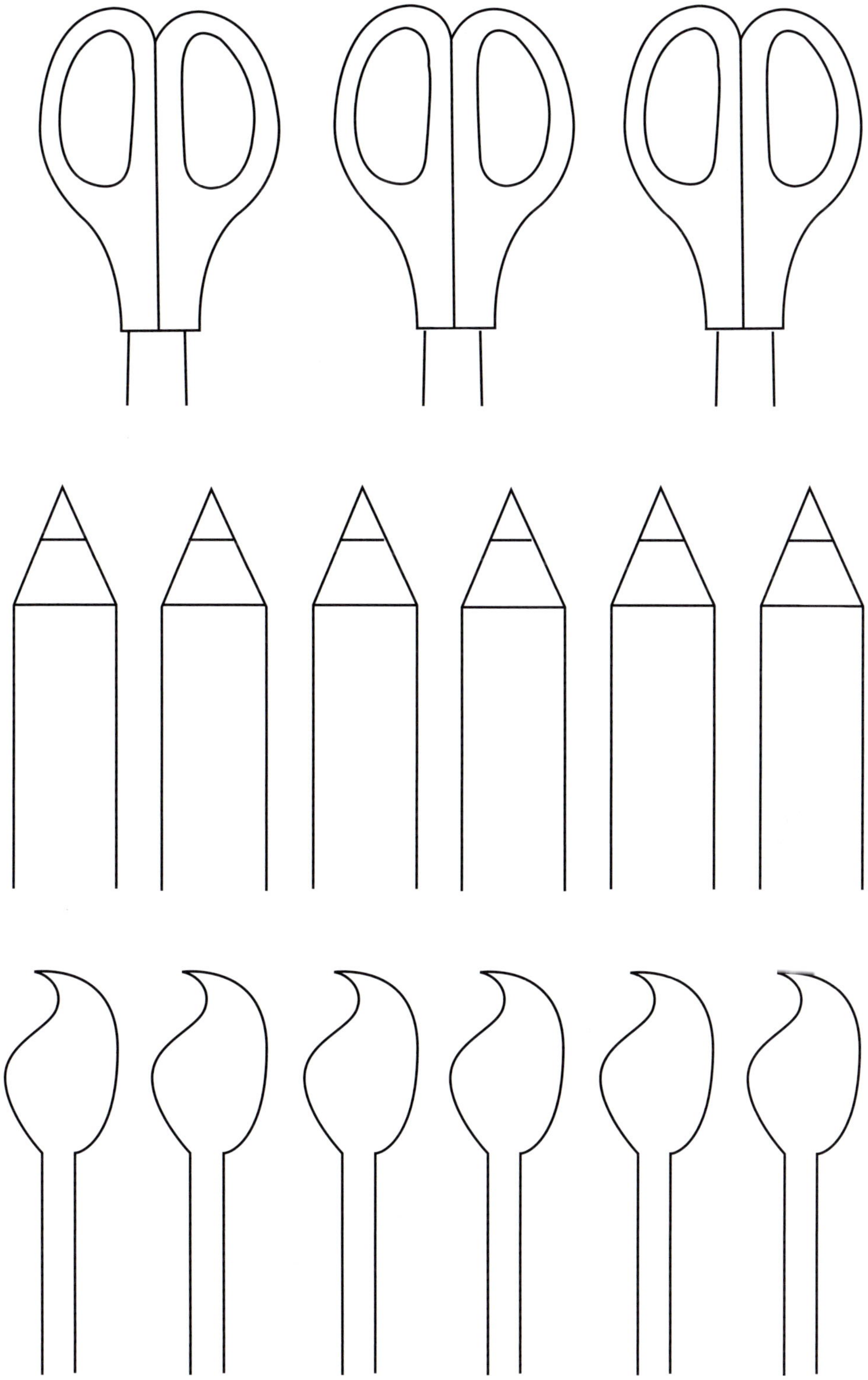

L (Graph'm)

M (Graph'm)

Motifs
à reproduire

Un bureau couleur berlingot

Rien de plus banal qu'un petit bureau d'enfant. Alors jouez du pinceau en lui insufflant une petite cure de couleurs vitaminées qui lui redonnera une seconde jeunesse. De quoi encourager votre bambin à faire ses devoirs dans la joie et la bonne humeur... On peut rêver !

VOTRE MATERIEL

- 1 petit bureau à tiroirs
- 4 boutons ronds en bois brut avec une tige de métal filetée•
- De la peinture acrylique* noire, rouge, jaune, bleu marine, pistache, bleu ciel, blanc
- 1 pinceau rond fin
- 1 pinceau plat moyen
- Du ruban de masquage
- Du papier de verre à grain fin, moyen, gros
- De la pâte à bois, 1 spatule
- 1 crayon à papier gras
- Du papier-calque
- Du vernis acrylique mat incolore*
- 1 chiffon
- 1 ponçeuse-perceuse
- 1 assiette en carton

* Magasins spécialisés beaux-arts et loisirs créatifs.

A (Graph'm)

- *6 h environ (hors séchage)*
- *76 € environ (hors bureau)*
- *Facile*

Les teintes vives plaisent énormément aux enfants. Vous pouvez choisir de les assortir à la décoration de la chambre.

Réalisation

B (Graph'm)

1 Poncez soigneusement le bureau dans le sens du bois. Pour les grandes surfaces utilisez une ponceuse, c'est plus rapide.
Utilisez pour commencer le papier de verre à gros grain pour éliminer toute trace de vernis. Continuez avec le grain moyen pour affiner le ponçage.
Terminez à la main avec le papier de verre à grain fin.
Dépoussiérez à l'aide d'un chiffon doux non pelucheux.
Vérifiez qu'il ne reste aucune aspérité avec le plat de la main.
Reponcez si nécessaire.

C (Graph'm)

2 Enlevez les poignées des tiroirs. Sur ce modèle elles étaient en métal et nous les remplaçons par des poignées rondes en bois.
Rebouchez les trous avec de la pâte à bois. Elle se présente sous forme d'enduit et s'applique avec une spatule.
Prenez un peu de pâte à bois avec la spatule, exercez une légère pression en répétant l'opération jusqu'à ce que le trou soit rebouché et à niveau.
Si votre bureau présente de petites imperfections, procédez de la même façon afin d'obtenir des surfaces planes.
Laissez sécher et poncez.

D (Graph'm)

3 Posez du ruban de masquage sur le dessus du bureau pour délimiter l'espace intérieur à peindre, de façon à laisser 5 cm de libre sur le pourtour.
Peignez l'intérieur en noir avec le pinceau plat.
Laissez sécher.
Repassez une deuxième couche de peinture acrylique.

Conseil FACILE

L'avantage de la peinture acrylique est qu'elle sèche très vite et qu'elle a un bon pouvoir couvrant. Son inconvénient... est qu'elle sèche très vite et qu'il faut donc nettoyer le plus rapidement possible les pinceaux après usage.

Un bureau couleur…

E (Graph'm)

4

Délimitez de nouveau avec le ruban de masquage les surfaces à peindre dans les différentes couleurs afin de ne pas déborder d'une couleur à une autre.
Définissez les couleurs que vous mettrez sur les parties du bureau et peignez-les.
Laissez sécher environ 1 heure.
Passez une deuxième couche de peinture et laissez sécher.

F (Graph'm)

5

Enlevez le ruban de masquage.
Placer du ruban de masquage sur les parties peintes et finissez les parties du bureau non peintes.
Procédez de la même façon que ci-dessus.

G (Graph'm)

6

Peignez, en deux couches, les tiroirs et boutons de tiroirs de couleurs différentes.
Percez un trou sur le devant des tiroirs, en le centrant, et fixez les poignées.
Pour plus d'effet désassortissez les couleurs.

H (Graph'm)

7

Délimitez avec le ruban de masquage les deux lignes sur le dessus du bureau. Chaque ligne a environ 2 mm d'épaisseur.
Séparez les lignes de 4 cm environ.
Peignez en blanc les espaces de 2 mm.
Laissez sécher et repassez une deuxième couche de blanc.

Conseil FACILE

Vous pouvez apporter une petite touche supplémentaire de fantaisie dans le choix des poignées des tiroirs. Il en existe, dans les magasins spécialisés, de toutes sortes dans des gammes de coloris étendues, dans des matières différentes et avec des formes originales.

Réalisation

I (Graph'm)

8 **D**écalquez les lettres de l'alphabet.
Repassez les lettres sur l'envers au crayon à papier gras.
Positionnez le calque de façon à ce que les lettres se trouvent entre les deux lignes et décalquez l'alphabet.

J (Graph'm)

9 **D**ans une assiette en carton, mélangez la peinture bleu ciel avec le blanc pour obtenir un bleu très pâle.
Peignez les lettres avec le pinceau fin.
Laissez sécher et repassez une deuxième couche.

K (Graph'm)

10 **P**assez plusieurs couches de vernis acrylique mat incolore, au moins trois, sur tout le bureau.
Laissez sécher plusieurs heures entre les couches.

UNE IDÉE EN PLUS

Un tabouret de bureau

VOTRE MATÉRIEL

- **1 tabouret à vis en bois blanc (Ikéa)**
- **Du papier de verre à grain moyen**
- **De la peinture acrylique rouge, jaune, bleu marine, pistache, bleu ciel**
- **1 pinceau moyen**
- **Du vernis acrylique mat incolore**

Dans le même esprit que le bureau, peignez en deux couches, après les avoir poncées, les différentes parties du tabouret en les assortissant au bureau. Passez ensuite trois couches, au moins, de vernis acrylique mat.

L (Graph'm)

Conseil FACILE

Vous pouvez poncer entre les différentes couches de peinture afin d'éliminer les poussières et autres particules qui se seraient déposées pendant le séchage. Utilisez pour cela du papier de verre à grain très fin.
Lorsque le meuble est terminé, n'oubliez pas de passer de la parafine sur les côtés des tiroirs pour faciliter leur mise en place.

Des ardoises à croquer

Leur petit côté « pub » séduira les plus grands, leurs couleurs toniques plairont aux plus jeunes. Ces deux ardoises sont au goût de tous. À utiliser comme pense-bête ou comme cadre photos.

VOTRE MATERIEL

- 2 cadres en bois au pourtour assez large
- 2 planches de contreplaqué aux dimensions des cadres*
- De la peinture à tableau vert mat*
- De la sous-couche bois blanc mat*
- De la peinture acrylique Liquitex Lefranc & Bourgeois* blanc, bleu outremer foncé, jaune de cadmium clair, magenta, noir, vert fixe clair
- Du papier carbone
- 1 feutre marron
- 1 feutre noir ou 1 plume et de l'encre noire
- 1 crayon à papier
- Des pinceaux fins et moyens*
- De la colle néoprène
- Des Malabar et des Carambar

* Magasins spécialisés bricolage, beaux-arts et loisirs créatifs.

- *10 h environ (hors séchage)*
- *30 € environ (hors cadres)*
- *Difficile*

A (Graph'm)

Pour gourmands uniquement, ces cadres mettent l'eau à la bouche.

Réalisation

PRÉPARER LE SUPPORT

Passez la sous-couche bois blanc mat sur les deux cadres.
Utilisez un pinceau moyen.
Passez une couche de peinture à tableau vert mat sur un côté des planches de contreplaqué aux dimensions des cadres.

LE CADRE CARAMBAR

B (Graph'm)

1 Photocopiez et agrandissez le motif Carambar en fonction de la taille de vos cadres.
En utilisant le papier carbone, reportez le motif sur les bords du cadre autant de fois que nécessaire.
Sur le modèle il a été reporté 3 fois.
Laissez des espaces entre les motifs : ils ne doivent pas se superposer.

C (Graph'm)

2 Peignez en vert fixe clair, avec le pinceau moyen, les endroits sur lesquels vous n'avez pas reporté le motif.
Peignez le papier Carambar (sous les écritures) en jaune de cadmium clair.
Peignez, avec le pinceau fin, les rayures en blanc et magenta, en suivant le modèle.
Laissez sécher 2 heures.

D (Graph'm)

3 Reprenez le motif.
En utilisant le papier carbone, décalquez les lettres.

E (Graph'm)

4 Peignez, avec le pinceau fin, le mot Carambar avec la peinture magenta.
Peignez leur contour en blanc.

F (Graph'm)

5 Repassez le mot Caramel avec le feutre marron.
Tracez le contour des papiers de Carambar.
Utilisez le feutre noir ou la plume et l'encre noire.
Laissez sécher.
Collez avec la colle néoprène quelques vrais Carambar autour du cadre.

Conseil FACILE

Vous pouvez utiliser autrement les cadres que vous venez de réaliser. Par exemple, pourquoi ne pas remplacer les planches de contreplaqué par des miroirs aux dimensions des cadres. Vous obtenez ainsi des miroirs originaux.

Des ardoises...

LE CADRE MALABAR

G (Graph'm)

1 **P**hotocopiez et agrandissez le motif Malabar en fonction de la taille de vos cadres.
En utilisant le papier carbone, reportez le motif sur les bords du cadre autant de fois que nécessaire.
Superposez les motifs mais laissez quelques espaces sans dessin sur le cadre.

H (Graph'm)

2 **P**eignez en bleu outremer foncé, avec le pinceau moyen, les parties sur lesquelles vous n'avez pas reporté le motif.
Peignez le fond du papier Malabar en jaune de cadmium clair.
Laissez sécher 2 heures.

I (Graph'm)

3 **R**eprenez le motif.
En utilisant le papier carbone, décalquez le bonhomme et les lettres.

J (Graph'm)

4 **P**eignez les encadrés autour des lettres en magenta.
Mélangez 3 parts de blanc pour 1 part de magenta.
Peignez, avec le pinceau fin, le personnage, la tête et le bras, en rose en utilisant un mélange de 3/4 de blanc et 1/4 de magenta.

J (Graph'm)

5 **P**eignez, avec le pinceau fin, les lettres de « Malabar » et le « M » du tee-shirt en noir ou coloriez-les au feutre noir.
Dessinez les contours du personnage et des papiers de Malabar en noir.
Utilisez le feutre noir ou la plume et l'encre noire.
Laissez sécher.
Collez avec la colle néoprène quelques vrais Malabar autour du cadre.

L (Graph'm)

M (Graph'm)

Motifs
à agrandir ou à réduire
selon la taille des cadres

UNE IDÉE EN PLUS

Un porte-photo berlingots

N (Graph'm)

VOTRE MATÉRIEL

- 1 cadre à bords assez larges
- De la peinture à tableaux vert mat
- De la peinture acrylique Liquitex Lefranc & Bourgeois blanc de titane, rouge de cadmium moyen
- 1 brosse plate
- De la colle néoprène
- Des berlingots

Peignez le fond du cadre avec la peinture à tableau. Laissez sécher. Peignez le cadre en rose, en mélangeant à parts égales le blanc de titane et le rouge de cadmium moyen. Laissez sécher. Collez à la colle néoprène les berlingots autour du cadre en les disposant de façon irrégulière mais cependant assez serrés les uns par rapport aux autres.

Un bureau refait à neuf

Pas question de faire l'école buissonnière quand on a un bureau aussi joli ! Cocottes et bateaux en papier, ardoises... c'est bien pour travailler, mais c'est encore mieux pour rêver.

VOTRE MATERIEL

- 1 bureau d'écolier
- De la peinture acrylique Liquitex Lefranc & Bourgeois* jaune de Mars, blanc de titane
- De la peinture acrylique Avi 3000* mat vert anglais, blanc
- De la peinture à tableau Julien* vert
- Du médium acrylique*
- Du vernis acrylique satiné
- Du papier de soie Rougier & Plé* jaune citron, jaune or
- Du polyphane à pochoir*
- 1 cutter
- 1 crayon à papier
- 1 feutre noir indélébile
- 1 feuille de Créa Mousse Rougier & Plé
- 1 feuille de liège
- 2 brosses plates, 1 petite, 1 moyenne*
- 1 petit pinceau
- 1 rouleau*
- 1 éponge
- De la colle vinylique
- Du ruban adhésif
- Du ruban de masquage
- Du papier de verre à grain moyen, un chiffon
- 1 feuille de papier format A4

* Magasins spécialisés bricolage, beaux-arts et loisirs créatifs.

A (Graph'm)

- *6 h environ (hors séchage)*
- *45 € environ (hors bureau)*
- *Assez facile*

Les couleurs vertes, les motifs... un petit clin d'œil nostalgique vers les classes d'autrefois.

Réalisation

PRÉPARER LE SUPPORT

Poncez le bureau avec le papier de verre.
Dépoussiérez-le soigneusement. Avec le rouleau, passez une couche de peinture acrylique blanche sur toute la surface du bureau.
Laissez sécher 1 heure.

B (Graph'm)

1 Mélangez 3 parts de vert anglais et 1 part de blanc.
Avec la brosse plate moyenne, peignez le bureau.
Laissez sécher 1 heure.
Poncez légèrement dans le sens du bois.
Réservez la teinte.

C (Graph'm)

2 Centrez deux fois la feuille de papier A4 sur le plan de travail du bureau.
Marquez les contours avec le crayon à papier.
Délimitez les contours avec le ruban de masquage.
Avec le rouleau, passez deux couches de peinture verte à tableau en laissant sécher 1 heure entre chaque couche.
Enlevez le ruban de masquage.

D (Graph'm)

3 Photocopiez les motifs cocotte et bateau.
Décalquez, avec le feutre noir, chaque motif trois fois sur le papier de soie jaune citron.
Déchirez grossièrement le papier de soie aux dimensions des motifs.
Retournez-le.
Avec le petit pinceau, peignez les motifs en jaune pâle (blanc de titane avec 1 pointe de jaune de Mars).

Motifs à photocopier et à agrandir de 110 %

Bateau

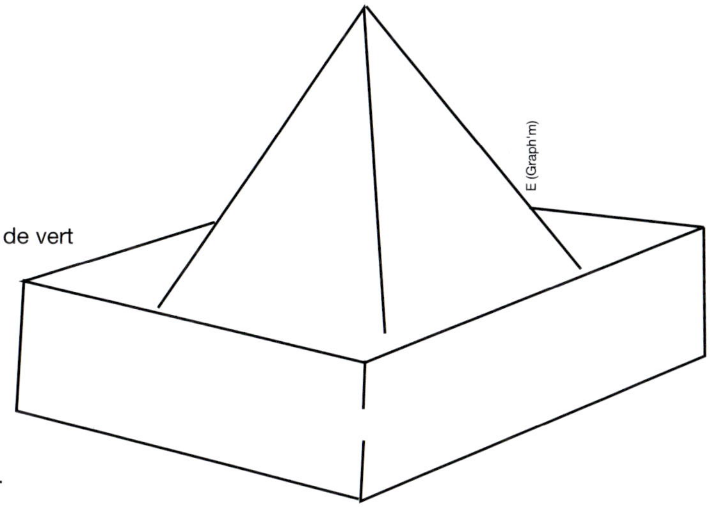

E (Graph'm)

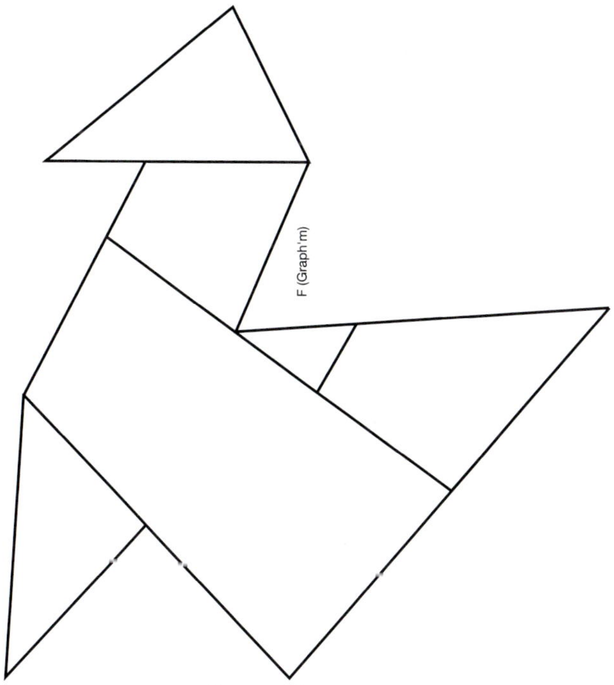

F (Graph'm)

Cocotte

Conseil FACILE

Vous devez travailler sur une surface propre. S'il le faut, lavez le bureau à la lessive Saint-Marc, rincez-le soigneusement et attendez qu'il soit sec avant de passer la première couche de peinture.

Un bureau...

G (Graph'm)

4 **A**vec la brosse plate moyenne, passez une couche de médium sur le côté peint des papiers de soie.
Collez les motifs sur le dossier et l'avant du bureau en vous référant au modèle photographié.
Repassez une couche de médium.
Laissez sécher 30 minutes.

H (Graph'm)

5 **P**hotocopiez la frise rectangulaire.
Placez-la sous le polyphane et décalquez-la en transparence avec le crayon à papier.
Découpez les motifs avec le cutter.

I (Graph'm)

6 **P**lacez le pochoir sur le bord des rectangles ardoises.
Mélangez 3 parts de blanc et 1 part de jaune de Mars.
Avec l'éponge, tamponnez le mélange sur le pochoir.
Déplacez-le au fur et à mesure pour terminer l'encadrement.
Laissez sécher 1 heure.

J (Graph'm)

7 **P**hotocopiez les motifs soleil et nuage.
Fixez-le avec le ruban adhésif sur la feuille de Créa Mousse.
Détourez le motif avec le cutter.
Collez à la colle vinylique les motifs en Créa Mousse sur un morceau de liège découpé aux dimensions légèrement supérieures à celles du motif.

K (Graph'm)

Motif de la frise à photocopier et à agrandir de 200 %

Conseil
FACILE

Vous pouvez couper le pochoir de la frise en deux, dans le sens de la diagonale, pour qu'il soit plus facile à manipuler.

Réalisation

L (Graph'm)

8 **M**élangez 3 parts de blanc et 1 part de jaune de Mars.
Appliquez la peinture sur le tampon.
Décorez les côtés du bureau et du banc.
Laissez sécher 1 heure.

M (Graph'm)

9 **D**échirez des petits morceaux de papier de soie jaune or aux dimensions du motif soleil et nuage.
Avec la petite brosse plate, passez une couche de médium acrylique sur un côté des papiers.
Positionnez-les sur les motifs.
Repassez une couche de médium.
Laissez sécher 30 minutes.

N (Graph'm)

10 **R**eprenez la teinte verte que vous avez réservée à l'étape 1.
Diluez-la avec un peu d'eau.
Avec l'éponge trempée légèrement dans ce mélange, passez ce glacis sur tous les motifs recouverts de papier de soie.
Laissez sécher 30 minutes.
Avec la brosse plate moyenne, passez une couche de vernis satiné.
Laissez sécher 6 heures.

UNE IDÉE EN PLUS

Un pot à crayons

P (Graph'm)

VOTRE MATÉRIEL

- **1 pot en bois ou en carton**
- **De la peinture acrylique Avi 3000* mat vert anglais, blanc**
- **De la peinture acrylique Liquitex Lefranc & Bourgeois* jaune de Mars, blanc de titane**
- **Du polyphane à pochoir**
- **1 cutter, 1 crayon à papier**
- **Du papier de soie blanc**
- **Du médium acrylique**
- **1 petite brosse plate**
- **1 éponge**

Mélangez 3 parts de vert anglais et 1 part de blanc. Avec la petite brosse plate, peignez le pot à crayons. Laissez sécher 1 heure. Réservez la teinte. Photocopiez la frise rectangulaire. Placez-la sous le polyphane et décalquez-la en transparence avec le crayon à papier. Découpez-les motifs avec le cutter. Placez le pochoir sur les bords supérieur et inférieur du pot. Mélangez du blanc de titane avec 1 pointe de jaune de Mars. Avec l'éponge, tamponnez le mélange sur le pochoir. Déplacez au fur et à mesure le pochoir pour terminer l'encadrement. Laissez sécher 1 heure. Déchirez des morceaux de papier de soie blanc. Avec la petite brosse plate, passez une couche de médium acrylique sur un côté des papiers. Positionnez-les sur le pot à votre goût. Repassez une couche de médium. Laissez sécher 30 minutes. Diluez la teinte verte que vous avez réservée avec un peu d'eau. Passez ce glacis avec l'éponge sur tous les motifs recouverts de papier de soie. Laissez sécher 30 minutes.

O (Graph'm)

Motif soleil et nuage à photocopier et à reproduire

Un jeu qui ne tourne pas rond

Un jeu de l'oie carré, il fallait y penser. Un classique qui malgré tous les jeux virtuels ou d'animation, rallie grands et petits autour d'un plateau aux motifs stylisés et colorés.

VOTRE MATERIEL

- 1 planche de contreplaqué de 40 x 40 x 2 cm
- De la peinture acrylique Basics Lefranc & Bourgeois* blanc de titane, bleu de céruleum, vert fixe clair, magenta foncé, jaune de cadmium moyen
- Du papier carbone
- Du polyphane à pochoir*
- 1 crayon à papier, 1 règle
- Des ciseaux
- 1 éponge
- 1 petit rouleau
- 1 brosse plate
- Du papier de verre à grain fin
- 1 feutre fin indélébile noir
- 1 feutre orange
- 1 feutre Fun Liner Marabu* orange
- De la pâte à modeler Plastibo*
- Du vernis acrylique
- 1 plaque de coupe*
- 1 séchoir à cheveux

* Magasins spécialisés beaux-arts et loisirs créatifs.

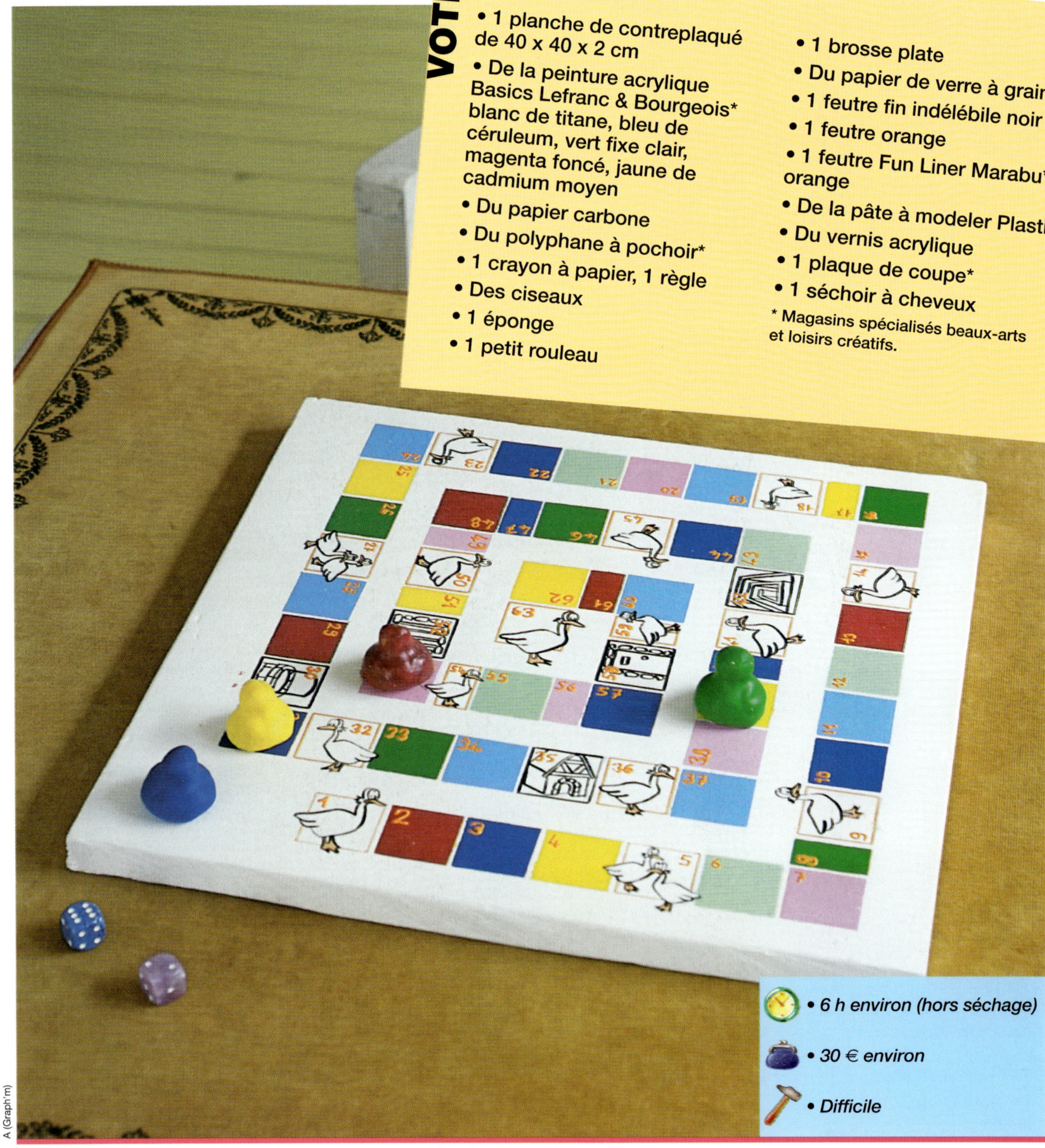

- *6 h environ (hors séchage)*
- *30 € environ*
- *Difficile*

A (Graph'm)

Ce jeu au graphisme stylisé conserve cependant tous les chausse-trappes qui en font son plaisir.

Réalisation

PRÉPARER LE SUPPORT

Avec le petit rouleau, passez une couche de blanc de titane sur la planche de contreplaqué. Laissez sécher 6 heures.
Poncez légèrement avec le papier de verre.
Passez une seconde couche de blanc de titane et laissez sécher à nouveau 6 heures.

B (Graph'm)

1 Photocopiez le motif.
Positionnez-le au centre de la planche en glissant le papier carbone dessous.
Avec la règle et le crayon, repassez uniquement les carrés et rectangles du motif qui forment les cases du jeu.

C (Graph'm)

2 Dans deux morceaux de polyphane, découpez un carré et un rectangle correspondant à la taille des cases du jeu.
Positionnez ces pochoirs sur les cases et tamponnez-les avec un petit morceau d'éponge imbibé de peinture.
Déplacez les pochoirs sur les différentes cases (sauf celles avec les motifs) et tamponnez plusieurs cases en jaune, rouge puis rouge clair en vous référant au code des couleurs.

D (Graph'm)

3 Continuez en peignant plusieurs cases en bleu, en bleu clair en vert et en vert clair toujours en vous référant au code des couleurs.
Nettoyez le pochoir entre chaque couleur.
Laissez sécher 6 heures.

E (Graph'm)

4 Repositionnez la photocopie du jeu de l'oie avec le papier carbone dessous.
Avec le crayon, décalquez tous les motifs : oies, prison, puits, hôtel, labyrinthe, oubliettes.

F (Graph'm)

5 Avec le feutre noir, dessinez les contours des oies et des différents motifs.
Toujours avec le feutre noir, tracez à la règle le contour des cinq cases représentant la prison, le puits, l'hôtel, le labyrinthe et les oubliettes.

Un jeu...

G (Graph'm)

6 **A**vec le feutre orange, coloriez le bec et les pattes des oies.
Tracez à la règle le contour des cases contenant les oies.

H (Graph'm)

7 **A**vec le Fun Liner orange, numérotez à main levée les soixante-trois cases en vous référant au modèle photographié pour positionner les nombres.
Laissez sécher 6 heures.
Faites gonfler la peinture au séchoir à cheveux puissance maximale.

I (Graph'm)

8 **D**écoupez dans la pâte à modeler quatre morceaux de même taille.
Humectez vos doigts et modelez quatre pions en suivant le modèle photographié.
Laissez sécher 24 heures.

J (Graph'm)

9 **A**vec la brosse plate, peignez un pion en bleu de céruleum, un autre en magenta foncé, un autre en vert fixe clair et le dernier en jaune de cadmium moyen.
Laissez sécher 6 heures.
Passez deux couches de vernis sur le plateau de jeu et les pions en laissant sécher 6 heures entre chaque couche.

Code des couleurs

Jaune : jaune de cadmium moyen
Rouge : magenta foncé
Rouge clair : 1 part de magenta foncé, 1 part de blanc de titane
Bleu : bleu de céruleum
Bleu clair : 1 part de bleu de céruleum, 1 part de blanc de titane
Vert : vert fixe clair
Vert clair : 1 part de vert fixe clair, 1 part de blanc de titane

Conseil
FACILE

Vous pouvez associer peinture des cases et découpage. Collez à la colle vinylique de petites illustrations représentant des scènes de la vie quotidienne que vous intercalez entre les cases de couleur.

Réalisation

Motif à photocopier
et à agrandir de 200 %

Serre-livres gratte-ciel

Pour faire tenir en place leurs BD et livres préférés, réalisez pour vos enfants ces serre-livres en forme de gratte-ciel. New York, Big Apple… c'est une véritable invitation au voyage sans quitter sa chambre.

VOTRE MATERIEL

- 1 bastaing* de 8 x 8 cm
- De l'argile à modeler Rougier & Plé*
- De la peinture acrylique Lefranc & Bourgeois* blanc de titane, bleu outremer, ocre jaune, ocre rouge, terre d'ombre brûlée, vert émeraude
- Du vernis mat*
- Du papier bristol
- De la colle néoprène
- Du ruban adhésif
- 1 éponge
- 1 crayon à papier
- Des ciseaux
- 1 scie, 1 spatule
- 1 pinceau plat large, 1 pinceau moyen*

* Magasins spécialisés bricolage, beaux-arts et loisirs créatifs.

- 3 h environ (hors séchage)
- 4 € environ (hors bastaing)
- Facile

A (Graph'm)

Réalisation

PRÉPARER LE SUPPORT

Découpez avec la scie le poteau de bois en cinq tronçons de tailles différentes : deux de 20 cm, deux de 25 cm et un de 15 cm.

B (Graph'm)

1 **P**eignez deux tronçons en ocre jaune, et deux tronçons en ocre rouge. Peignez le plus grand tronçon avec un mélange de : 1/2 de blanc de titane, 1/4 de terre d'ombre brûlée, 1/8 de bleu outremer et 1/8 de vert émeraude.
Passez deux couches de peinture sur chaque tronçon, en laissant sécher entre chaque passage.

C (Graph'm)

2 **R**eportez le motif de la fenêtre sur du papier bristol.
Découpez-le avec des ciseaux et fixez-le sur le côté d'un tronçon.
Tamponnez sur le pochoir une éponge imbibée de : 1/2 de blanc de titane, 1/4 de vert émeraude, 1/4 de bleu outremer avec 1 pointe de terre d'ombre brûlée.
Reportez le motif sur les quatre faces de chaque tronçon de bois.

E (Graph'm)

3 **P**our faire le toit de la plus grande tour : découpez dans l'argile à modeler quatre carrés de 1 cm d'épaisseur, un carré de 6 x 6 cm, un carré de 5 x 5 cm, un carré de 4 x 4 cm et un carré de 2 x 2 cm.
Laissez sécher 24 heures.
Reportez-le gabarit du toit sur le bristol. Découpez-le. Collez la languette à l'emplacement prévu avec la colle néoprène.
Peignez avec le pinceau moyen le toit de bristol avec de la peinture acrylique ocre rouge.
Peignez les carrés d'argile avec le mélange bleu de l'étape 1.

E (Graph'm)

4 **C**ollez les tours entre elles comme sur le modèle.
Collez le toit sur un petit immeuble ocre rouge.
Collez les carrés d'argile en les empilant sur l'immeuble bleu.
Laissez sécher et vernissez.

F (Graph'm)

Motif à agrandir de 170 %

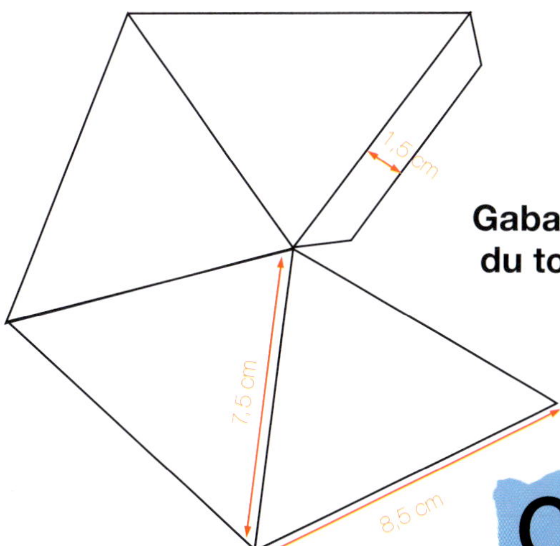

Gabarit du toit

G (Graph'm)

Conseil FACILE

Pour bien utiliser la colle néoprène, enduisez les surfaces à fixer entre elles, laissez sécher environ 3 à 5 minutes avant de les assembler. Si la colle déborde, enlevez-la avec une pince à épiler une fois sèche.

Un jeu pour damer les pions

Un classique des jeux de société revu et corrigé par de petites mains d'enfants. Coloré, unique en son genre, les petits et les plus grands feront des parties endiablées d'étoiles contre des croix.

VOTRE MATERIEL

- 1 planche en bois de 40 x 40 x 2 cm
- De la peinture acrylique Liquitex Lefranc & Bourgeois* blanc de titane, bleu de céruleum, rouge de cadmium moyen, jaune de cadmium moyen, vert fixe clair, outremer foncé
- Du plâtre à modeler*
- Du papier de verre à grain fin
- 1 crayon à papier, 1 règle
- 1 brosse plate*
- 1 petit rouleau*
- Du ruban de masquage
- Des moules à glaçons en forme d'étoiles et de croix
- Du vernis acrylique
- 1 bol, 1 chiffon

* Magasins spécialisés bricolage, beaux-arts et loisirs créatifs.

- 4 h environ (hors séchage)
- 33 € environ (hors moules à glaçons)
- Assez facile

A (Graph'm)

Une belle façon de s'amuser et d'initier les petits à ce jeu de stratégie.

Réalisation

PRÉPARER LE SUPPORT

Poncez la planche avec le papier de verre. Dépoussiérez.
Avec le petit rouleau, passez une couche de blanc de titane.
Laissez sécher 4 heures.

B (Graph'm)

1 Mélangez 2 parts de vert fixe clair et 1 part de blanc de titane.
Peignez la planche avec le petit rouleau.
Laissez sécher 4 heures.

C (Graph'm)

2 Avec la règle et le crayon, tracez des repères sur les quatre côtés tous les 4 cm.
Tracez le quadrillage.

D (Graph'm)

3 Faites un quadrillage avec le ruban de masquage.
Mélangez 1 part de blanc de titane et 2 parts de bleu de céruleum.
Avec le petit rouleau, peignez les carreaux découverts.
Laissez sécher 2 heures.
Retirez le ruban de masquage.
Mélangez 1 part de bleu de céruleum et 1 part d'outremer foncé.
Peignez les chants du plateau avec la brosse plate.

E (Graph'm)

4 Dans le bol, mélangez 1 volume de plâtre dans 1 volume d'eau.
Versez le plâtre dans les moules à glaçons.
Laissez sécher 1 heure.
Démoulez et laissez sécher encore 1 heure.
Fabriquez ainsi vingt étoiles et vingt croix.

F (Graph'm)

5 Mélangez 1 part de blanc de titane et 1 part de jaune de cadmium moyen.
Avec la brosse plate, peignez les étoiles et laissez sécher 1 heure.
Mélangez 1 part de rouge de cadmium moyen et 1 pointe de blanc de titane.
Peignez les croix.
Laissez sécher 1 heure.
Vernissez.

Conseil FACILE

Le mélange de plâtre doit être liquide et lisse. Passez de l'huile sur les moules avant de verser le plâtre dans chaque forme afin de faciliter le démoulage.

Un cadre étoilé

Un ciel étoilé dans une nuit d'été scintillante, l'invitation au rêve est tentante : un peu de peinture, de la pâte à modeler, des perles de verre et le tour est joué ! Voilà de quoi mettre en valeur vos photos d'enfants.

VOTRE MATERIEL

- De la peinture bleue et jaune
- Du papier de verre à grain fin, 1 chiffon doux
- De la pâte à modeler souple, durcissant à l'air, blanche Playpat*
- Des perles ou billes de verre transparentes
- De la colle forte
- Du vernis incolore

* Magasins spécialisés beaux-arts et loisirs créatifs.

- *2 h (hors séchage)*
- *15 € (hors cadre)*
- *Très facile*

A (Graph'm)

Ce cadre est tellement facile à réaliser que vos enfants seront ravis de vous aider.

Réalisation

PRÉPARER LE SUPPORT

Poncez le cadre avec le papier de verre.
Ôter la poussière à l'aide d'un chiffon doux.

Motifs à décalquer

E (Graph'm)

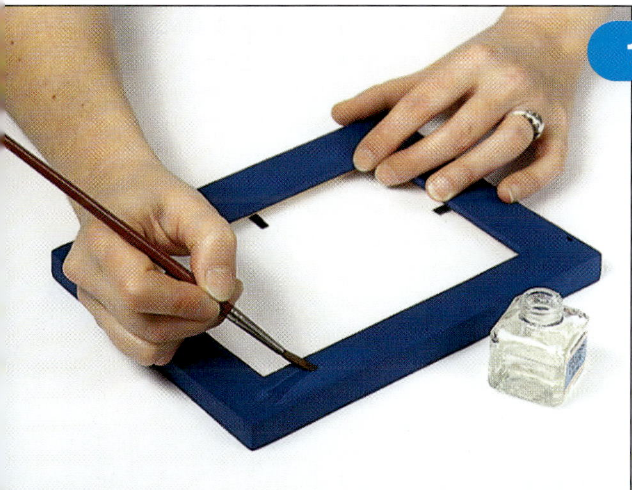

B (Graph'm)

1 Passez deux couches de peinture bleu foncé pour bien unifier la couleur.
Laissez sécher et passez une couche de vernis.

C (Graph'm)

2 Avec la pâte à modeler, formez des étoiles de différentes tailles en suivant le modèle.
Laissez sécher.
Si nécessaire, poncez légèrement les étoiles avec du papier de verre fin pour arrondir les angles ou rectifier les éventuels défauts.
Peindre les étoiles en jaune.
Laissez sécher et vernir.

D (Graph'm)

3 Collez les étoiles sur le cadre et disposez les perles de verre selon votre convenance.
Attendez que les motifs collés soient bien secs avant d'utiliser votre cadre.

UNE IDÉE EN PLUS

Décor papier

Vous pouvez utiliser du papier Canson de différentes couleurs plutôt que de la pâte à modeler. Décalquez les motifs et découpez-les sur les papiers.
Collez-les avec de la colle forte sur le cadre puis passez deux couches de vernis incolore.
Vous pouvez varier les modèles selon votre inspiration, fruits, astres, formes géométriques…

Conseil FACILE

Faites une photocopie des étoiles. Découpez la forme à l'aide d'un cutter. Étalez la pâte à modeler sur une épaisseur d'environ 3 mm, posez la forme découpée sur la pâte et détourez en suivant les contours du papier.

Une ardoise au tableau d'honneur

Un petit tableau pour jouer « à la maîtresse » avec les copains ou un pense-bête pour noter l'emploi du temps de l'école, les enfants sauront de toute façon utiliser cet objet pratique et décoratif.

VOTRE MATERIEL

- 1 planche de contreplaqué 38 x 44 x 1,5 cm
- De la peinture verte à tableau*
- De la peinture acrylique Liquitex Lefranc & Bourgeois* blanc de titane, jaune de cadmium moyen, bleu de céruleum, violet foncé, orangé de cadmium
- Du papier de verre à grain fin
- 1 règle
- 1 crayon à papier
- Des ciseaux
- 1 petit rouleau*, 1 pinceau fin*
- Des chromos aux motifs enfantins
- De la colle vinylique
- 1 chiffon
- 1 assiette en carton

* Magasins spécialisés beaux-arts et loisirs créatifs.

A (Graph'm)

- *4 h environ (hors séchage)*
- *18 € environ*
- *Assez facile*

Réalisation

PRÉPARER LE SUPPORT

Poncez la planche de contreplaqué avec le papier de verre.
Dépoussiérez soigneusement avec le chiffon.
Passez une couche de blanc de titane avec le petit rouleau.
Laissez sécher 2 heures.

B (Graph'm)

1 Avec la règle et le crayon, divisez la planche en quatre rectangles de 19 x 12 cm.
Faites sur l'assiette les quatre mélanges suivants avec comme base 4 parts de blanc de titane que vous mélangez respectivement à : 1 part de jaune de cadmium moyen ; 1 part de bleu de céruleum ; 1 part de violet foncé ; 1 part de orangé de cadmium.
Avec le petit rouleau, peignez chaque rectangle d'une couleur différente.
Laissez sécher 6 heures.

C (Graph'm)

2 Photocopiez le motif.
Découpez ses contours avec les ciseaux.
Reportez-le, en l'inclinant différemment, sur chaque rectangle de couleur.

D (Graph'm)

3 Avec le pinceau fin, peignez ces quatre motifs avec de la peinture verte à tableau.
Passez deux couches et laissez sécher 12 heures entre chaque couche.

E (Graph'm)

4 Découpez les chromos que vous aurez choisis.
Encollez le dos à la colle vinylique et disposez-les sur le tableau.

F (Graph'm)

Motif à agrandir de 200 %

Conseil FACILE

Vous pouvez réaliser une seule forme géométrique que vous agrandissez de façon à la centrer sur la planche de contreplaqué. De même, si l'enfant utilise souvent le tableau, vernissez les carrés de couleur.

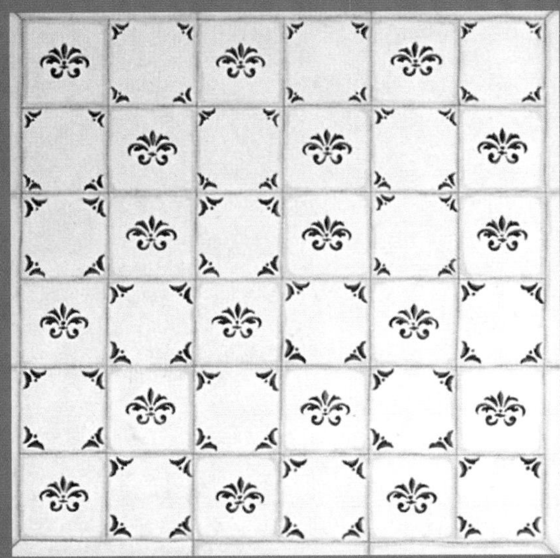

Tradition

De la vaisselle sur le placard

Comment embellir une cuisine qui est un peu tristounette ? En peignant sur les portes des placards de la vaisselle et des produits d'épicerie en trompe-l'œil. Une technique qui demande beaucoup d'habileté.

VOTRE MATERIEL

- De la peinture acrylique * blanche
- De la peinture acrylique Basics de Liquitex* bleu phtalocyanine, ocre rouge, ocre jaune, terre de Sienne naturelle, terre d'ombre brûlée, rouge de cadmium foncé, noir de Mars, jaune de Mars
- 1 pinceau plat moyen
- 1 petit pinceau plat
- 1 pinceau rond n°3
- 1 pinceau rond fin
- 1 feutre noir indélébile
- Du papier-calque
- 1 crayon à papier, 1 gomme
- 1 chiffon
- De la lessive Saint-Marc

* Magasins spécialisés beaux-arts et loisirs créatifs.

- *12 h environ (hors séchage)*
- *30 € environ*
- *Difficile*

A (Graph'm)

Réalisation

PRÉPARER LE SUPPORT

Lessivez vos portes avec de la lessive Saint-Marc, laissez sécher.
Passez une couche de peinture blanche, avec le pinceau plat moyen, sur les panneaux que vous allez peindre en trompe-l'œil.
Laissez sécher.

B (Graph'm)

1 Divisez les panneaux en trois en vous référant au gabarit ci-dessous.
Tracez un trait au crayon à papier pour marquer la séparation.
Sur ces deux repères, tracez les étagères de 1 cm d'épaisseur.
Au-dessus des étagères, tracez un trait à 1 cm pour évoquer la perspective.
Décalquez tous les motifs et reportez-les sur les étagères en les disposant à votre convenance.

C (Graph'm)

2 Avec le petit pinceau plat, passez une couche de terre de Sienne naturelle en laissant les objets en réserve.
Passez ensuite de la terre d'ombre brûlée le long des étagères et sur les côtés pour donner une impression de profondeur.
Sans laisser sécher, prenez une pointe de pinceau de terre de Sienne naturelle pour fondre les couleurs.
Laissez sécher.

D (Graph'm)

3 Avec le petit pinceau plat, peignez les étagères en terre de Sienne naturelle.
Peignez le dessus des étagères avec un mélange à parts égales de terre de Sienne naturelle et de blanc.
Trempez le bout du pinceau dans ce mélange et « griffez » le fond d'un geste vif pour simuler le veinage du bois.
Laissez sécher.

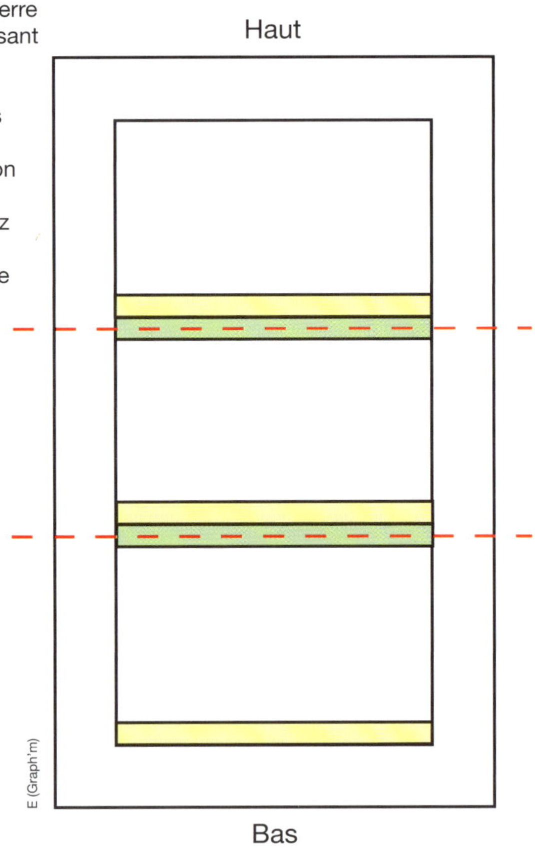

E (Graph'm)

Gabarit de la porte de placard

Conseil FACILE

La peinture acrylique sèche relativement vite. Peignez par étapes. Faites d'abord les panneaux, l'un après l'autre. Peignez ensuite la vaisselle avec les reflets gris (soupière, assiettes, bols, verres). Terminez par les pièces colorées en les peignant une à une.

De la vaisselle...

F (Graph'm)

4 **A**vec le petit pinceau plat, passez une couche de terre d'ombre brûlée sous les étagères pour simuler leur ombre.
Laissez sécher.

G (Graph'm)

5 **A**vec le pinceau rond fin, tracez cinq lignes verticales en terre d'ombre brûlée pour simuler les planches de bois.
Laissez sécher.
Peignez tous les objets laissés en réserve en blanc avec le pinceau rond n° 3.
Laissez sécher.

H (Graph'm)

6 **M**élangez du blanc avec un peu de noir pour obtenir un gris moyen.
Avec le pinceau rond n° 3, peignez les volumes de la soupière, des assiettes et des bols.
Peignez les bords supérieurs et inférieurs, les côtés et les détails comme le fond du bol, les poignées et le couvercle de la soupière, de façon à obtenir des volumes en courbes.
Ajoutez du blanc au mélange pour obtenir un gris clair et fondez les gris ensemble pour simuler des volumes bien arrondis.

Motifs à décalquer et à agrandir selon la taille des portes de placard

J (Graph'm)

I (Graph'm)

Conseil
FACILE

Pour obtenir des effets de volume, de courbes, il est important de bien maîtriser les dégradés. Exercez-vous avant la réalisation définitive. Juxtaposez différents tons de couleur bord à bord et fondez les bords les uns dans les autres en passant plusieurs fois le pinceau jusqu'au résultat désiré.

Réalisation

K (Graph'm)

7 **A**vec le pinceau rond n° 3, peignez les oignons en mélangeant à parts égales l'ocre rouge et la terre de Sienne naturelle.
Tracez les fibres en ocre rouge. Éclaircissez pour donner du volume en ajoutant une pointe de blanc que vous fondez au mélange ocre rouge, terre de Sienne naturelle.
Peignez la corbeille en jaune de Mars et ocre rouge à parts égales.
Ajoutez un peu d'ocre jaune à ce mélange et posez de petites taches de pinceau les unes à côté des autres pour simuler le tressage.
Rehaussez le tressage de blanc, ainsi que les anses et le bord du panier, pour créer du volume.

L (Graph'm)

8 **P**eignez en bleu phtalocyanine, avec le pinceau rond fin, les motifs qui sont sur la soupière et les bols.
Peignez les volutes à main levée en vous aidant de la photo pour le modèle.
Toujours avec la même couleur, tracez les filets qui sont sur les soucoupes placées sous les bols.

M (Graph'm)

9 **P**eignez le pot de moutarde avec le pinceau n° 3.
Le couvercle est en ocre jaune, le dessus du couvercle en ocre jaune avec une pointe de blanc.
Le ruban est en rouge de cadmium foncé avec des rehauts de blanc pour le volume.
Peignez le pot en ocre rouge. Rajoutez un peu de terre d'ombre brûlée pour foncer la couleur et fondez à la couche précédente le long des bords du pot, de la base et sous le goulot.
Créez une zone de lumière sur le devant en mélangeant à parts égales de l'ocre rouge et de l'ocre jaune.
Terminez en faisant des pointillés d'ocre rouge sur une partie du couvercle pour imiter le liège.

De la vaisselle…

N (Graph'm)

10 Procédez de la même façon pour peindre le pichet.
Peignez d'abord tout le pichet en bleu phtalocyanine mélangé avec une pointe de blanc.
Foncez les contours du pichet en bleu phtalocyanine.
Éclaircissez les zones de lumière en mélangeant à parts égales du blanc et du bleu phtalocyanine.
Finissez en apposant des touches de blanc pour simuler les reflets.

O (Graph'm)

11 Peignez les verres.
Passez un glacis (peinture très diluée à l'eau) de terre de Sienne naturelle sur les deux types de verre. Laissez une marge blanche sur les bords.
Passez ensuite un glacis gris clair (blanc avec une pointe de noir) pour marquer les reflets en insistant sur un côté de chaque verre, ce qui donnera le volume du verre.
Repassez les contours au pinceau fin avec du gris foncé (du blanc avec trois pointes de noir).
Laissez sécher.

P (Graph'm)

12 Peignez le pot de confiture, en laissant l'étiquette en réserve, et les rayures du tissu du couvercle en rouge de cadmium foncé.
Avec le pinceau fin, tracez un trait de glacis gris (blanc et noir à parts égales) le long de l'élastique du couvercle et le long des arêtes du pot.
Peignez l'élastique en ocre jaune.
Mélangez du rouge de cadmium foncé avec une pointe de terre d'ombre brûlée et posez des touches entre les arêtes.
Rehaussez les arêtes et l'élastique avec un filet de blanc pour créer du volume.
Écrivez à main levée « Confiture » sur l'étiquette avec le feutre indélébile noir.

Motifs à décalquer et à agrandir selon la taille des portes de placard

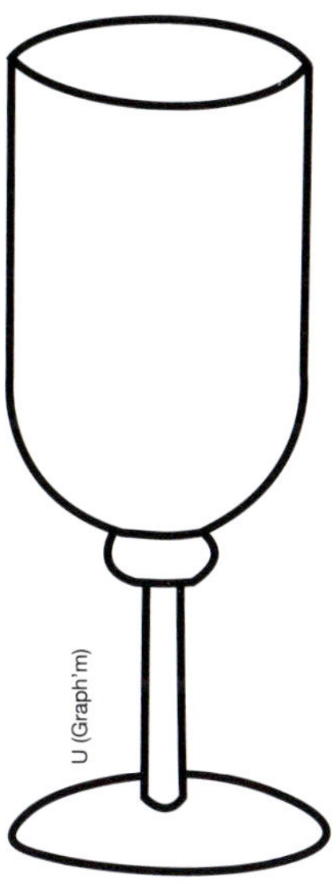

U (Graph'm)

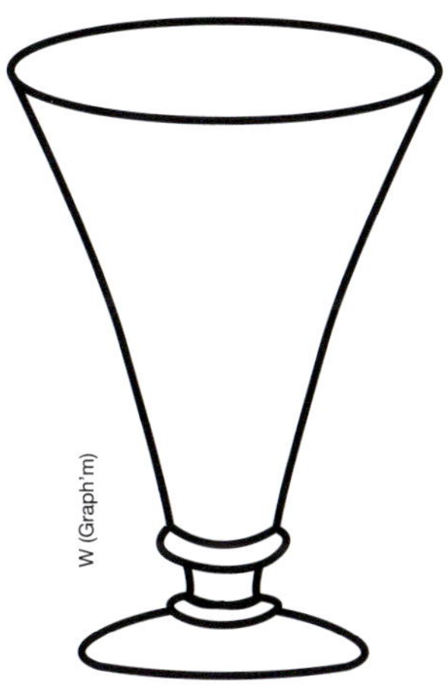

W (Graph'm)

Conseil FACILE

Plutôt que de peindre directement sur les portes de vos placards de cuisine, vous pouvez exécuter ce trompe-l'œil sur du papier au format desdits placards. Une fois la réalisation sur papier terminée, collez-la sur les portes avec de la colle vinylique et vernissez le tout.

Réalisation

Q (Graph'm)

S (Graph'm)

Motifs
à décalquer et à agrandir
selon la taille des portes
de placard

R (Graph'm)

T (Graph'm)

V (Graph'm)

Une chaise au style rétro

Habillez une chaise au style banal de plâtre et de couleurs pastel. Avec son petit air rétro digne des Années Folles, elle est aussi ornementale qu'utile et trouvera tout naturellement sa place dans la salle de bains.

A (Graph'm)

VOTRE MATERIEL

- 1 chaise en bois avec une assise en skaï cloutée
- Des bandes de plâtre Rougier & Plé*
- De la sous-couche plastique et PVC Leroy & Merlin* blanche
- De la peinture acrylique Liquitex Lefranc & Bourgeois* blanc de titane, noir d'ivoire, rouge de cadmium moyen
- 1 feutre Paint Marker* argent
- Du polyphane à pochoir*
- 1 feuille de Créa Mousse*
- 1 feuille de liège
- De la colle vinylique
- Du ruban adhésif
- 1 cutter
- Des ciseaux
- 1 éponge
- 1 chiffon
- 1 petit rouleau
- 1 bouchon de liège
- 1 crayon à papier
- 1 règle
- 1 brosse à pochoir*
- 1 pinceau fin*
- 1 plaque de coupe*
- 1 bassine

* Magasins spécialisés beaux-arts et loisirs créatifs.

- *4 h environ (hors séchage)*
- *30 € environ (hors chaise)*
- *Assez facile*

Les tons pastel aux nuances poudrées et les effets de matière donnent toute son originalité à cette chaise.

Réalisation

PRÉPARER LE SUPPORT

Avec le petit rouleau, peignez la structure en bois de la chaise en blanc de titane. Laissez sécher 2 heures.
Toujours avec le rouleau, peignez l'assise avec la sous-couche plastique et PVC.
Laissez sécher 30 minutes.

B (Graph'm)

1 Coupez des bandelettes de plâtre avec les ciseaux.
Trempez-les dans la bassine remplie d'eau.
Essorez-les légèrement.
Appliquez des bandelettes de plâtre sur la structure en bois.
Recouvrez également l'assise de bandelettes de plâtre.
Laissez sécher une nuit.

C (Graph'm)

2 Avec le petit rouleau, peignez la totalité de la chaise en blanc de titane.
À certains endroits, les bandelettes de plâtre forment des irrégularités qu'il faut combler de peinture avec le pinceau fin.
Laissez sécher 2 heures.

D (Graph'm)

3 Mélangez 1 part de noir d'ivoire et 2 parts de blanc de titane.
Trempez le bout du chiffon imbibé d'eau dans ce mélange gris.
Passez-le légèrement sur toute la surface de la chaise afin que le gris s'incruste dans les irrégularités dues au plâtre.
Laissez sécher 1 heure.

E (Graph'm)

4 Mélangez 1 part de rouge de cadmium moyen et 2 parts de blanc de titane.
Trempez l'éponge légèrement humide dans ce mélange rose.
Appliquez-la sur toute la surface de la chaise.
Rincez l'éponge et repassez-la sur la chaise pour enlever l'excédent de peinture et pour laisser apparaître le gris et le blanc.

F (Graph'm)

Motif losange à photocopier et à reproduire

Conseil FACILE

Laissez bien sécher la peinture de l'assise avant de placer le pochoir de manière à éviter que la peinture ne s'en aille au moment ou vous retirerez le pochoir. Vous pouvez aussi choisir de reproduire le motif du tampon à main levée ou en le traçant légèrement au crayon à papier.

Une chaise...

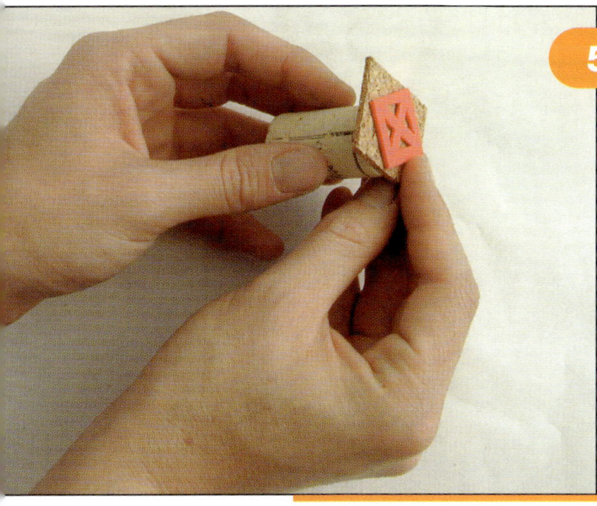

G (Graph'm)

5 Photocopiez le motif losange.
Fixez-le sur la feuille de Créa Mousse avec le ruban adhésif.
Découpez le motif avec le cutter.
Collez à la colle vinylique, le losange sur un carré de liège aux dimensions légèrement supérieures à celles du tampon.
Fixez le bouchon au dos du liège.
Laissez sécher 30 minutes.

H (Graph'm)

6 Mélangez 1 part de noir d'ivoire, 1 part de rouge de cadmium moyen et 2 parts de blanc de titane.
Avec le rouleau, appliquez le mélange sur le tampon.
Appliquez le tampon sur le tour de l'assise et sur le dossier en vous référant au modèle photographié pour le positionnement.
Réservez la teinte.
Laissez sécher 1 heure.

I (Graph'm)

7 Photocopiez le motif du pourtour de l'assise.
Placez le polyphane sur le motif et reportez-le en transparence avec le crayon à papier.
Avec le cutter, évidez les petits carrés, et le grand carré central, ainsi il y aura moins de risque de détacher la peinture de l'assise.

J (Graph'm)

8 Retirez le film adhésif du pochoir.
Centrez-le sur l'assise de la chaise.
Appliquez sur la brosse à pochoir le mélange utilisé pour le tampon.
Tamponnez chaque petit carré.
Laissez sécher 10 minutes et retirez le pochoir.

K (Graph'm)

Motif du pourtour de l'assise à photocopier et à agrandir selon la taille de l'assise

Réalisation

L (Graph'm)

9 Colorez les clous bordant l'assise avec le feutre argent.
Avec le pinceau fin, étalez la couleur pour bien l'unifier.
Laissez sécher 10 minutes.

M (Graph'm)

10 Avec le feutre argent, bordez le contour des losanges.
Laissez sécher 10 minutes.

N (Graph'm)

11 Cernez les petits carrés de l'assise avec le feutre argent.
Laissez sécher 10 minutes.

O (Graph'm)

12 Avec le doigt, passez le mélange de peinture utilisé pour le tampon sur les irrégularités du cadre situé entre les clous et le motif.
Atténuez la couleur en passant l'éponge, ce qui permet d'ombrer légèrement cette surface.
Laissez sécher 1 heure.

UNE IDÉE EN PLUS

Un vase à l'ancienne

P (Graph'm)

VOTRE MATÉRIEL

- **1 vase**
- **Des bandes de plâtre Rougier & Plé**
- **De la peinture acrylique Liquitex Lefranc & Bourgeois blanc de titane, noir d'ivoire, rouge de cadmium moyen**
- **1 feutre Paint Marker argent**
- **1 éponge**
- **1 petite brosse plate**
- **1 bassine**

Trempez les bandes de plâtre dans la bassine remplie d'eau. Essorez-les. Recouvrez-en le vase. Laissez sécher toute une nuit. Mélangez 1 part de rouge de cadmium moyen et 2 parts de blanc de titane. Avec la brosse plate recouvrez le vase de peinture. Enlevez l'excédent avec l'éponge humide. Laissez sécher 2 heures. Mélangez 1 part de noir d'ivoire, 1 part de rouge de cadmium moyen et 2 parts de blanc de titane. Peignez à main levée des losanges autour du vase. Laissez sécher 1 heure et cernez-les avec le feutre argent.

Les poignées sont de sortie

Petit accessoire généralement oublié dans la décoration d'une porte, la plaque de poignée peut pourtant supporter toutes sortes de fantaisies ornementales. Pour preuve les modèles que nous vous présentons.

VOTRE MATERIEL

- 3 plaques de poignée en bois
- De la peinture acrylique Liquitex Lefranc & Bourgeois* rouge de cadmium moyen, rouge de cadmium foncé, jaune de cadmium moyen, blanc de titane, vert fixe clair, bleu outremer, noir d'ivoire, bleu-vert éclatant
- De la lasure acrylique Ikéa brun clair, nature
- Du vernis acrylique satiné
- De la dorure Syntilor* or pâle
- 1 pinceau plat moyen*
- 1 pinceau fin*
- 1 pinceau moyen*
- Du ruban de masquage
- Du papier de verre à grain fin
- Du papier de reproduction Rougier & Plé*
- 1 crayon à papier
- 1 feutre à pointe pinceau* marron
- 1 chiffon

* Magasins spécialisés beaux-arts et loisirs créatifs.

A (Graph'm)

- 6 h environ (hors séchage)
- 53 € environ (hors plaques de poignée)
- Assez facile

Réalisation

PRÉPARER LE SUPPORT

Poncez légèrement les trois plaques de poignée avec le papier de verre à grain fin.
Dépoussiérez-les.
Photocopiez les motifs des trois poignées.

MOTIF AFRICAIN

B (Graph'm)

1 **M**élangez 1 part de rouge de cadmium moyen et 1 part de rouge de cadmium foncé.
Peignez la plaque de poignée.
Laissez sécher 3 heures.
En vous aidant du papier de reproduction et du crayon à papier, reportez le motif africain sur une plaque.

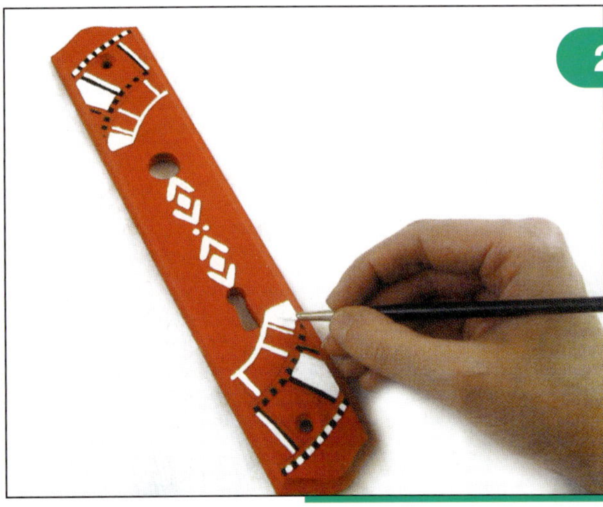
C (Graph'm)

2 **A**vec les pinceaux fin et moyen, peignez les motifs en blanc de titane et noir d'ivoire en vous référant au modèle photographié pour l'emplacement des couleurs.
Laissez sécher 30 minutes.

D (Graph'm)

3 **M**élangez 1 part de bleu outremer et 1 part de blanc de titane.
Peignez les motifs placés en haut et en bas de la plaque en vous référant au modèle photographié pour l'emplacement des couleurs.
Peignez les détails verts avec le vert fixe clair.
Laissez sécher 30 minutes.

E (Graph'm)

4 **F**inissez avec deux couches de jaune de cadmium moyen réhaussé d'une pointe de blanc de titane.
Laissez sécher 3 heures.
Avec le pinceau plat, passez deux couches de vernis acrylique satiné en laissant sécher 6 heures entre chaque couche.

Motifs africains à photocopier et à reproduire

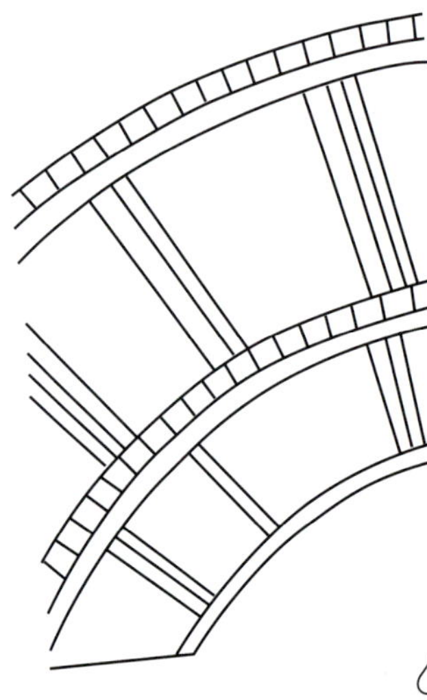
F (Graph'm)

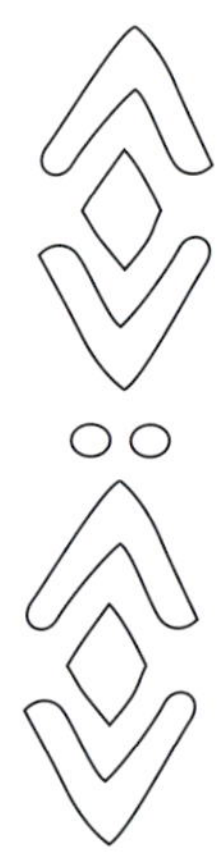
G (Graph'm)

Les poignées..

MOTIF MIMOSA

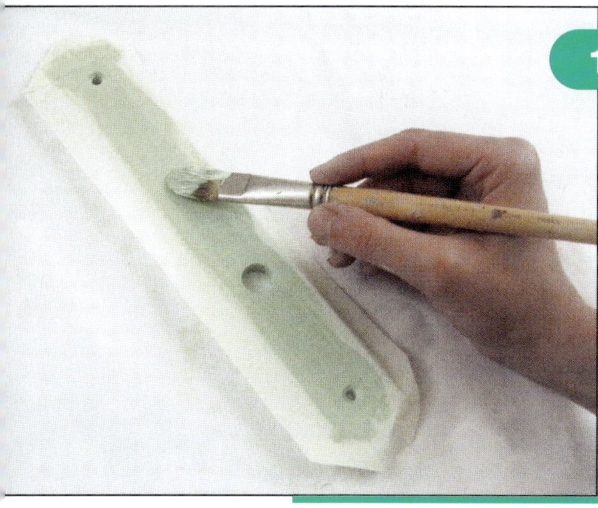

H (Graph'm)

1 Avec le pinceau plat, peignez une plaque en vous référant au code des couleurs.
Laissez sécher 3 heures.
Avec le ruban de masquage, isolez un rectangle d'environ 2 x 21 cm au centre de la poignée.
Peignez le rectangle.
Laissez sécher 3 heures puis enlevez le ruban de masquage.

(Graph'm)

2 En vous aidant du papier de reproduction et du crayon à papier, reportez le motif mimosa sur le rectangle central.
Peignez les feuilles avec le pinceau fin.
Laissez sécher 30 minutes.

J (Graph'm)

3 Peignez les fleurs.
Laissez sécher 3 heures.
Avec le pinceau plat, passez deux couches de vernis acrylique satiné en laissant sécher 6 heures entre chaque couche.

Motif Mimosa à photocopier et à reproduire

K (Graph'm)

Code des couleurs

Mimosa
Fond : 6 parts de blanc de titane, 1 part de bleu-vert éclatant.
Fond rectangle : 2 parts de blanc de titane et 1 part de vert fixe clair
Feuilles : 3 part de vert fixe clair, 1 part de jaune de cadmium moyen
Fleurs : 2 parts de jaune de cadmium moyen, 1 part de blanc de titane

Réalisation

MOTIF INDIEN

L (Graph'm)

1 Avec le pinceau plat, passez une couche de lasure acrylique brun clair.
Laissez sécher 5 heures.
Reportez le motif indien sur une plaque.
Avec le pinceau fin, peignez les motifs en vous référant au modèle photographié : une partie en rouge de cadmium foncé et une autre partie avec un mélange d'1 part de jaune de cadmium moyen et de 2 parts de blanc de titane.

M (Graph'm)

2 En vous référant au modèle photographié peignez certains détails en bleu-vert éclatant.
Cernez certains détails avec le feutre marron à pointe pinceau.
Laissez sécher 1 heure.

N (Graph'm)

3 Peignez le cœur du motif cachemire en rouge de cadmium foncé et le tour en blanc de titane allongé d'une pointe de jaune de cadmium moyen.
Laissez sécher 4 heures.

O (Graph'm)

4 Avec le pinceau fin, cernez le cœur du motif cachemire avec la dorure or pâle.
Peignez de petites lignes partant du cœur.
Avec le pinceau moyen, peignez le chant de la poignée en dorure or pâle.
Laissez sécher 6 heures.
Avec la brosse plate, passez deux couches de vernis acrylique satiné en laissant sécher 6 heures entre chaque couche.

Motifs indiens à photocopier et à reproduire

P (Graph'm)

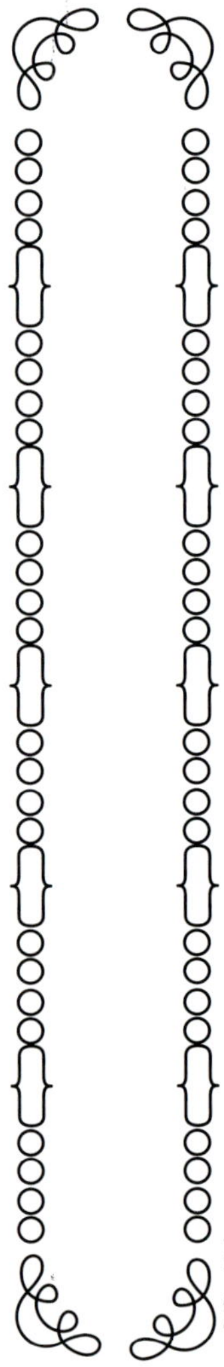
Q (Graph'm)

Des serviettes qui tournent rond

Fini les serviettes de table qui se mélangent ou qui traînent au fond d'un tiroir. Soyez prévoyant et organisé ! Réalisez ces ronds de serviette et leur panier de rangement en deux temps, trois mouvements.

VOTRE MATERIEL

- Du coton blanc
- 1 panier en bois Rougier & Plé*
- 1 rouleau en carton de papier absorbant
- De la peinture acrylique Liquitex Lefranc & Bourgeois* jaune de cadmium moyen, jaune de Naples, rouge de Mars, blanc de titane, bleu de céruleum
- De la peinture Textil Lefranc & Bourgeois* bouton d'or, rouge d'Orient, bleu de France, blanc, rose pourpre, brun Havane
- 1 éponge naturelle
- Des pinceaux n° 1, n° 4*
- 1 brosse plate moyenne*
- Du vernis acrylique
- Du ruban de masquage
- Du papier de reproduction Rougier & Plé*
- 1 crayon à papier
- Des ciseaux
- 1 cutter
- De la colle vinylique
- Du papier de verre à grain fin
- 1 fer à repasser
- 1 assiette

* Magasins spécialisés beaux-arts et loisirs créatifs.

- *6 h environ (hors séchage)*
- *38 € environ (hors panier et tissu)*
- *Assez facile*

A (Graph'm)

Décoratif, ce porte-serviettes de table ne prend guère de place.

Réalisation

PRÉPARER LE SUPPORT

Avec la brosse plate moyenne, peignez le panier en blanc de titane. Laissez sécher 6 heures.
Poncez-le légèrement avec le papier de verre à grain fin.
Passez une deuxième couche de peinture et laissez sécher 6 heures.

LE PANIER

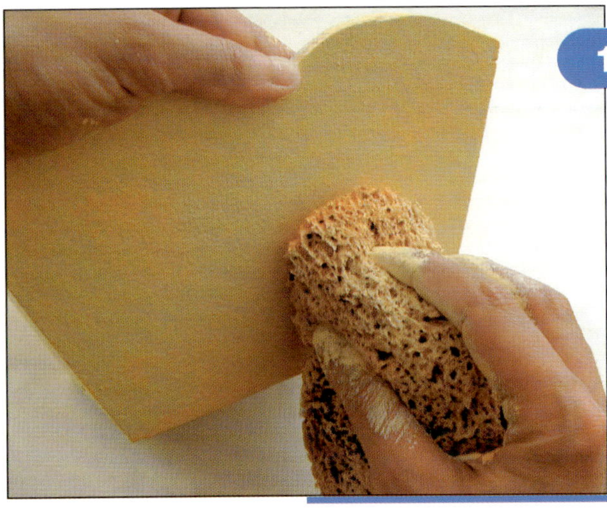

B (Graph'm)

1 Reportez-vous au code des couleurs pour peindre le panier.
Utilisez la peinture acrylique.
Posez les teintes sur une assiette.
Avec l'éponge, appliquez-les côte à côte sur l'extérieur du panier afin d'obtenir un effet nuageux.
Laissez sécher 4 heures.

C (Graph'm)

2 Avec la brosse plate moyenne, peignez l'intérieur du panier en utilisant la teinte la plus claire.
Avec le pinceau n° 4, peignez la tranche.
Laissez sécher 5 heures.

D (Graph'm)

3 Photocopiez le motif du panier.
En vous aidant du papier de reproduction et du crayon à papier, reportez-le sur les quatre côtés du panier.

E (Graph'm)

4 Avec le pinceau n° 1, peignez les épis en jaune de Naples.
Peignez les fleurs centrales en rouge de Mars et blanc de titane à parts égales.
Laissez sécher 30 minutes.
Avec du blanc de titane, peignez des rehauts sur les épis et les fleurs.
Laissez sécher 30 minutes.

F (Graph'm)

Motif à photocopier et à agrandir de 180 %

Code des couleurs

Panier extérieur
Teinte foncée : 2 parts de blanc de titane, 2 parts de jaune de cadmium moyen, 1/2 part de rouge de Mars
Teinte moyenne : 4 parts de blanc de titane, 2 parts de jaune de cadmium moyen, 1/2 part de rouge de Mars
Teinte claire : 6 parts de blanc de titane, 2 parts de jaune de cadmium moyen, 1/2 part de rouge de Mars
Tranche : 1 part de rouge de Mars, 1 part de blanc de titane

Des serviettes...

G (Graph'm)

5 Mélangez 1 part de bleu de céruleum et 1 part de blanc de titane, puis 1 part de bleu de céruleum et 3 parts de blanc de titane.
Avec le pinceau n° 4, peignez le bas de la couronne avec la première teinte et le haut avec la seconde.
Peignez quelques rehauts en blanc de titane.
Laissez sécher 6 heures.

LES RONDS DE SERVIETTE

Avec le cutter, découpez le rouleau en carton du papier absorbant en trois tronçons égaux.
Avec les ciseaux, découpez trois rectangles dans le coton blanc, suffisamment grands pour les recouvrir.

H (Graph'm)

1 Avec le ruban de masquage, isolez une bande de 5 cm au centre d'un rectangle de tissu.
Utilisez la peinture Textil.
Mélangez 1 part de rose pourpre, 2 parts de blanc.
Tamponnez la bande avec l'éponge humide.
Rajoutez du blanc et tamponnez de nouveau afin d'obtenir un effet nuageux.
Retirez le ruban de masquage.
Laissez sécher 6 heures.

I (Graph'm)

2 Sur un deuxième rectangle de tissu, isolez sur les bords deux bandes de 4 cm chacune.
Mélangez 1 part de bleu de France et 1 part de blanc.
Procédez de façon identique à l'étape précédente en ajoutant du blanc pour un effet nuageux.
Retirez le ruban de masquage.
Laissez sécher 6 heures.

J(Graph'm)

3 Sur le troisième rectangle de tissu, isolez une bande de 1 cm de large au centre.
Mélangez 1 part de bouton d'or et 1 part de blanc.
Procédez de façon identique aux étapes précédentes en ajoutant du blanc.
Retirez le ruban de masquage.
Laissez sécher 6 heures.

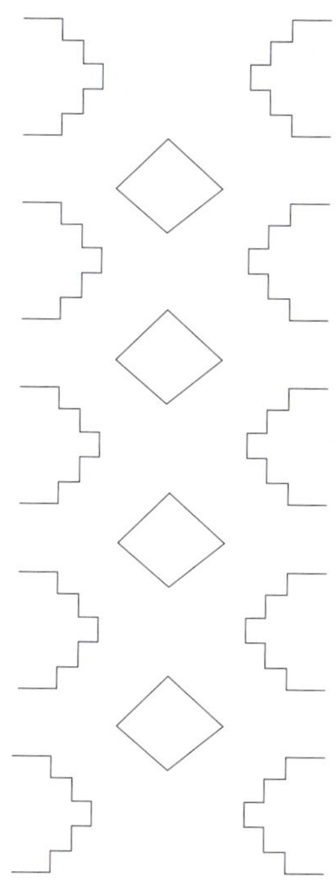

K (Graph'm)

Réalisation

L (Graph'm)

4 Photocopiez le motif 1.
Reportez-le au centre du premier rectangle en vous aidant du papier de reproduction et du crayon à papier.
Mélangez 1 part de blanc et 1 part de bleu de France. Avec le pinceau n° 4, peignez le motif.
Ajoutez du blanc et peignez des rehauts au centre des losanges.
Laissez sécher 6 heures.

M (Graph'm)

5 Photocopiez le motif 2.
Reportez-le de chaque côté du rectangle rose en laissant une marge afin de rabattre le tissu.
Avec le pinceau n° 1, peignez les arcs en rouge d'Orient et les gouttes en rouge d'Orient et blanc mélangés à part égale.
Peignez des rehauts sur les gouttes avec du blanc.
Laissez sécher 6 heures.

N (Graph'm)

6 Photocopiez le motif 3.
Reportez-le plusieurs fois de chaque côté de la bande jaune.
Avec le pinceau n° 1, peignez le tour en brun Havane.
Mélangez 2 parts de blanc et 1 part de bouton d'or. peignez des rehauts à l'intérieur.
Laissez sécher 6 heures.
Fixez la peinture avec le fer à repasser chaud (Th. coton).

O (Graph'm)

7 Couvrez chaque tronçon de carton avec un rectangle de tissu.
Rabattez les bords à l'intérieur et collez-les à la colle vinylique.
Laissez sécher 2 heures.
Avec la brosse plate moyenne, passez deux couches de vernis acrylique sur le panier en laissant sécher 6 heures entre chaque couche.

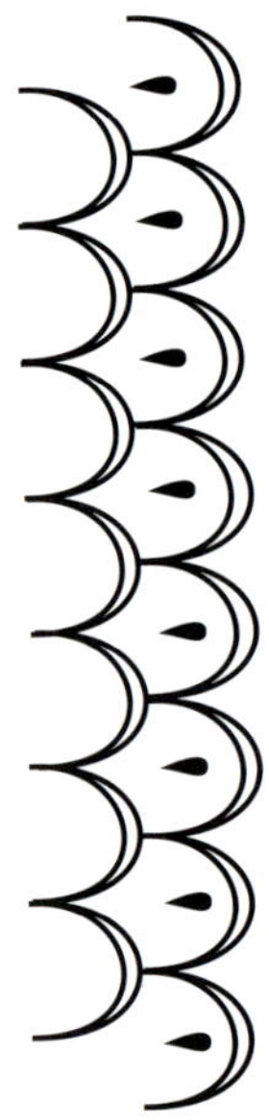
Q (Graph'm)

Motif 2

Motifs à photocopier et à agrandir de 110 %

P (Graph'm)

Motif 3

Une porte à petits carreaux

Une série de petits carreaux de céramique peints en trompe-l'œil décore la porte d'une cuisine. Un style campagnard qui rappelle la fraîcheur et la naïveté de la faïence de Delft.

VOTRE MATERIEL

- De la peinture acrylique satinée blanche* (0,5 l)
- De la peinture acrylique Liquitex Lefranc & Bourgeois* terre de Sienne naturelle, terre d'ombre brûlée, blanc de titane, noir d'ivoire, bleu outremer
- Du médium acrylique retardateur*
- Du vernis acrylique satiné
- 1 petit rouleau
- 1 queue à battre*
- 1 pinceau à filet*
- 1 pinceau fin*
- 1 petit pinceau plat*
- 1 spalter*
- 1 berceau à faux bois*
- Du ruban de masquage
- Du papier de reproduction Rougier & Plé*
- 1 crayon à papier, 1 règle
- Du papier de verre à grain moyen, un chiffon
- Des feuilles de papier

* Magasins spécialisés beaux-arts et loisirs créatifs.

- *10 h environ (hors séchage)*
- *38 € environ*
- *Difficile*

A (Graph'm)

Peint sur une porte, ce carrelage en trompe-l'œil peut également décorer un pan de mur.

Réalisation

PRÉPARER LE SUPPORT

Mélangez un peu de terre de Sienne naturelle dans le pot de peinture acrylique satinée blanche afin d'obtenir un beige.
Avec le petit rouleau, peignez la porte.
Laissez sécher 2 heures. Poncez légèrement avec le papier de verre.
Dépoussiérez, passez une deuxième couche de peinture et laissez sécher 4 heures.

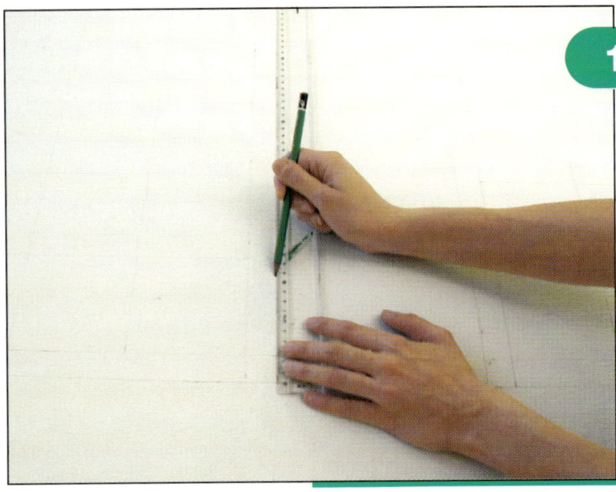

B (Graph'm)

1 Avec la règle et le crayon à papier, centrez deux panneaux sur la porte.
Le panneau supérieur mesure 65 x 65 cm et le panneau inférieur 65 x 85 cm.
Tracez sur chaque panneau une bordure intérieure de 2,5 cm qui formera les listels entourant les carreaux de faïence.
Quadrillez vos panneaux de carreaux de 10 x 10 cm.

C (Graph'm)

2 Avec les feuilles de papier et le ruban de masquage, masquez complètement les deux panneaux.
Mélangez 1 part de terre de Sienne naturelle, 1 part de terre d'ombre brûlée, 2 parts de médium acrylique retardateur et 6 parts d'eau.
Avec le spalter, passez le glacis tout autour des panneaux.

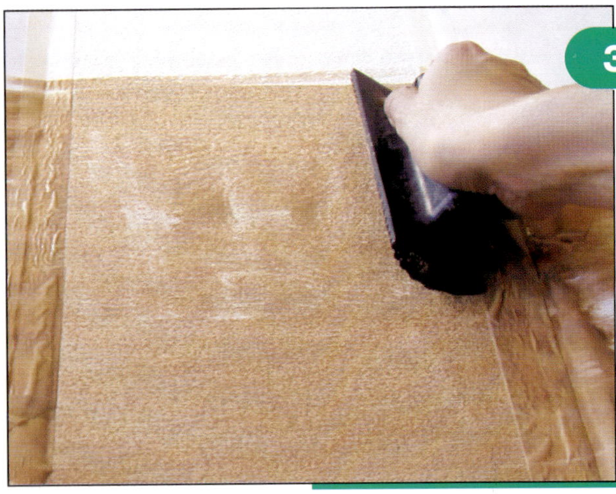

D (Graph'm)

3 Sur le glacis frais, appliquez par endroits le berceau à faux bois afin d'avoir une impression de nœuds dans le bois.
Posez le berceau sur un côté et imprimez un mouvement de bascule.

E (Graph'm)

4 Toujours en travaillant sur le glacis frais, appliquez la queue à battre afin de dessiner un effet de veines et d'adoucir les faux nœuds du bois.
Peignez ainsi l'entourage des panneaux en travaillant par petites portions.
Laissez sécher 5 heures.

F (Graph'm)

5 Mélangez 2 parts de blanc de titane, 1 pointe de terre d'ombre brûlée, 2 parts de médium acrylique retardateur et 6 parts d'eau.
Avec le spalter, passez le glacis tout autour des panneaux, dans le sens du bois.
Laissez sécher 5 heures.
Retirez doucement le ruban de masquage et le papier cachant les panneaux.

Une porte à...

G (Graph'm)

6 **M**élangez 1 part de blanc de titane, 1 pointe de terre d'ombre brûlée, 1 pointe de noir d'ivoire, 1 part de médium acrylique retardateur.
Avec le pinceau à filet, peignez à main levée les joints des carreaux et des listels entourant les panneaux.
Suivez le dessin au crayon à papier.
Laissez sécher 3 heures.

H (Graph'm)

7 **P**hotocopiez les motifs.
En vous aidant du papier de reproduction et du crayon à papier, décalquez-les sur le petit panneau : sur une rangée, alternez 1 carreau Fleur de lys et 2 carreaux Coins ; sur l'autre, alternez 1 carreau Coins et 2 carreaux Fleur de lys.
Centrez le motif Fleur de lys agrandi à 400 % sur le grand panneau.
Reportez le motif Coins de façon à former quatre diagonales partant de la fleur de lys.

I (Graph'm)

8 **M**élangez 2 parts de bleu outremer et 1 pointe de blanc de titane que vous diluez légèrement avec de l'eau.
Avec le pinceau fin, peignez les motifs.
Laissez sécher 3 heures.
Réservez la teinte.

J (Graph'm)

9 **A**joutez 1 part de blanc de titane à la teinte précédente et peignez un rehaut sur tous les motifs.
Laissez sécher 2 heures.

Motif Fleur de lys
à photocopier et
à agrandir de 130 % et 400 %

K (Graph'm)

Réalisation

L (Graph'm)

10 **M**élangez 1 pointe de terre d'ombre brûlée et 4 parts d'eau.
Avec le pinceau fin, ombrez le tour des panneaux.
Laissez sécher 2 heures.

M (Graph'm)

11 **M**élangez 4 parts de blanc de titane, 1 pointe de terre de Sienne naturelle, 1 pointe de noir d'ivoire, 2 parts de médium acrylique.
Avec le pinceau fin, ombrez chaque carreau.
Laissez sécher 5 heures.
Avec le petit rouleau, passez deux couches de vernis acrylique satiné en laissant sécher 6 heures entre chaque couche.

Motif Coins à photocopier et à agrandir de 130 %

N (Graph'm)

UNE IDÉE EN PLUS

Un dessous-de-plat

O (Graph'm)

VOTRE MATÉRIEL

- **1 plaque de contreplaqué de 20 x 40 cm**
- **1 carreau de faïence blanc de 20 x 20 cm**
- **4 carreaux de faïence blancs de 10 x 10 cm**
- **De la peinture Céramic Lefranc & Bourgeois jaune d'or, blanc, vermillon, vert pré, terre de Sienne brûlée**
- **1 pinceau fin**
- **Du white-spirit**
- **Du papier de reproduction Rougier & Plé**
- **1 crayon à papier**
- **1 éponge naturelle**
- **De la colle néoprène**
- **1 assiette**

Encollez à la colle néoprène le contreplaqué et l'arrière des carreaux de faïence. Attendez 15 minutes environ avant de les coller. Placez le grand carreau au centre et entourez-le des quatre petits carreaux.
Laissez sécher 5 heures.
Agrandissez à la photocopieuse le motif Fleur de lys de 130 %. En vous aidant du papier de reproduction et du crayon à papier, décalquez le motif en le centrant sur le grand carreau.
Mélangez 2 parts de terre de Sienne brûlée et 1 part de vermillon. Avec le pinceau fin, peignez la fleur de lys.
Mélangez 3 parts de blanc, 1 part de jaune d'or et peignez des parenthèses de chaque côté de la fleur de lys en vous référant au modèle photographié ci-dessus. Posez du vermillon et du jaune d'or dans l'assiette. Diluez à 30 % avec le white-spirit. Imbibez légèrement l'éponge de jaune d'or et chiquetez les petits carreaux.
Continuez avec le vermillon.
Laissez sécher 10 heures. Mélangez 1 part de vert pré, 1 part de jaune d'or. Peignez à main levée un coin sur le dessous-de-plat en vous référant au modèle photographié. Ajoutez du blanc à cette teinte et peignez quelques rehauts.
Laissez sécher une nuit.

Des camaïeux de bleu

Comment redonner une allure fraîche et pimpante à une chaise dépareillée, oubliée dans un grenier ? Tout simplement en la peignant entièrement, assise en cannage comprise, dans différents tons de bleu.

VOTRE MATERIEL

- 1 chaise avec l'assise en cannage
- 1 pot de 0,5 le de peinture acrylique satinée blanche
- De la peinture acrylique Basics Lefranc & Bourgeois* blanc de titane, bleu de céruleum, terre d'ombre brûlée
- 1 brosse plate*
- 1 pinceau à retoucher n° 8*
- Du papier de verre à gros grain et à grain moyen
- 1 chiffon
- Du vernis acrylique satiné*
- 1 pot de verre

* Magasins spécialisés beaux-arts et loisirs créatifs.

- *5 h environ (hors séchage)*
- *45 € environ (hors chaise)*
- *Assez facile*

A (Graph'm)

Une chaise de style Art Déco à la couleur lumineuse, qui vous servira de valet pour y déposer vêtements et autres accessoires.

Réalisation

PRÉPARER LE SUPPORT

Poncez la chaise au papier de verre à grain moyen pour éliminer toute trace de vernis ou de cire. Dépoussiérez soigneusement.
Peignez, avec la brosse plate, la totalité de la chaise en diluant la peinture satinée blanche à 30 % avec de l'eau.
Laissez sécher 6 heures.
Poncez de nouveau avec le papier de verre à grain moyen et dépoussiérez.

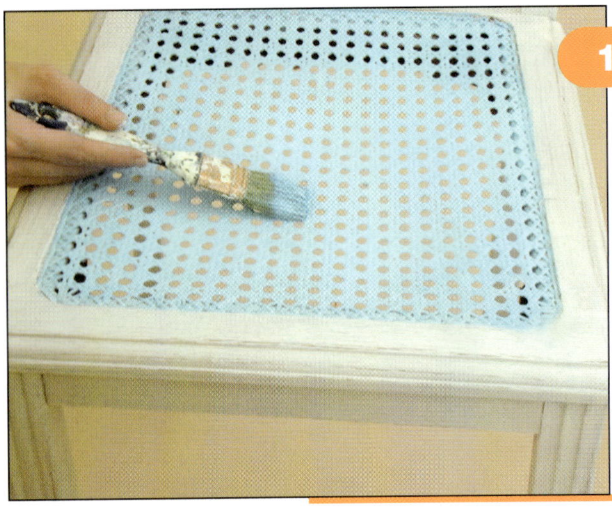

B (Graph'm)

1 Mélangez 3 parts de bleu de céruleum, 1 part de blanc de titane et 1 pointe de terre d'ombre brûlée.
Avec la brosse plate, peignez l'assise, une partie du dossier et des pieds.
Pour les petites surfaces, utilisez le pinceau à retoucher.
Réservez la teinte dans un pot de verre.

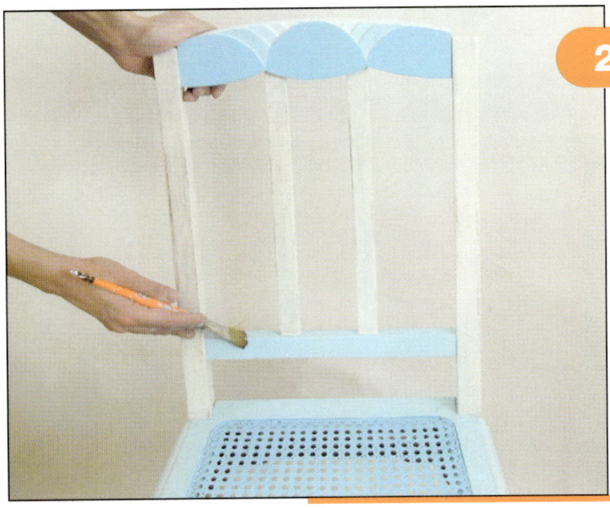

C (Graph'm)

2 Peignez le reste de la chaise en deux tons différents de dégradés de bleu.
Ajoutez pour chaque nuance 1 part de blanc à la teinte précédente pour obtenir un ton plus clair.
Laissez sécher 6 heures.

Conseil FACILE *Si votre chaise est ancienne, mais sans grande valeur marchande, assurez-vous qu'elle soit en bon état. Si nécessaire, faites un peu de restauration pour que vous n'ayez pas de mauvaise surprise une fois la chaise peinte.*

D (Graph'm)

3 Poncez la chaise en alternant le papier de verre à gros grain et à grain moyen pour obtenir à certains endroits de la chaise des effets de céruse (le bois apparaît plus ou moins sous la peinture). Dépoussiérez.
Ajoutez 1 pointe de blanc de titane et 1 pointe de terre d'ombre brûlée au vernis.
Avec la brosse plate, vernissez la chaise.
Laissez sécher 3 heures et passez une deuxième couche de vernis teinté.

UNE IDÉE EN PLUS

Un cadre vieilli

E (Graph'm)

VOTRE MATÉRIEL

- **1 cadre en bois avec des moulures**
- **De la peinture acrylique Basics Lefranc & Bourgeois blanc de titane, bleu de céruleum, terre d'ombre brûlée**
- **1 brosse plate**
- **Du papier de verre à gros grain**
- **1 chiffon**
- **Du vernis acrylique satiné**

Passez une couche de blanc de titane sur le cadre, avec la brosse plate. Laissez sécher 3 heures. Préparez les mêmes mélanges de couleurs que pour la chaise et peignez un dégradé de bleu sur le cadre en vous aidant des moulures pour délimiter les couleurs. Laissez sécher 6 heures. Poncez certains endroits du cadre au papier de verre à gros grain pour laisser apparaître légèrement le bois. Dépoussiérez. Passez deux couches de vernis en laissant sécher entre chaque passage.

Le temps pose sa patine

Effets de matières, couleurs voilées, cette porte semble marquée par l'empreinte du temps qui passe. Son style suranné apportera douceur et bien-être dans votre maison.

VOTRE MATERIEL

- De la peinture acrylique blanche satinée Leroy Merlin*
- De la peinture Basics Lefranc & Bourgeois* vert de phtalocyanine, terre de Sienne brûlée, terre de Sienne naturelle, blanc de titane, terre d'ombre brûlée, rouge de cadmium foncé, rouge de Mars
- Du médium acrylique retardateur*
- De la dorure Syntilor* or pâle
- 1 brosse plate moyenne*
- 1 rouleau*
- Des pinceaux à retoucher n°1, n°2, n°8*
- 1 brosse à pocher
- 1 peigne à décorer Rougier & Plé*
- 1 éponge naturelle
- Du papier de reproduction Rougier & Plé*
- 1 crayon à papier
- 1 règle
- Du ruban de masquage
- Du papier de verre à grain moyen
- 1 chiffon de coton épais
- 1 assiette

* Magasins spécialisés bricolage, beaux-arts et loisirs créatifs.

- *6 h environ (hors séchage)*
- *38 € environ*
- *Difficile*

A (Graph'm)

La superposition des glacis donne cet effet de profondeur à la peinture.

Réalisation

PRÉPARER LE SUPPORT

Avec le rouleau, passez une couche de peinture acrylique satinée blanche sur la porte.
Laissez sécher 6 heures.
Poncez légèrement avec le papier de verre et dépoussiérez.
Passez une deuxième couche de peinture et laissez sécher 10 heures.
Reportez-vous systématiquement au code des couleurs pour peindre la porte.

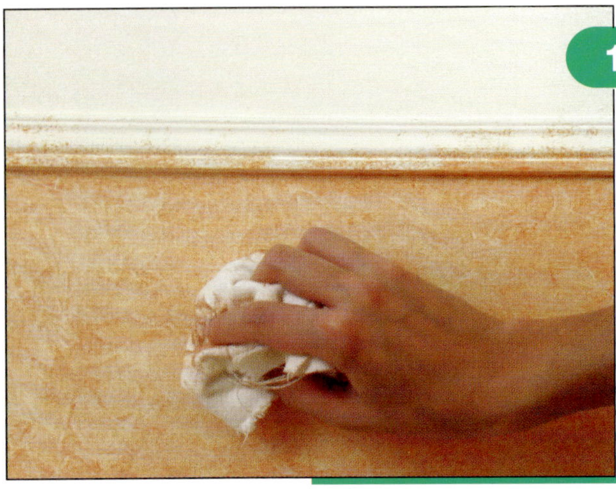

B (Graph'm)

1 Passez le glacis du fond de la porte avec la brosse plate.
Pochez le glacis avec la brosse à pocher.
Roulez le chiffon de coton et tamponnez-le sur le glacis.
Laissez sécher 4 heures.

C (Graph'm)

2 Avec l'éponge naturelle légèrement humide, tapotez le glacis vert.
Laissez sécher 1 heure.
Avec la brosse plate, passez le glacis blanc assez rapidement pour que le résultat soit irrégulier.
Laissez sécher 4 heures.

D (Graph'm)

3 Avec la règle et le crayon, tracez un rectangle à l'intérieur de chaque panneau : à 10 cm des moulures supérieures et inférieures et à 6 cm des moulures latérales.
Avec la brosse plate, passez le glacis des panneaux.
Pochez-le immédiatement avec la brosse à pocher.

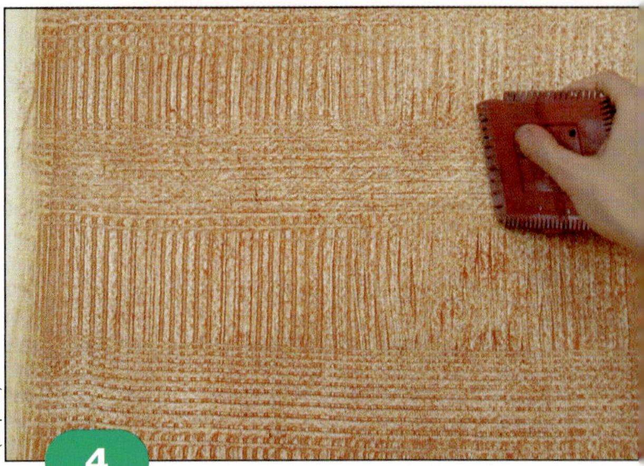

E (Graph'm)

4 Sans attendre que le glacis sèche, faites un quadrillage avec le peigne à décorer (côté grandes dents) de haut en bas puis de gauche à droite.
Essuyez les dents du peigne avec le chiffon à chaque passage.
Laissez sécher 6 heures.

Code des couleurs

Glacis du fond de la porte :
2 parts de terre de Sienne naturelle, 1 part de terre d'ombre brûlée, 4 parts d'eau, 2 parts de médium
Glacis vert : 1 part de vert de phtalocyanine, 5 parts d'eau, 2 parts de médium
Glacis blanc : 1 part de blanc de titane, 1 pointe de terre d'ombre brûlée, 5 parts d'eau, 2 parts de médium
Glacis des panneaux : 2 parts de terre de Sienne naturelle, 2 parts de terre d'ombre brûlée, 1 part d'eau, 2 parts de médium
Glacis sur décor au peigne : 1 part de vert de phtalocyanine, 5 parts d'eau, 2 part de médium
Motif de la porte
Vert foncé : 4 parts de blanc de titane, 3 parts de vert de phtalocyanine, 1 part de terre de Sienne naturelle, 1 part de médium
Vert moyen : 6 parts de blanc de titane, 3 parts de vert de phtalocyanine, 1 part de terre de Sienne naturelle, 1 part de médium
Vert clair : 8 parts de blanc de titane, 3 parts de vert de phtalocyanine, 1 part de terre de Sienne naturelle, 1 part de médium
Cerne du motif : 1 part de terre de Sienne brûlée, 1/4 de part d'eau
Fonds des panneaux
1re teinte : blanc de titane , 1 pointe de terre de Sienne naturelle
2e teinte : blanc de titane, 1 pointe de vert de phtalocyanine
3e teinte : 3 parts de blanc de titane, 1 part de vert de phtalocyanine
Glacis du fond de la porte : 1 part de blanc de titane, 1 pointe de terre de Sienne naturelle, 1 pointe de rouge de Mars, 4 parts d'eau
Moulures et rehauts : 4 parts de rouge de Mars, 5 parts de rouge de cadmium foncé, 1 part de blanc de titane, 1 part de médium

Le temps...

F (Graph'm)

5 Avec l'éponge naturelle légèrement humidifiée, passez le glacis sur le décor au peigne en faisant de petits mouvements circulaires.
Laissez sécher 2 heures.
Photocopiez le motif.
Fixez-le avec le ruban de masquage sur le panneau supérieur.
Reportez-le en vous aidant du papier de reproduction et du crayon à papier.

G (Graph'm)

6 Avec le pinceau n°2, peignez le motif avec les trois dégradés de vert en vous référant au modèle photographié pour le positionnement des couleurs.
Fondez les couleurs entre elles.
Avec le pinceau n°1, cernez le motif.
Laissez sécher 1 heure.

H (Graph'm)

7 Protégez les panneaux quadrillés avec le ruban de masquage.
Préparez dans l'assiette les trois teintes du fond des panneaux.
Avec la brosse plate, posez-les côte à côte et croisez les coups de brosse de façon à ce que les teintes se fondent entre elles mais soient différenciées.
Laissez sécher 4 heures.

I (Graph'm)

8 Avec l'éponge naturelle légèrement humidifiée, tamponnez le glacis sur le fond des panneaux, sans le recouvrir totalement.
Laissez sécher 2 heures.

J (Graph'm)

Motif à photocopier et à agrandir de 400 %

Réalisation

K (Graph'm)

9 **A**vec le pinceau n°8, peignez les moulures. **A**vec le pinceau n°2, peignez un filet autour du panneau quadrillé supérieur et un rehaut au centre du motif en vous référant au modèle photographié. **L**aissez sécher 6 heures.

L (Graph'm)

10 **A**vec le pinceau n°1, peignez un liseré sur l'extérieur des moulures avec la dorure or pâle. **P**eignez un rehaut au centre du motif. **L**aissez sécher 4 heures.

M (Graph'm)

11 **A**vec le papier de verre, poncez légèrement le motif et les moulures pour obtenir un aspect vieilli.

UNE IDÉE EN PLUS

Un cadre

N (Graph'm)

VOTRE MATÉRIEL

- **1 cadre à larges bords**
- **De la peinture acrylique Basics Lefranc & Bourgeois vert de phtalocyanine, blanc de titane, terre de Sienne naturelle, rouge de Mars**
- **1 petite brosse plate**
- **Des pinceaux à retoucher n°1, n°2**
- **Du papier de reproduction**
- **1 crayon à papier**
- **De l'alcool à brûler**
- **Du papier de verre**
- **Des chiffons**

Avec la brosse plate, passez une couche de blanc de titane sur les bords du cadre. Laissez sécher 1 heure. Mélangez le vert de phtalocyanine et le blanc de titane à parts égales. Peignez le cadre. Laissez sécher 4 heures. Mélangez 1 part de blanc de titane, 1 pointe de terre de Sienne naturelle, 1 pointe de rouge de Mars, 3 parts d'eau. Imbibez un chiffon de peinture et passez-le irrégulièrement sur le cadre. Laissez sécher 1 heure. Avec un chiffon imbibé d'alcool à brûler, frottez certaines parties du cadre afin de laissez apparaître le fond vert. Laissez sécher 1 heure. Mélangez 1 part de blanc de titane, 1 pointe de terre de Sienne naturelle, 4 parts d'eau. Imprégnez-en un chiffon roulé en boule et tamponnez le tour du cadre. Laissez sécher 2 heures. Réduisez le motif au format d'un bord du cadre et reportez-le en vous aidant du papier de reproduction et du crayon à papier. Mélangez 1 part de blanc de titane et 1 part de terre de Sienne naturelle. Avec les pinceaux n°1 et n°2, peignez le motif. Laissez sécher 4 heures. Poncez le motif pour obtenir un aspect vieilli.

Conseil FACILE

N'oubliez pas de peindre le chambranle de la porte. Vous pouvez soit choisir la teinte du fond de la porte ou celle des panneaux réalisés au peigne à décorer.

Un buffet rétro relooké tendance

Ce style de buffet deux corps, agrémenté de moulures, était très prisé dans de nombreux foyers il y a quelques décennies. Après un petit lifting rajeunissant, il s'intègrera parfaitement dans votre intérieur.

VOTRE MATERIEL

- 1 buffet style années 50
- De la peinture acrylique Liquitex Lefranc & Bourgeois* noir d'ivoire, blanc de titane, rouge de cadmium moyen, jaune de cadmium moyen
- De la peinture Céramic Lefranc & Bourgeois* blanc, noir, rose
- De la peinture acrylique blanche satinée*
- 1 feutre Cern Couleur Lefranc & Bourgeois* or
- Du papier de reproduction Rougier & Plé*
- 1 stylo
- 1 rouleau
- Des pinceaux fin et moyen*
- 1 brosse plate*
- De la dorure Syntilor* or pâle
- Du papier de verre à grain moyen, 1 chiffon
- Du ruban de masquage
- Du ruban adhésif

* Magasins spécialisés beaux-arts et loisirs créatifs.

- *10 h environ (hors séchage)*
- *38 € environ (hors meuble)*
- *Assez facile*

A (Graph'm)

Ce meuble peut tout aussi bien être installé dans un salon que dans une cuisine.

Réalisation

PRÉPARER LE SUPPORT

Protégez le plateau de marbre, les vitres, les charnières, les serrures et les poignées avec le ruban de masquage.
Poncez le buffet avec le papier de verre. Dépoussiérez-le très soigneusement, en particulier les moulures.

B (Graph'm)

1 Avec la brosse plate, passez une première couche de peinture acrylique blanche satinée.
Peignez assez irrégulièrement les parties en bois du buffet.
Ne cherchez pas à recouvrir complètement les moulures.
Laissez sécher 30 minutes.
Passez une deuxième couche avec le rouleau.
Laissez sécher 1 heure.

C (Graph'm)

2 Mélangez du noir d'ivoire et du blanc de titane à parts égales pour obtenir du gris foncé.
Avec le pinceau moyen, peignez le cadre en bois autour de la vitre, celui autour de la porte centrale du bas et celui bordant le plateau en marbre.
Laissez sécher 30 minutes.

D (Graph'm)

3 Mélangez 1 part de noir d'ivoire et 3 parts de blanc de titane pour obtenir du gris clair.
Avec la brosse plate, peignez la façade du tiroir et celle de la porte pleine centrale (sauf les moulures).

E (Graph'm)

4 Retirez le ruban de masquage.
Poncez le buffet avec du papier de verre en insistant bien sur toutes les arêtes, les angles, les reliefs ainsi que sur les endroits où votre pinceau a laissé davantage de traces.
Poncez également les zones en gris pour leur donner un aspect vieilli.

F (Graph'm)

Porte

Motif à photocopier et à agrandir de 190 %

Un buffet rétro...

G (Graph'm)

5 **P**hotocopiez les motifs Tiroir et Porte.
Fixez avec du ruban adhésif le papier de reproduction en le centrant sur la porte du bas (celle du milieu) et sur les tiroirs, de chaque côté de la poignée.
Placez les motifs dessus et décalquez-les avec le stylo.

H (Graph'm)

6 **M**élangez du noir d'ivoire et du blanc de titane à parts égales pour obtenir du gris foncé.
Mélangez 1 part de blanc de titane, 1 part de rouge de cadmium moyen et 1 pointe de gris foncé pour obtenir du rose.
Avec les pinceaux fin et moyen, peignez le motif de la porte en vous référant au modèle photographié.
Laissez sécher 15 minutes.

Tiroir

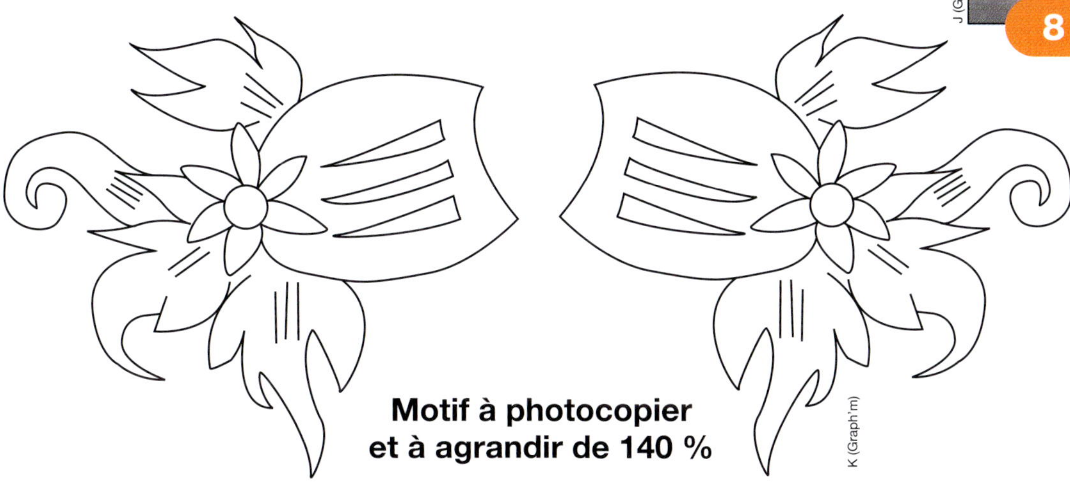

Motif à photocopier et à agrandir de 140 %

K (Graph'm)

I (Graph'm)

7 **E**n vous référant toujours au modèle photographié, peignez en blanc de titane certaines parties du motif.
Ajoutez 1 pointe de noir d'ivoire et 1 pointe jaune de cadmium moyen au mélange rose, et peignez le reste du motif.
Laissez sécher 15 minutes.

J (Graph'm)

8 **P**eignez les motifs des tiroirs en utilisant les mêmes mélanges de peinture et en vous référant au modèle photographié.
Le blanc de titane doit être impérativement posé après le gris foncé.

Réalisation

L (Graph'm)

9 **A**vec le pinceau moyen, peignez les moulures du buffet avec le mélange gris clair et rose.
Ne peignez pas toutes les moulures, essayez plutôt d'apporter quelques touches de couleurs.
Laissez sécher 15 minutes puis poncez légèrement.

M (Graph'm)

10 **A**vec le pinceau fin, cernez les motifs peints avec la dorure or pâle.
Laissez sécher 30 minutes.
Poncez doucement les motifs pour leur donner un aspect vieilli qui s'accorde avec le buffet.

N (Graph'm)

11 **P**hotocopiez le motif Vitre.
Fixez-le derrière la porte vitrée avec le ruban adhésif.
Mélangez 1 part de blanc et 1 part de noir de la peinture Céramic pour obtenir du gris.
Avec le pinceau fin, peignez le motif en intercalant le gris et le rose Céramic.
Laissez sécher 30 minutes

O (Graph'm)

12 **A**vec le feutre Cern Couleur or, entourez toutes les formes du motif et remplissez les formes creuses.
Laissez sécher 30 minutes.

**Motif à photocopier
et à agrandir de 200 %**

Vitre

P (Graph'm)

Du cachet pour un parquet

Comment donner de l'allure à un parquet neuf ? En l'agrémentant de motifs peints au pochoir et en les disposant comme une frise. Ce modèle, dont les volutes entourent le parquet, rend cette pièce chaleureuse à vivre.

VOTRE MATERIEL

- Peinture époxy* ocre rouge, vert sapin
- 2 pinceaux brosse, 1 petite brosse à pochoir
- Du polyphane à pochoir*
- 1 plaque de coupe*
- 1 scalpel, 1 règle, 1 crayon à papier
- Du vernis vitrificateur incolore*
- Du ruban adhésif repositionnable

* Magasins spécialisés bricolage, beaux-arts et loisirs créatifs.

- 6 h environ (hors séchage)
- 30 € environ
- Assez difficile

A (Graph'm)

À chaque style ses couleurs : selon la décoration de la pièce et les tonalités dominantes, la palette des coloris varie.

Réalisation

PRÉPARER LE SUPPORT

Le modèle a été peint sur un parquet neuf vitrifié. Si votre parquet n'est pas trop abîmé, vous pouvez le poncer pour enlever toute trace d'imperfections. Dépoussiérez-le soigneusement.

LA DÉCOUPE DU POCHOIR

B (Graph'm)

1 Photocopiez les motifs en les agrandissant ou en les réduisant selon la surface de votre pièce. Placez la photocopie sous le polyphane, maintenez-la avec du ruban adhésif et décalquez le modèle. Découpez très soigneusement les motifs.

L'EMPLACEMENT DE LA FRISE

C (Graph'm)

2 Prévoyez la manière dont vous allez disposer les motifs. Mesurez la distance que vous allez laisser entre la frise et la plinthe (sur le modèle, elle se trouve à 21 cm de la plinthe). Marquez l'emplacement des quatre coins puis celui de la frise en calculant le nombre de volutes et leur espacement. Avec la règle, marquez les repères au crayon.

LA PEINTURE DE LA FRISE

D (Graph'm)

3 Commencez par les coins. Retirez l'adhésif du polyphane et positionnez votre pochoir sur les repères au crayon papier. Utilisez deux pinceaux brosse, un pour l'ocre rouge, l'autre pour le vert sapin. Peignez le coin supérieur ocre rouge.

E (Graph'm)

4 Laissez sécher la peinture ocre rouge 1 heure environ avant d'appliquer la seconde couleur. Peignez le coin inférieur en vert sapin.

Conseil FACILE

Ne travaillez pas sur un parquet trop abîmé ou alors restaurez-le. Si le vôtre a un peu souffert, un ponçage soigneux, suivi d'un passage à la paille de verre imbibée de white spirit (pour enlever toute trace de cire ou de graisse), suffit.

Du cachet pour…

F (Graph'm)

5 **A**vec la petite brosse à pochoir, réalisez les reliefs des coins.
Passez de la peinture verte sur les bords supérieurs de la partie du motif peint en ocre rouge.
Répétez l'opération avec de l'ocre rouge sur la partie du motif peint en vert sapin, en soulignant les bords inférieurs des volutes.
Laissez sécher 1 heure.

G (Graph'm)

6 **P**eignez la frise entre les coins.
Procédez de la même manière que la frise pour la mise en couleur et pour les effets de reliefs.
Laissez sécher.
Passez le vitrificateur, en deux couches que vous laissez sécher entre elles, sur la totalité du parquet. Cela protègera la peinture.
Laissez sécher 48 heures.

Motif à agrandir de 150 %

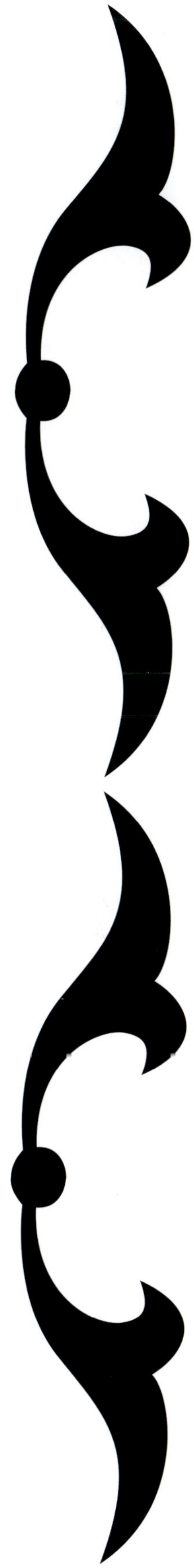

H (Graph'm)

Conseil FACILE

N'imprégnez pas trop votre pinceau de peinture lorsque vous faites un pochoir. Mettez en seulement sur le bout du pinceau ou de la brosse à pocher et n'utilisez pas de la peinture trop liquide. Faites un essai sur une feuille de papier pour enlever le surplus.

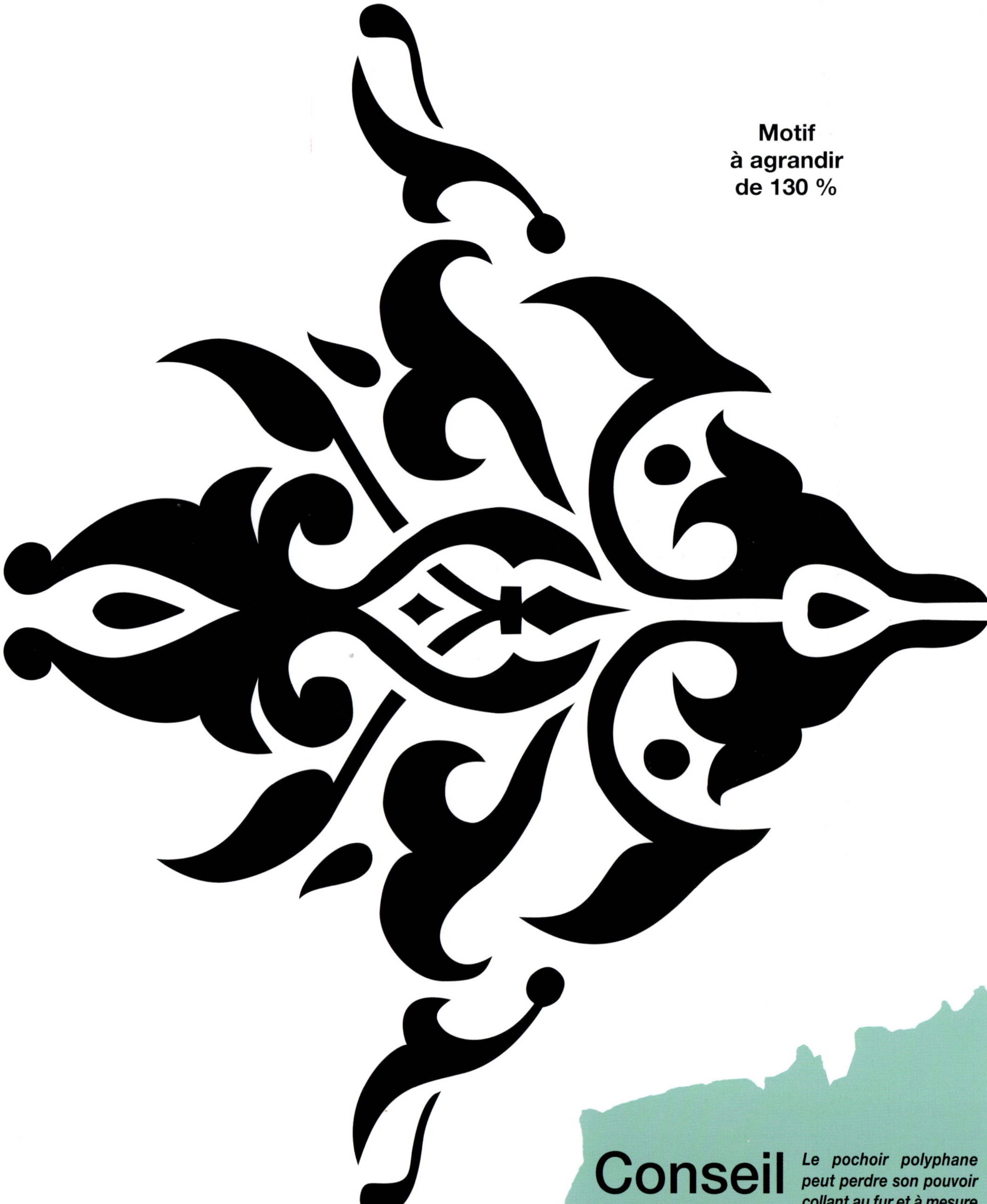

Motif
à agrandir
de 130 %

I (Graph'm)

Conseil
FACILE

Le pochoir polyphane peut perdre son pouvoir collant au fur et à mesure que vous le déplacez. Encollez le dos des pochoirs avec de la colle en bombe repositionnable. Elle ne laissera pas de traces sur le parquet.

Renouveau sur le style Art Déco

Retrouvez tout le charme des Années Folles avec ce vieux meuble radio en bois qui a retrouvé une deuxième jeunesse grâce à un travail de peinture laquée et à la décoration au pochoir qui anime ses portes.

VOTRE MATERIEL

- 1 meuble radio en bois
- De la peinture laque super satinée Corona* rouge vif
- De la peinture acrylique* noire
- 1 grande feuille de papier bristol
- Du papier carbone
- Du ruban de masquage
- Du papier de verre à grain fin, moyen et gros
- 1 chiffon
- 1 pinceau plat moyen
- 1 cutter
- 1 éponge
- 1 crayon à papier
- Du ruban de masquage

* Magasins spécialisés bricolage, beaux-arts et loisirs créatifs.

A (Graph'm)

- *12 h environ (hors séchage)*
- *15 € environ (hors meuble)*
- *Difficile*

Réalisation

PRÉPARER LE SUPPORT

Poncez le meuble en commençant avec le papier de verre à gros grain.
Continuez avec le grain moyen en passant souvent votre main à plat pour vérifier qu'il ne reste aucune aspérité.
Dépoussiérez soigneusement au chiffon.

B (Graph'm)

1 Passez trois couches de peinture rouge vif sur le meuble.
Poncez avec le papier de verre à grain fin entre les deux premières couches.
Dépoussiérez soigneusement avant de passer à la couche de peinture suivante, la qualité de la laque en dépend.
Laissez sécher 24 heures entre chaque couche.

C (Graph'm)

2 Photocopiez le motif et agrandissez-le à la taille souhaitée.
Placez le papier carbone entre la photocopie et la feuille de bristol.
Reportez le motif dans sa totalité en déplaçant le papier carbone au fur et à mesure.
Coupez le bristol au milieu du motif, dans la longueur.

D (Graph'm)

3 Découpez soigneusement les pochoirs avec le cutter.
Placez les de part et d'autre des portes et maintenez-les avec du ruban de masquage pour ne pas abîmer la laque.

E (Graph'm)

4 Imprégnez l'éponge de peinture noire sans trop l'imbiber.
La peinture que vous utilisez doit être relativement « sèche ».
Tamponnez l'éponge sur tout le pochoir. Il vaut mieux repasser autant de fois que nécessaire plutôt que de risquer que la peinture ne fuse sous le pochoir.
Laissez sécher et retirez le pochoir.

Motif à agrandir selon la taille du support

Conseil FACILE

Selon la taille de votre meuble, il faut procéder par agrandissements successifs. Pliez le motif en quatre et photocopiez chaque partie jusqu'à la taille désirée. Assemblez ensuite les quatre parties entre elles en collant du ruban adhésif derrière les agrandissements.

Graphisme

Une petite table en relief

Cette table d'appoint basique se transforme, par un jeu de collages, en petit meuble décoratif on ne peut plus original. Son secret ? Des ficelles torsadées recouvertes de papier de soie.

VOTRE MATERIEL

- 1 table basse en bois à bords larges
- De la peinture acrylique Liquitex Lefranc & Bourgeois* blanc de titane
- De la ficelle papier torsadé Rougier & Plé* blanche
- Du papier de soie* jaune, blanc
- Du carton de récupération de 40 x 40 cm
- Du papier carbone
- 1 petit rouleau*
- 1 pinceau plat
- 1 brosse plate*
- 1 cutter, 1 stylo
- Des ciseaux
- De la colle à bois
- De la colle à papier peint
- Du vernis acrylique satiné
- Du papier de verre à grain fin
- 1 plaque de coupe*
- 1 chiffon
- 1 récipient

* Magasins spécialisés beaux-arts et loisirs créatifs.

- *6 h environ (hors séchage)*
- *12 € environ (hors table)*
- *Assez facile*

A (Graph'm)

Table d'appoint ou de chevet, le choix des papiers de soie est à marier avec les couleurs dominantes de votre intérieur.

Réalisation

B (Graph'm)

1 Poncez légèrement la table avec le papier de verre.
Dépoussiérez-la avec le chiffon.
Photocopiez la torsade simple.
Décalquez-la en vous aidant du papier carbone et du stylo, sur les deux côtés extérieurs de chaque pied (verticalement) et sur les quatre bords de la table (horizontalement).

C (Graph'm)

2 Avec le petit rouleau, passez une couche de blanc de titane sur le carton.
Laissez sécher 30 minutes.
Photocopiez la torsade double.
Décalquez-la quatre fois sur le carton en vous aidant du papier carbone.
Découpez les quatre torsades au cutter.

D (Graph'm)

3 Avec le pinceau plat, collez à la colle à bois les torsades doubles le long des bords du plateau de la table.
Collez de la même façon le papier torsadé sur les pieds de la table en suivant le motif décalqué.
Laissez sécher 4 heures.

E (Graph'm)

4 Dans le récipient, mélangez la colle à bois avec de l'eau pour obtenir une pâte lisse et pas trop épaisse.
Découpez avec les ciseaux de petits rectangles de soie jaune et blanche.
Avec le pinceau plat, encollez la table, placez les rectangles de soie et recouvrez-les de colle.
Habillez le plateau et les pieds de papier de soie jaune et le reste de la table de papier de soie blanc.
Procédez par petites zones sur l'ensemble de la table.
Laissez sécher 48 heures puis vernissez avec la brosse plate.

Motif 1 Motif 2

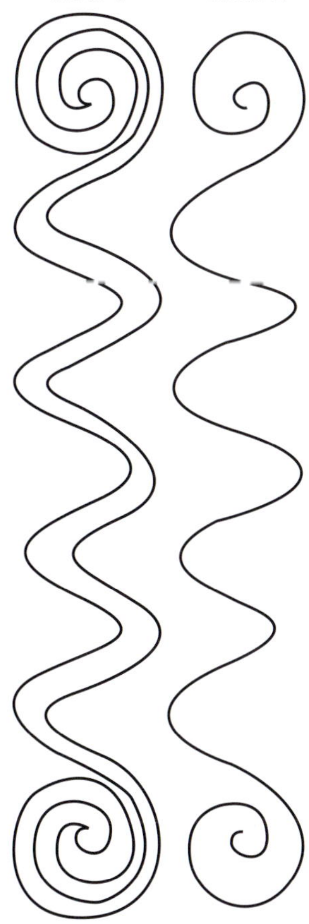

F (Graph'm)

Motifs à agrandir de 260 %

Vue sur les toits de la ville

Trouvée dans une brocante, cette fenêtre nous a inspirés. Nous l'avons placée dans une pièce sans ouverture sur le dehors et nous avons peint en trompe-l'œil une vue sur les toits de Paris.

VOTRE MATERIEL

- 1 fenêtre à 1 vantail et 2 carreaux
- 1 feuille de papier aquarelle Arches Rougier et Plé* 56 x 76 cm
- De la peinture acrylique Basics Lefranc & Bourgeois* blanc de titane, jaune de cadmium moyen, noir de Mars, bleu phtalocyanine, bleu clair permanent
- De la sous-couche blanche support bois Leroy Merlin*
- 1 crayon à papier, 1 règle
- 1 feutre noir fin
- 1 pinceau plat moyen*
- 3 pinceaux ronds* : 1 gros, 1 moyen, 1 fin
- Du ruban de masquage
- Du ruban adhésif
- Du carton
- Du papier de verre à gros grain et à grain moyen
- 1 chiffon

* Magasins spécialisés bricolage, beaux-arts et loisirs créatifs.

- *8 h environ (hors séchage)*
- *27 € environ (hors fenêtre)*
- *Difficile*

Placé dans une pièce ou dans un couloir sans fenêtre, ce trompe-l'œil est des plus décoratifs.

Réalisation

PRÉPARER LE SUPPORT

Poncez la fenêtre. Commencez par le papier de verre à gros grain et finissez par le grain moyen. Dépoussiérez soigneusement.

Protégez les vitres et les ferrures avec le ruban de masquage. Passez la sous-couche blanche avec le pinceau plat moyen et laissez sécher.

B (Graph'm)

1 **T**racez un rectangle de la même taille que la vitre sur le papier aquarelle.
Quadrillez le papier aquarelle de façon à avoir 6 carreaux en largeur et 7 en hauteur.
Tracez un quadrillage sur le modèle en couleurs de façon à avoir également le même nombre de carreaux en largeur et en hauteur que sur le papier aquarelle.

C (Graph'm)

2 **E**n vous aidant de la grille constituée par les carreaux comme point de repère, reproduisez à l'échelle le dessin au trait sur votre feuille.
Peignez le dégradé du ciel. Avec le gros pinceau passez du bleu clair permanent au bleu phtalocyanine pur.
Ajoutez beaucoup d'eau pour obtenir le dégradé.

D (Graph'm)

3 **E**n vous référant au modèle, peignez avec le pinceau moyen les zones les plus claires des immeubles en bleu très clair.
Peignez les ombres de ces zones en gris clair.
Peignez les zones bleutées plus foncées en bleu moyen.

E (Graph'm)

4 **P**eignez les toits et les parties des immeubles de la même couleur en bleu gris.
Les ombres sur les toits et toutes les zones foncées sont peintes en gris foncé.

Conseil FACILE

Pour mélanger les couleurs, utilisez une soucoupe. Déposez une pointe de chaque couleur sur le bord et faites le mélange au centre. Ajoutez l'eau avec le pinceau. Pour affiner le mélange, reprenez un peu de couleur à la pointe du pinceau.

Vue sur...

F (Graph'm)

5 **P**eignez les deux fenêtres éclairées en jaune de cadmium moyen.
Peignez enfin toutes les zones noires en utilisant un pinceau moyen pour couvrir la surface, et en fignolant au pinceau fin.

G (Graph'm)

6 **P**our les lignes très fines et les petits détails, servez-vous d'un feutre fin noir et d'une règle.

H (Graph'm)

7 **A**ppliquez une couche de peinture acrylique blanc de titane sur la fenêtre.
Laissez sécher.
Appliquez ensuite une couche de peinture acrylique ocre jaune diluée dans beaucoup d'eau : le mélange doit être très fluide.

I (Graph'm)

8 **D**écoupez le dessin à la taille des vitres de la fenêtre, et découpez du carton aux mêmes dimensions.
Retournez la fenêtre, placez le dessin derrière la vitre, recouvrez-le avec le carton et maintenez le tout avec du ruban adhésif.

Code des couleurs

Bleu très clair : 2 doses de blanc de titane + 1 dose de bleu clair permanent + 1 pointe de jaune de cadmium moyen
Gris clair : 1 dose de blanc de titane + 1 pointe de noir de Mars
Bleu moyen : bleu très clair + 1 dose de bleu clair permanent + 1 pointe de jaune de cadmium moyen
Bleu gris : bleu moyen + 1 pointe de noir de Mars
Gris foncé : Bleu gris + 1 pointe de noir de Mars
1 dose de peinture équivaut à 1 goutte de peinture

Réalisation

J (Graph'm)

Dessin à reproduire

Frise bicolore rouge et or

Pourquoi laisser une fenêtre à nu alors qu'il est si simple, comme pour des murs, de la peindre. C'est un élément décoratif intérieur aussi important que le reste d'une pièce. Suivez le guide.

VOTRE MATERIEL

- De la peinture acrylique Liquitex Lefranc & Bourgeois* blanc de titane, vert oxyde de chrome, rouge de cadmium foncé, or iridescent
- De la sous-couche pour bois Leroy Merlin*
- Du médium acrylique
- Du papier carbone
- Du papier de soie blanc
- Du papier de verre à grain fin
- 1 petit rouleau
- 1 pinceau fin*
- 1 pinceau plat*
- Du ruban de masquage
- 1 stylo

* Magasins spécialisés beaux-arts et loisirs créatifs.

- *8 h environ (hors séchage)*
- *22 € environ*
- *Assez facile*

A (Graph'm)

La frise géométrique très simple souligne les nuances de vert et donne à l'ensemble un style tout à la fois naïf et sophistiqué.

J (Graph'm)

Dessin à reproduire

Table basse à la Mondrian

Des petits carreaux de pâte de verre dans des coloris vifs et gais transforment une petite table basse en un tableau aux formes asymétriques chères à l'artiste néerlandais Piet Mondrian.

VOTRE MATERIEL

- 1 table basse en bois blanc brut d'environ 50 x 70 cm.
- 1 baguette plate* de 4,5 x 240 cm
- De la lazure Natur Ikéa* brun clair
- Du vernis acrylique mat*
- Des carreaux de pâte de verre Rougier & Plé* blanc, noir, gris, rouge orangé, orange, jaune
- De la colle vinylique
- Mosajoint Rougier & Plé*
- Du Pigment naturel Rougier & Plé* ocre jaune foncé
- 1 boîte à onglets*
- 1 scie*
- De la colle à bois, 1 petit pinceau plat
- 1 spatule, 1 éponge

* Magasins spécialisés bricolage, beaux-arts et loisirs créatifs.

- *4 h (hors séchage)*
- *68 € environ (hors table)*
- *Facile*

A (Graph'm)

Une abstraction géométrique que souligne une trame de lignes noires.

Réalisation

B (Graph'm)

1 **S**ciez quatre baguettes de la dimension de la table. **U**tilisez les angles à 45° de la boîte à onglets. **E**nduisez les dessous des baguettes avec la colle à bois. **P**lacez les baguettes sur les rebords de la table et posez des poids dessus (livres). **L**aissez sécher.

C (Graph'm)

2 **P**assez deux couches de lasure brun clair sur la table en laissant sécher entre chaque couche. **V**ernissez et laissez sécher.

D (Graph'm)

3 **C**ommencez à poser les carreaux de pâte de verre. **E**ncollez de colle vinylique la table et les carreaux que vous posez au fur et à mesure. **T**ravaillez par petites surfaces en suivant le modèle ci-dessus.

E (Graph'm)

4 **P**réparez le Mosajoint en suivant les instructions du fabricant. **I**ncorporez le pigment ocre jaune foncé au Mosajoint. **É**talez avec la spatule la préparation sur toute la surface de la mosaïque en insistant sur les anfractuosités. **L**aissez sécher. **E**ssuyez le surplus avec une éponge humide jusqu'à ce que la surface soit totalement propre.

Composition à reproduire

Conseil FACILE

Selon la surface de votre table basse, il faut calculer l'emplacement des carreaux de mosaïque avant de vous lancer dans le collage. Vous pouvez légèrement « tricher » en réalisant des joints plus ou moins larges.

Frise bicolore rouge et or

Pourquoi laisser une fenêtre à nu alors qu'il est si simple, comme pour des murs, de la peindre. C'est un élément décoratif intérieur aussi important que le reste d'une pièce. Suivez le guide.

VOTRE MATERIEL

- De la peinture acrylique Liquitex Lefranc & Bourgeois* blanc de titane, vert oxyde de chrome, rouge de cadmium foncé, or iridescent
- De la sous-couche pour bois Leroy Merlin*
- Du médium acrylique
- Du papier carbone
- Du papier de soie blanc
- Du papier de verre à grain fin
- 1 petit rouleau
- 1 pinceau fin*
- 1 pinceau plat*
- Du ruban de masquage
- 1 stylo

* Magasins spécialisés beaux-arts et loisirs créatifs.

- *8 h environ (hors séchage)*
- *22 € environ*
- *Assez facile*

A (Graph'm)

La frise géométrique très simple souligne les nuances de vert et donne à l'ensemble un style tout à la fois naïf et sophistiqué.

Réalisation

PRÉPARER LE SUPPORT

Fixez le ruban de masquage autour de la fenêtre.
Enlevez la poignée de la fenêtre.
Avec le petit rouleau, passez la sous-couche sur les montants en bois.
Laissez sécher 10 heures.

B (Graph'm)

1 Mélangez 1 part de vert oxyde de chrome et 5 parts de blanc de titane.
Peignez le cadre en bois avec le rouleau.
Laissez sécher 2 heures.

C (Graph'm)

2 Mélangez 1 part de vert oxyde de chrome et 2 parts de blanc de titane.
Avec le rouleau, peignez le cadre en bois mural.
Avec le pinceau fin, peignez la poignée et la petite bordure qui encadre la vitre.
Laissez sécher 2 heures.

D (Graph'm)

3 Avec le papier de verre, grattez légèrement les cadres peints, sans oublier la poignée, pour laissez apparaître la sous-couche et donner une impression d'usure à la peinture.
Poncez dans le sens des veines du bois.

Motif
à agrandir de 130 %

E (Graph'm)

Frise bicolore...

F (Graph'm)

4 **P**hotocopiez les deux frises et le motif étoile allant sur la poignée. **R**eproduisez, en vous aidant du papier carbone et du stylo, la frise cernée de triangles sur toute la longueur des montants verticaux, et la frise cernée de losanges sur les montants horizontaux. **R**eproduisez le motif étoile sur la poignée en le centrant.

G (Graph'm)

5 **E**n partant du centre des quatre frises, avec le pinceau fin, peignez un motif sur trois en or iridescent.

H (Graph'm)

6 **P**eignez en rouge de cadmium foncé les motifs qui suivent ceux peints en or iridescent.

**Motif
à agrandir de 130 %**

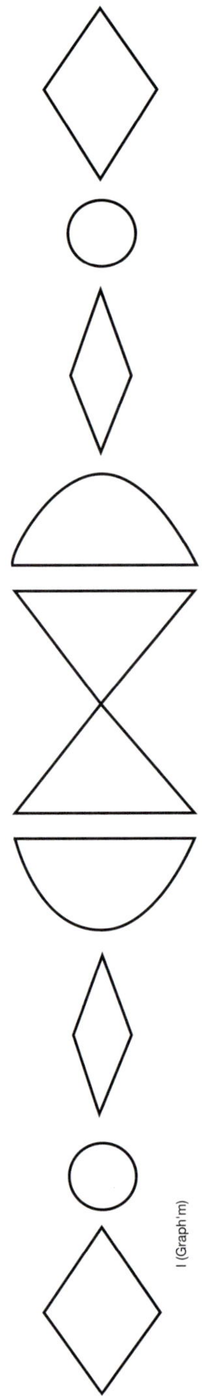

I (Graph'm)

Réalisation

J (Graph'm)

7 Peignez en vert oxyde de chrome les motifs restants, ainsi que le motif étoile de la poignée.
Laissez sécher 2 heures.

K (Graph'm)

8 Avec le pinceau plat, recouvrez les frises de papier de soie.
Appliquez le papier de soie par petits morceaux que vous collez avec le médium.
Laissez sécher 6 heures.

L (Graph'm)

9 Mélangez le vert oxyde de chrome et le blanc de titane à parts égales.
Avec un doigt, passez légèrement la teinte sur les froissures du papier de soie.
Laissez sécher 2 heures.

M (Graph'm)

10 Procédez de la même façon que précédemment sur la poignée.
Laissez sécher 2 heures.
Fixez la poignée sur la fenêtre.

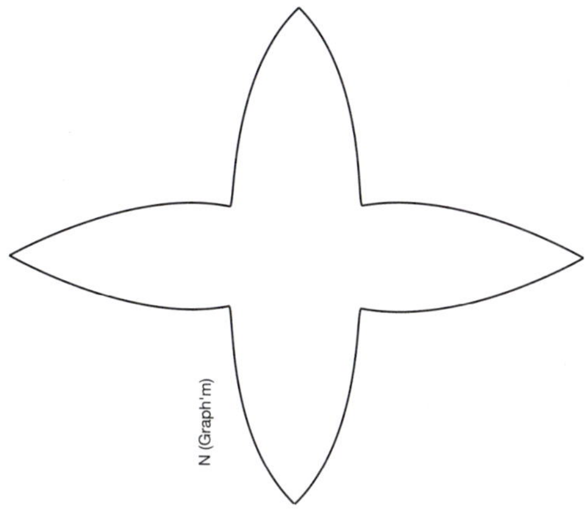
N (Graph'm)

Motif étoile à reproduire

Conseil FACILE

En vous inspirant de la couleur et du motif de la fenêtre, vous pouvez décorer une pièce dans les mêmes tons : tour d'une porte, frise qui court le long des murs ou sur un parquet, etc.

Un plateau bien encadré

Les moulures des cadres constituent d'idéales bordures de plateaux. En ajoutant des poignées, en insérant un fond coloré, ce vieux cadre oublié dans un grenier retrouve une nouvelle jeunesse.

VOTRE MATERIEL

- 1 vieux cadre doré et mouluré
- 1 plaque de plexi Rougier & Plé* aux dimensions du cadre
- Du carton fort aux dimensions du cadre
- 1 feuille de papier Canson* blanc 210 g aux dimensions du cadre
- De la baguette plate* de la largeur du pourtour du cadre
- De la peinture acrylique* ocre rouge
- De la peinture acrylique Liquitex* bleu vert éclatant, blanc, rouge de Mars, rouge de cadmium moyen, or iridescent gold
- 1 grande feuille de papier-calque
- De la colle à bois
- 1 scie, 1 vrille, 1 marteau, des pointes sans tête
- Des poignées
- 1 petit pinceau plat, 1 éponge
- 2 pinceaux ronds, 1 fin, 1 moyen
- De la lessive Saint-Marc

* Magasins spécialisés bricolage, beaux-arts et loisirs créatifs.

- 2 h environ (hors séchage)
- 18 € environ
- Assez facile

A (Graph'm)

Un fond géométrique et des couleurs assorties aux moulures du plateau lui donnent raffinement et élégance.

Réalisation

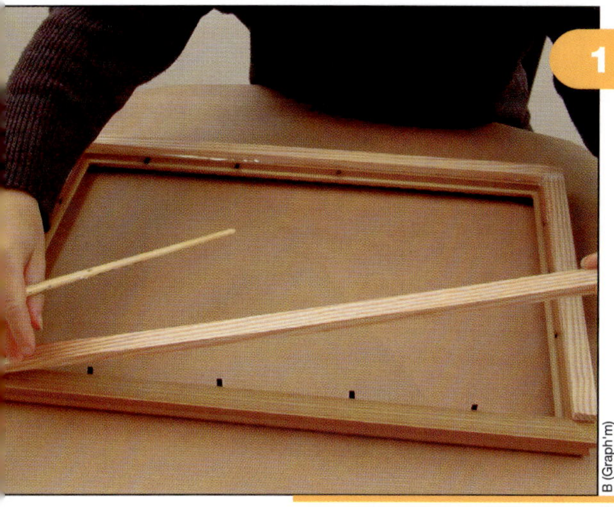

1 Lessivez le cadre et laissez-le sécher.
Découpez les baguettes aux dimensions du cadre.
Collez-les.
Laissez sécher en posant des livres dessus.
Posez les poignées. Percez un avant-trou avec la vrille et fixez les poignées sur les largeurs.

4 Posez le plexi dans le cadre.
Positionnez le dessin dessus et ensuite le carton fort.
Clouez les pointes sans tête autour de l'arrière du cadre pour maintenir le tout.

2 Peignez le cadre en ocre rouge avec le petit pinceau plat.
Avant que la peinture ne sèche, essuyez le pourtour du cadre à l'éponge afin de laisser la matière dorée apparaître sous la peinture.
Laissez sécher.
Décalquez le motif et reportez-le sur la feuille de Canson blanc.

Motif à agrandir de 400%

3 Commencez la mise en couleur.
Utilisez le pinceau rond fin pour les filets et le pinceau rond moyen pour les fonds.
Bleu pour le fond : 4/5 de bleu vert éclatant, 1/5 de blanc.
Marron : rouge de Mars.
Rose : 3/5 de blanc, 1/5 de rouge de cadmium moyen,1/5 de rouge de Mars.
Rose foncé : 2/5 de blanc, 1/5 de rouge de cadmium moyen, 2/5 de rouge de Mars
Or : or iridescent gold + 1 pointe de rouge de Mars.
Laissez sécher.

Conseil FACILE

Vous pouvez photocopier le motif aux dimensions de votre cadre plutôt que de le décalquer. Encollez ensuite la photocopie sur une feuille de bristol avant de peindre. Vous pouvez également vernir le pourtour du plateau pour lui donner un fini mat satiné.

Un parquet bien carrelé

Un parquet incrusté de carrelage, c'est beau mais pas facile à réaliser soi-même. Qu'à cela ne tienne, fabriquez vos carreaux de faïence en les peignant directement sur votre sol.

VOTRE MATERIEL

- De la peinture acrylique Liquitex Lefranc & Bourgeois* rouge de Mars, bleu de céruleum, ocre jaune, blanc de titane
- Des pinceaux n°1, n°6*
- 1 petit rouleau*
- 1 brosse plate*
- Du papier carbone
- 1 grande règle
- 1 crayon à papier
- Du papier de verre à grain moyen
- Du ruban de masquage
- Du vernis vitrificateur incolore*
- De l'impression pour bois acrylique*
- 1 aspirateur

* Magasins spécialisés bricolage, beaux-arts et loisirs créatifs.

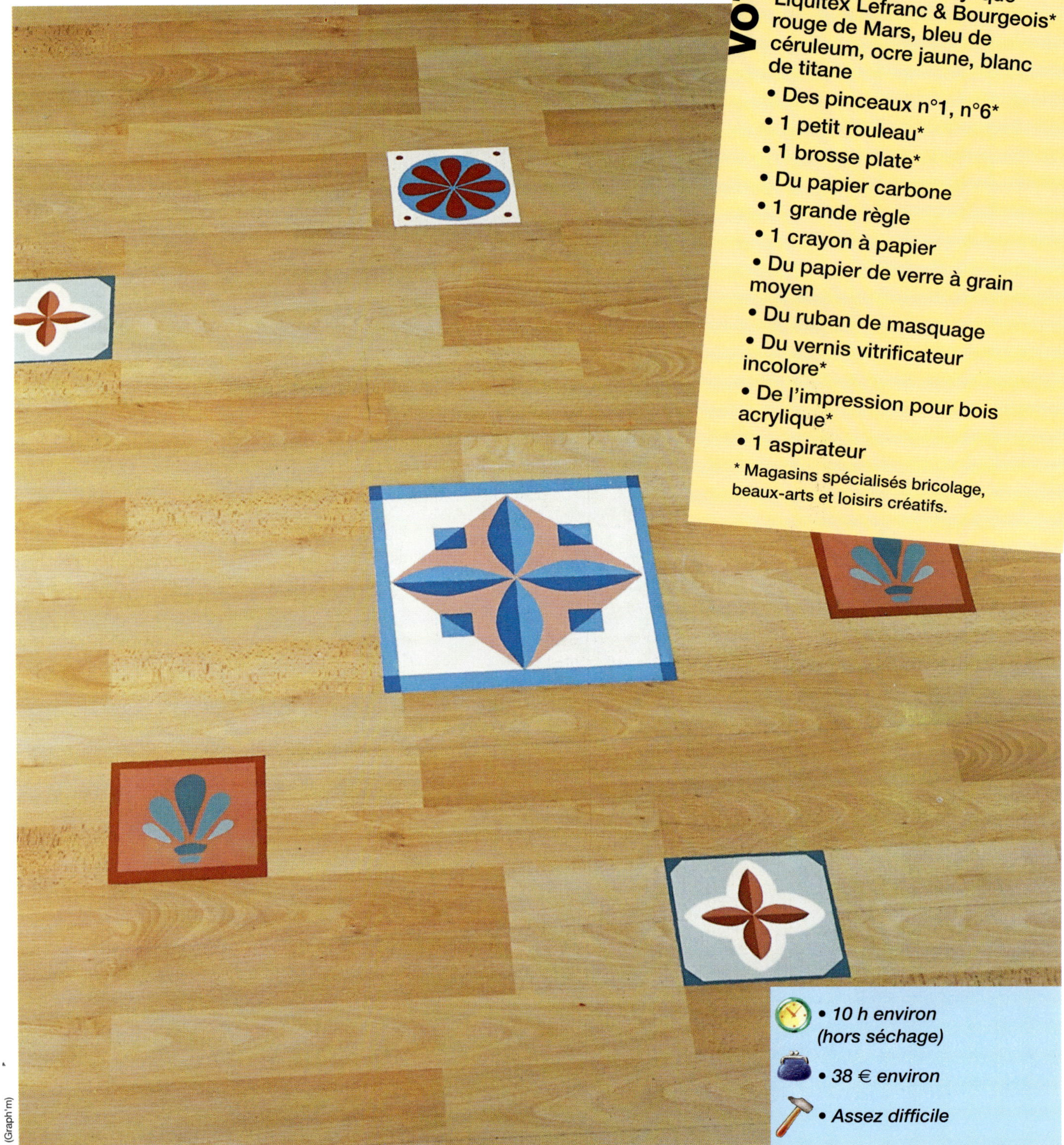

- *10 h environ (hors séchage)*
- *38 € environ*
- *Assez difficile*

A (Graph'm)

Disséminés sur le parquet ou suivant un alignement précis, variez la disposition du « carrelage ».

Réalisation

PRÉPARER LE SUPPORT

Avec la règle et le crayon, tracez les carrés de carrelage aux emplacements souhaités.
Les petits carreaux mesurent 12 x 12 cm et les grands 24 x 24 cm.
Avec le papier de verre, poncez soigneusement l'intérieur des carrés qui seront ensuite peints.
Passez l'aspirateur.
Avec la brosse plate ou le petit rouleau, passez une couche d'impression pour bois, diluée à 10 % avec de l'eau.
Laissez sécher 10 heures.

D (Graph'm)

Motif étoile à photocopier et à agrandir de 260 %

B (Graph'm)

1 **E**ntourez tous les carreaux avec le ruban de masquage.
Avec le petit rouleau, peignez-les en vous référant au code des couleurs.
Laissez sécher 6 heures.

E (Graph'm)

Motif rosace à photocopier et à agrandir de 160 %

C (Graph'm)

2 **P**hotocopiez tous les motifs.
Reportez-les sur les carreaux peints en vous aidant du papier carbone.
Sélectionnez chaque motif en fonction de la couleur du carreau.
Le trèfle sur le fond vert ; le lys sur le fond rouge ; la rosace sur le petit fond blanc et le motif étoile sur le grand fond blanc.

Conseil FACILE

Vous n'avez pas besoin d'un parquet en parfait état (mais pas trop abîmé quand même) pour la réalisation de ces motifs. Seules les surfaces des carreaux peints doivent être impeccables et leur protection après la mise en couleurs est indispensable.

Un parquet...

F (Graph'm)

3 **P**eignez les tons clairs et les tons foncés de l'étoile en vous référant au code des couleurs et au modèle photographié.
Utilisez le pinceau n°6 pour les aplats et le pinceau n°1 pour les zones où la peinture ne doit pas déborder.
Peignez le fond de la rosace et le point central en vous référant au code des couleurs.

G (Graph'm)

4 **P**eignez le carré intérieur du motif étoile.
Peignez la rosace et les points en vous référant au code des couleurs.

H (Graph'm)

Motif lys à photocopier et à agandir de 130 %

Code des couleurs

Carreaux verts
Fond : 3 parts de blanc de titane, 1 part d'ocre jaune, 1 part de bleu de céruleum
Motif trèfle :
– ton foncé : rouge de Mars
– ton clair : 1 part de rouge de Mars, 1 part de blanc de titane
– tour du trèfle : blanc de titane, 1 pointe d'ocre jaune
Cadre : 3 parts de bleu de céruleum, 1 part d'ocre jaune, 1/2 part de blanc de titane

Carreaux rouges
Fond : 1 part de rouge de Mars, 1 part de blanc de titane
Fleur de lys :
– pétale central : 3 parts de bleu de céruleum, 1 part d'ocre jaune, 1/2 part de blanc de titane
– pétales latéraux : 3 parts de bleu de céruleum, 1 part d'ocre jaune, 1 part de blanc de titane
– pétales extérieurs : 3 parts de bleu de céruleum, 1 part d'ocre jaune, 2 parts de blanc de titane
Cadre : rouge de Mars

Petits carreaux blancs
Fond : blanc de titane, 1 pointe d'ocre jaune
Fond de la rosace et du point central : rouge de Mars
Rosace et points : 2 parts de bleu de céruleum, 2 parts de blanc de titane, 1 pointe d'ocre jaune

Grands carreaux blancs
Fond : blanc de titane, 1 pointe d'ocre jaune
Motif étoile, petits carrés et cadre :
– ton foncé : 2 parts de bleu de céruleum, 1/2 part de blanc de titane, 1 pointe d'ocre jaune
– ton clair : 1 part de bleu de céruleum, 1 part de blanc de titane, 1 pointe d'ocre jaune
Carré intérieur : 3 parts de blanc de titane, 1 part de rouge de Mars

Réalisation

I (Graph'm)

5 **P**eignez la fleur de lys en vous référant au code des couleurs et au modèle photographié.
Peignez les différents tons du trèfle.

J (Graph'm)

6 **P**eignez le cadre du carreau au trèfle.
Peignez le cadre du carreau à la fleur de lys.
Laissez sécher 6 heures.
Avec la brosse plate, passez deux couches de vernis vitrificateur sur les carreaux peints en laissant sécher entre les couches.
Laissez sécher 48 heures.

K (Graph'm)

Motif trèfle à photocopier et à agrandir de 130 %

UNE IDÉE EN PLUS

Une chaise western

L (Graph'm)

VOTRE MATÉRIEL

- **1 chaise style western**
- **De la peinture acrylique Liquitex Lefranc & Bourgeois rouge de Mars, bleu de céruleum, ocre jaune, blanc de titane**
- **Des pinceaux n°1, n°6**
- **1 brosse plate, 1 éponge**
- **Du papier carbone**
- **1 crayon à papier**
- **Du papier de verre à grain moyen**
- **Du vernis acrylique mat incolore**
- **1 chiffon**
- **Des pots de confiture avec leur couvercle**

1 Poncez soigneusement la chaise avec le papier de verre pour enlever toute trace de cire ou de vernis. Dépoussiérez avec l'éponge légèrement humide et le chiffon.

2 Préparez trois mélanges de couleur que vous réservez dans les pots de confiture :
– 1 part de blanc de titane et 1 pointe d'ocre jaune ;
– 1 part de rouge de Mars et 1 part de blanc de titane ;
– 1 part de blanc de titane, 1 part de bleu de céruleum et 1/4 de part d'ocre jaune ;
– rouge de Mars.

3 En vous aidant du modèle photographié ou en suivant votre imagination, peignez la chaise avec ces différents mélanges de couleur. Vous pouvez laisser quelques zones brutes, comme sur notre modèle, ou peindre entièrement la chaise. Utilisez la brosse plate pour les aplats et les pinceaux n°6 et n°1 pour les endroits qui demandent de la précision. Passez deux couches de peinture en laissant sécher 3 heures entre chaque couche.

4 Photocopiez le motif de la rosace. Reportez-le sur le centre du dossier en vous aidant du papier carbone. Vernissez la chaise.